Die Zahlen der Deutschen Gesellschaft für Kinder- und Jugendpsychiatrie sind eindeutig: 5–7% psychisch auffällige Kinder und Jugendliche sind beratungs- und behandlungsbedürftig. Der Suizid ist nach dem Verkehrsunfall die zweithäufigste Todesursache bei Jugendlichen (ca. 15000 Suizidversuche jährlich). Etwa 5% konsumieren regelmäßig Drogen (außer Alkohol und Nikotin). Gewaltbereitschaft, Verwahrlosung und Drogenmißbrauch der Jugendlichen sind täglich in der Diskussion. Schulverweigerung, Lernleistungsstörungen, Angsterkrankungen, Depression, Zwänge, Pubertätsmagersucht, Entwicklungsstörungen, schwere Unruhe- und Aufmerksamkeitsstörungen sind einige Beispiele für das breite Spektrum psychischer Störungen.
Der Ratgeber wendet sich an diejenigen, die in die Kinder- und Jugendpsychiatrie (KJP) aufgenommen wurden, und deren Angehörige. Jugendliche und Eltern berichten über ihre Erfahrungen mit der KJP, ihre Hilflosigkeit, Ängste und Hoffnungen. Die KJP mit den verschiedenen Therapieformen werden vorgestellt, ebenso die typischen psychischen Probleme, die zu einer Behandlung in der KJP führen können, und es wird gezeigt, wie die Betreuung nach der Entlassung aussehen kann.

Marie-Luise Knopp, geboren 1942, und *Klaus Napp*, geboren 1938, sind Lehrer an der Schule für Kranke in der Dependance der Kinder- und Jugendpsychiatrie der Rheinischen Landes- und Hochschulklinik Düsseldorf. 1995 veröffentlichten sie eine Sammlung von Texten Betroffener: »Wenn die Seele überläuft. Kinder und Jugendliche erleben die Psychiatrie«.

Marie-Luise Knopp
Klaus Napp (Hg.)

Reif für die Klapse?

Über die Kinder- und Jugendpsychiatrie

Mit einer Einleitung von Campino
von der Rockgruppe »Die toten Hosen«

Nachwort von Johannes Rau,
Ministerpräsident des Landes Nordrhein-Westfalen

Fischer Taschenbuch Verlag

Originalausgabe
Veröffentlicht im Fischer Taschenbuch Verlag GmbH,
Frankfurt am Main, März 1997

Gesamtherstellung: Clausen & Bosse, Leck
Printed in Germany
ISBN 3-596-13405-6

Gedruckt auf chlor- und säurefreiem Papier

Inhalt

Hilfe in einer Kinder- und Jugendpsychiatrie am Beispiel der KJP in Düsseldorf

Therapie – Herumwühlen in der Vergangenheit?

Entlassen aus der Kinder- und Jugendpsychiatrie – was dann?

Vorwort

Ist man, »Wenn die Seele überläuft«, »Reif für die Klapse?«, oder gibt es andere Möglichkeiten, mit extremen Krisensituationen fertig zu werden? Muß Eva wegen ihrer »Spargelbeine« zum Kinder- und Jugendpsychiater, kann Melanie ihre »schwarze Phase« überwinden und Claudia nach einem grauenvollen Absturz durch Drogenkonsum wieder »Licht im Tunnel« sehen? Auf alle diese Fragen versuchen wir in unserem Buch eine Antwort zu finden. Nicht allein der Weg, der in eine Kinder- und Jugendpsychiatrie führt, sondern auch das Drinnen *und* Draußen, das Davor *und* Danach werden in diesem Buch beschrieben. Nicht jede seelische Störung führt zwangsläufig in eine Kinder- und Jugendpsychiatrie. Es werden Möglichkeiten im Vorfeld und Maßnahmen der Nachbetreuung geschildert. Auch Eltern kommen zu Wort. Sie beschreiben, wie sie damit fertig werden, daß ihr Kind in der Kinder- und Jugendpsychiatrie gelandet ist.
Als Reaktion auf unser erstes Buch »Wenn die Seele überläuft«* erreichten uns zahlreiche Briefe, in denen wir ermutigt wurden weiterzumachen. Die Leser baten uns um Informationen, die über die Berichte der Jugendlichen hinausgehen. Diese Anregungen haben wir aufgegriffen und den Erfahrungsberichten der Kinder und Jugendlichen Fachtexte hinzugefügt. Den Fachleuten gebührt in diesem Zusammenhang ein großer Dank. Trotz mancher persönlicher Schwierigkeiten, wie extreme Überbelastung und Zeitmangel, war jeder spontan bereit mitzumachen. Es war nicht leicht, die Fachleute zum »einfachen, für den Laien verständlichen« Schreiben zu bewegen. Aber wir glauben, es ist uns gelungen. Außerdem hilft das Glossar, die letzten Unklarheiten zu beseitigen.
Bei der Beschreibung der verschiedensten Krankheiten bzw. psy-

* Marie-Luise Knopp, Klaus Napp (Hg.): Wenn die Seele überläuft. Kinder und Jugendliche erleben die Psychiatrie. Psychiatrie-Verlag 1995.

chischen Störungen haben wir uns auf die wesentlichen beschränkt. Am schwierigsten war es, die Berichte der Jugendlichen den jeweiligen Fachtexten zuzuordnen. Wir haben hier die Hauptsymptome zugrunde gelegt und erheben keinesfalls den Anspruch eines Fachbuches für Kinder- und Jugendpsychiatrie. Unsere Texte sind für interessierte Laien, Betroffene und für den neugierigen Fachmann geschrieben.

Die Kinder- und Jugendpsychiatrie der Rheinischen Landes- und Hochschulklinik in Düsseldorf soll in unserem Buch exemplarisch für viele andere in Deutschland stehen. Wenn sich auch die Konzepte der Kliniken unterscheiden, so ist der Auftrag der gleiche: Hilfe für das Kind bzw. den Jugendlichen, das / der in eine schwere Krise geraten ist. Auffällig ist, daß die Berichte der Jugendlichen über die Psychiatrie meist positiv sind. Aber die Kinder- und Jugendpsychiatrie ist für sie häufig der letzte Strohhalm, ein Ort, an dem sie sich ernstgenommen fühlen in ihren Ängsten und Nöten. Erst wenn sie den nötigen Abstand haben, wagen sie es, den Aufenthalt auch kritisch zu sehen. Aber selbst bei den »Ehemaligen« überwiegen die positiven Eindrücke. Verständlicherweise bestehen nur Kontakte zu denjenigen, die nicht im Zorn gegangen sind und die die Behandlung zumindest teilweise als erfolgreich erlebt haben.

Sowohl »Wenn die Seele überläuft« als auch das vorliegende Buch sind in der Schule in der Kinder- und Jugendpsychiatrie, einer Dependance der Schule für Kranke, entstanden. Vorausgegangen ist die Arbeit an unserer Zeitung KLAPSE, mit der wir, genauso wie mit den Büchern, helfen wollen, die Mauer von Vorurteilen der Kinder- und Jugendpsychiatrie gegenüber zu durchbrechen. Wir wollen erreichen, daß Kinder und Jugendliche, die vorübergehend in einer Kinder- und Jugendpsychiatrie sind oder waren, nicht mehr diskriminiert werden und daß es ihnen leichter gemacht wird, Hilfen anzunehmen.

Dazu tragen alle Autoren und Autorinnen dieses Buches bei, denen wir in diesem Zusammenhang danken. Ein besonderer Dank gilt Barbara Heubach für ihre intensive Mitarbeit. Natürlich danken wir auch Campino und Johannes Rau, die sofort bereit waren, unser Projekt zu unterstützen. Sie haben uns durch ihre Mithilfe unserem Ziel etwas nähergebracht.

Dieses Buch ist im Grunde unfertig und könnte immer weiter wachsen. So sind wir für jede Kritik und Anregung dankbar und aufgeschlossen. Deshalb unsere Adresse:

Schule für Kranke
Abteilung in der Kinder- und Jugendpsychiatrie
Bergische Landstraße 2
40 629 Düsseldorf
Tel. 02 11 / 9 22 45 70
Fax 02 11 / 9 22 45 71

Marie-Luise Knopp und Klaus Napp
Düsseldorf, im Juli 1996

Einleitung
Verrücktsein ist normal!
Campino

Es ist schon seltsam, wie sich manche Dinge im Leben entwickeln. Als ich ein kleiner Junge war, haben viele Leute über mich gesagt, ich sei »nicht ganz normal«. Das sagt man auch heute noch des öfteren über mich, aber mit einem ganz anderen Tonfall. Früher wurde ich für mein »Anderssein« gehänselt – heute zollt man mir dafür Respekt, und ich muß aufpassen, daß meine »Verrücktheit« nicht als Markenzeichen mißverstanden wird.

Als ich so zwischen acht und vierzehn Jahre alt war, habe ich öfter mal einen »Ausraster« gekriegt. Es ging um Kleinigkeiten, aber ich hatte richtige Tobsuchtsanfälle, bei denen ich mich nicht mehr kontrollieren konnte. Meine Geschwister lachten meistens darüber, und um mich noch mehr anzuheizen, riefen sie: »Na, kriegt der Kleine wieder seinen Anfall?« Diese Provokationen verfehlten ihre Wirkungen selten. Meistens endete die Sache damit, daß ich unter die Dusche gezerrt und mit kaltem Wasser abgespritzt wurde.

Ich lebte ständig in einer Phantasiewelt, redete und spielte endlos mit mir alleine und war dabei total glücklich. Ich konnte herrlich träumen, auch tagsüber. Es kam zum Beispiel mehr als einmal vor, daß ich erst in der Schule merkte, daß ich meine komplette Schultasche zu Hause vergessen hatte. Meine Spezialität: Mummy fragte mich, ob ich irgend etwas aus dem Keller holen könnte; kaum war ich dort angelangt, hatte ich vergessen, was ich eigentlich besorgen sollte. Statt dessen fing ich dort an zu spielen und kam erst Stunden später wieder nach oben – ohne etwas mitzubringen.

Alles Dinge, an die man sich heute mit einem Lächeln erinnert.

Doch es hätte auch anders kommen können. Wenn ich heute erfolglos und ohne Arbeit wäre, oder ein gesellschaftlicher Versager, dann würden viele feststellen: Das hat man ja schon damals so kommen sehen! Es ist eben immer nur eine hauchdünne Linie

zwischen gut und böse, oben und unten, Glück und Unglück, normal und verrückt.
Viele Zufälle und Kleinigkeiten stellen die Weichen in unserem Leben, wohin es mit uns geht. Einige Freunde von mir kamen wegen irgendwelcher Dummheiten ins Gefängnis. Das hätte mir genauso gehen können. Ich hatte nur das Glück, damals nicht erwischt worden zu sein.
Ein ehemaliger Klassenkamerad von mir berechnet heute hauptberuflich die Umlaufbahnen von Planeten und Sternen, einer meiner besten Freunde ist Arzt (Spezialgebiet: die chemische Zusammensetzung von Medikamenten) – und wir alle kamen aus derselben Schulbank. Wer ist denn jetzt eigentlich verrückter: Der, der die Umlaufbahnen berechnet, der, der 14 Stunden am Tag wegen irgendwelcher Formeln durch ein Mikroskop guckt, oder dieser Vogel, der sich mit Musik über Wasser hält?
In meinen Augen gibt es nichts Langweiligeres als den Zustand der Normalität. Dafür lohnt es sich, meiner Meinung nach, am wenigsten zu leben... Wie hört sich das an: »Ich stand morgens pünktlich um acht Uhr auf, um wie immer mein Frühstück (Tageszeitung, Käse, Kaffee, Fünf-Minuten-Ei) zu mir zu nehmen, um dann zur Arbeit zu fahren. Der Tag verlief ohne besondere Vorkommnisse. Abends war ich dann wie jeden Donnerstag beim Sportverein und habe nachher noch ein bißchen Fernsehen geguckt...« Immer nur normal zu sein, das ist für mich Wahnsinn!
Zu leben bedeutet für mich etwas anderes: Zu spät aufwachen, zum Bus rennen, sich auf der Arbeit streiten, irgendwo einem fremden Menschen begegnen, dem man zu lange in die Augen schaut, weil man sich aus irgendeinem Grunde verbunden fühlt usw.
Jeder Mensch hat einen Dachschaden, mal ist er größer, mal kleiner. Die Kunst ist es, mit diesem Dachschaden zu leben, ihn an sich selbst zu akzeptieren und damit umzugehen. Eigenheiten an sich zu haben, etwas, das andere nicht haben – das macht die Persönlichkeit jedes einzelnen aus. Die graue Masse ist von so etwas immer irritiert und reagiert deshalb extrem: bewundernd oder verachtend, aber fast nie gelassen. Deshalb sollte man nicht allzu viel darum geben, was andere Leute von einem denken, Hauptsache, man weiß noch selber, wer man ist, und kann noch über sich lachen, wenigstens manchmal.

Verrückt oder normal? Manche Leute ziehen lieber graue Pullover an, manche lieber bunte. Ich würde mich immer für die bunten entscheiden…

Was krank macht und was davor schützen kann

Hans-Jürgen Groebner

Krankheit – auch psychische Krankheit – ist nicht Schicksal, ist nicht Veranlagung. Krisen und seelische Erkrankungen entstehen nicht plötzlich, sondern sie kündigen sich oft lange vorher durch Signale, »Symptome« an. So wie bei körperlichen Erkrankungen kommen bei seelischen Erkrankungen mehrere Belastungen zusammen, die dann den Menschen so überfordern, daß er dies durch Symptome zum Ausdruck bringt. Die Belastungen, die zu einer körperlichen Erkrankung führen, sind bekannt oder gut beschreibbar. Wie aber kommt es dazu, daß man depressiv wird, daß man eine Magersucht oder eine Psychose entwickelt? Was muß da zusammenkommen? Welche Belastungen stellen Risiken dar, die Kinder und Jugendliche in seelische Krisen oder Erkrankungen geraten lassen können?

Die wachsende Armut in unserer Gesellschaft trifft vor allen Dingen Familien und alleinerziehende Eltern mit Kindern. Das heißt nicht, daß die Kinder dann nichts mehr zu essen haben, sondern daß sie auf vieles verzichten müssen und ungesunder leben. Verzichten zu müssen bedeutet in unserer Konsumgesellschaft, daß man nicht dazugehört, daß man ausgegrenzt ist. Die Entwicklungsbedingungen der Kinder sind durch die schlechteren Lebensverhältnisse beeinträchtigt (enge Wohnungen, falsche Ernährung, Perspektivlosigkeit in den Familien).

Die Lebensformen in unserer Gesellschaft haben sich gewandelt. Die individuelle Lebensgestaltung steht im Mittelpunkt. Die Familie ist nicht mehr in der Lage, beim Auftreten von Lebenskrisen einzelner Mitglieder ein ausreichendes Schutz- und Sicherungssystem zu bieten. Vitalität und Veränderungsfähigkeit von Kindern und Jugendlichen werden in unserer Gesellschaft nicht mehr wertgeschätzt als kreative Kräfte für die Zukunft, sondern Kinder und Jugendliche werden als Konsumenten jetziger und künftiger Produkte betrachtet und diesbezüglich mit Interesse verfolgt.

Typische belastende Bedingungen sind:

- das Fehlen zuverlässiger, verantwortlicher Bezugspersonen in der Kindheit,
- der Verlust wichtiger Bezugspersonen durch Trennung oder Tod,
- die Gewalt in Familien mit Worten, Handlungen oder mit sexuellem Mißbrauch,
- Suchterkrankung (oder andere schwere Erkrankungen) eines Elternteils,
- schulische Belastungen: Lern- und Leistungsdruck; Konflikte mit Mitschülern.

Wenn eine Krise entsteht und Hilfen von außen, z.B. Beratung und/oder Behandlung notwendig sind, dann kommt es darauf an, wie diese Hilfen gestaltet werden. Es war früher oft der Fall, daß man Kinder und Jugendliche in Krisensituationen einfach in Heime oder Kliniken brachte. Diese Erfahrung von Ausgrenzung und Stigmatisierung war und ist eine zusätzliche krankmachende Belastung. Nicht draußen und weit weg in einem Heim oder einer Klinik sollten Hilfe und Behandlung angesiedelt sein, sondern dort, wo das Kind, der Jugendliche und seine Familie leben.

Wie können sich also junge Menschen schützen? Gerade bei seelischen Erkrankungen ist es notwendig, die gesamte Lebenssituation des betroffenen Menschen und seiner Familie kennenzulernen und darauf eingehen zu können. Eine einzelne Person, ein Spezialist alleine kann dies nicht leisten. Zusammenarbeit der verschiedenen Helfer und Fachleute ist notwendig.

Schutz, Prävention (Vorbeugung) ist in allen Stadien einer Entwicklung notwendig und möglich: im Vorfeld, wenn bereits eine erhebliche Gefährdung besteht und wenn es zu einer manifesten Krise oder Erkrankung gekommen ist.

Was ist zunächst zu tun? (Primäre Prävention)

In ihrem Forschungsbericht »Armut in Deutschland« haben 1994 die Wohlfahrtsverbände wichtige sozialpolitische Forderungen gestellt:

- Der soziale Wohnungsbau muß verstärkt werden.
- Es ist ein Kinderlastenausgleich notwendig.
- Alleinerziehenden muß wesentlich mehr geholfen werden.

Der Frage, was hilft, wenn eine erhebliche Gefährdung schon besteht, ist der Sozialpsychologe und Forscher H. Keupp nachgegangen:

- die Fähigkeit und Möglichkeit geben, mit anderen zu reden, sich mitteilen zu können,
- einen Ort zur Verfügung zu haben, an dem man sich unkompliziert mit anderen Jugendlichen treffen, selbst etwas organisieren und miteinander planen kann (dies kann ein Raum in einem Gemeindezentrum sein),
- die Möglichkeit und Fähigkeit, etwas Kreatives tun zu können (z. B. ein Instrument zu spielen).

Zwischenbemerkung: Ein Leben ohne Belastungen und Risiken wäre langweilig. Es ist insbesondere für Jugendliche gar nicht vorstellbar. Wichtige Veränderungen sind oft erst durch Krisen, Zeiten der Gefährdung oder sogar der Erkrankung möglich, kosten aber viel Kraft.

Die sozialpsychiatrische Forschung und Praxis führte zu der Erkenntnis, daß es nicht an erster Stelle darum geht, psychisch erkrankten Menschen und ihren Angehörigen das Wissen von Spezialisten entgegenzubringen, sondern bestimmte Prinzipien in der Behandlung zu verwirklichen (tertiäre Prävention).

Die Grundregeln sozialpsychiatrischer Behandlung (nach Luc Ciompi) sind:

- Alle wichtigen Bezugspersonen müssen in die diagnostischen und therapeutischen Überlegungen mit eingeschlossen werden.
- Konkrete und gut erreichbare Behandlungsziele müssen gemeinsam mit dem Patienten, seinen Betreuern und den wichtigsten Bezugspersonen erarbeitet werden.
- Die gesamten Kräfte des relevanten sozialen Umfeldes müssen auf die anvisierten Ziele ausgerichtet werden (nicht zu viele gutmeinende Vorstellungen zu unterschiedlichen Zeiten, sondern Gleichzeitigkeit).
- Herstellung und Aufrechterhaltung einer kontinuierlichen, tragfähigen therapeutischen Betreuung.
- Erarbeitung von Klarheit und Einfachheit im gesamten sozialen Umfeld des Betroffenen.

Ob jemand »reif für die Klapse« wird, ist häufig eine Frage der Kooperation und Kommunikation zwischen den Fachleuten, Betroffenen und Angehörigen.

Das Ziel der sozialpsychiatrischen Behandlung ist die Herstellung oder Wiederherstellung von Eigenständigkeit, die davor schützt, wieder in eine Krise zu geraten oder erneut zu erkranken. Der Austausch zwischen Betroffenen, Angehörigen und Fachleuten, für den in den letzten Jahren der Begriff »Trialog« geprägt worden ist, ermöglicht es, voneinander zu lernen, gemeinsam besser zu verstehen und dadurch eine seelische Erkrankung besser überwinden zu können.

Sarah oder Jessica – Verwirrung schon nach meiner Geburt

Sarah, 16

Meine Mutter nannte mich Sarah, und alle anderen nennen mich auch so, allerdings steht dieser Name nicht in meinem Paß. Die Verwirrung um mich begann also schon mit meiner Namensgebung.

Weil meine Mutter sich überfordert fühlte, mich allein großzuziehen (mein Vater war nach meiner Geburt abgehauen), gab sie mich zur Adoption frei. Meinen zukünftigen Adoptiveltern gefiel der Name nicht, also tauften sie mich Jessica. So steht also Jessica im Paß, aber alle nennen mich Sarah. Zum Glück hat es sich meine Mutter noch anders überlegt. Sie hat mich nach vier Wochen, bevor die Adoption amtlich wurde, wieder nach Hause geholt. Von dieser Zeit an hieß ich wieder Sarah.

Meine Mutter arbeitete als Prostituierte in einem Bordell. Dort lernte sie einen Algerier kennen, den sie auch heiratete. Leider verfielen beide immer mehr dem Alkohol. Sie stritten sich oft, was meist damit endete, daß mein Vater meine Mutter verprügelte. Das war für mich sehr schlimm, weil ich die Hilfeschreie meiner Mutter vom Schlafzimmer aus hörte.

Manchmal mußte ich sogar mit ansehen, wie mein Stiefvater meine Mutter schlug. Noch heute habe ich starke Schuldgefühle meiner Mutter gegenüber, weil meine Angst zu groß war, um ihr zu helfen.

Mit sechs Jahren bin ich dann mit meinem Stiefvater nach Algerien gefahren, da er dort Wehrdienst leisten mußte. Meine Mutter sollte nachkommen. In Algerien bin ich auch eingeschult worden. Ich mußte sehr viel üben, um die Landessprache Algerisch zu lernen. Die Schule ist ganz anders als die deutsche. Es ist z.B. an der Tagesordnung, die Schüler zu bestrafen, sei es durch Erniedrigung oder durch Schläge. Auch sind die Klassen da viel größer. In meiner Klasse waren 56 Kinder. Endlich kam auch meine Mutter nach. Allerdings blieb sie nur kurz, da sie mit den Landessitten überhaupt nicht klarkam. Sie bekam große psychische Probleme. Als sie wieder in Deutschland war, machte sie einen Entzug. Sie fing eine Therapie an, mit deren Hilfe sie auch die Kraft fand, sich von meinem Stiefvater zu trennen. Dieses dauerte zweieinhalb Jahre; so lange blieb ich in Algerien. In dieser Zeit wurde ich größtenteils von der Familie meines Stiefvaters erzogen. Es war eine große Familie, insgesamt 15 Personen (Brüder und Schwestern meines Stiefvaters und die Eltern). Sie erzogen mich nach dem islamischen Glauben, d.h. ich durfte als weibliche Person nicht allein aus dem Haus, durfte später keine langen Hosen tragen und wurde auch geschlagen, wenn auch nicht sehr schlimm. Obwohl sich das alles sehr hart anhört, habe ich mich trotzdem sehr wohl gefühlt, weil ich wie ein Mitglied der Familie aufgenommen wurde.

Die Zeit dort war einerseits schön, andererseits auch schwer, weil ich meine Mutter sehr vermißte. Ich habe mir furchtbare Sorgen um sie gemacht. Als sie, um den Entzug zu machen, ins LKH (Landeskrankenhaus) mußte, wurde mir in Algerien nur erzählt, daß sie im »normalen« Krankenhaus sei. Die Gründe und die Dauer wurden mir verschwiegen. Von dort aus arbeitete meine Mutter darauf hin, mich zurück nach Deutschland zu holen, da mein Stiefvater niemals freiwillig die Einwilligung gegeben hätte. Dann täuschte sie ihm am Telefon einen Nervenzusammenbruch vor, worauf er mich für eigentlich nur zwei Wochen nach Deutschland zurückschickte. Ich kam am Düsseldorfer Flughafen an, und meine Mutter nahm mich mit großer Freude in die Arme. Auch ich habe mich so sehr gefreut, sie endlich wiedersehen zu dürfen. Noch bevor wir den Flughafen verließen, fragte sie mich, ob ich für immer bei ihr bleiben wolle. Ich überlegte nicht lange, da auch ich mit den Landessitten in Algerien Probleme hatte, und stimmte

zu. Die Trennung von meiner algerischen Familie fiel mir nicht leicht, aber für mich war klar, daß ich mit meiner Mutter leben wollte.
Leider war ihre Therapie noch nicht abgeschlossen, aber ich durfte ausnahmsweise zwei Wochen bei ihr im LKH wohnen. Danach lebte ich weitere vier Wochen bei ihrer besten Freundin. Als meine Mutter die Therapie beendet hatte, zogen wir zusammen in eine Wohnung, und sie arbeitete wieder als Prostituierte. Sie merkte schnell, daß sie dadurch wenig Zeit für mich hatte, und ich kam deshalb zu einer Pflegemutter, die ich sehr mochte. Aber auch sie konnte meine richtige Mutter nicht ersetzen. Ich habe meine Mutter wieder sehr vermißt, auch wenn sie jede freie Minute für mich opferte. Doch zum Glück fing meine Mutter nach kurzer Zeit an, als Kellnerin zu arbeiten. Sie nahm mich ganz zu sich.
Wir zogen in ein Mehrfamilienhaus, in dem unter anderem eine kurdische Familie wohnte, die zu meiner Ersatzfamilie wurde, da meine Mutter doch wieder als Prostituierte arbeitete und wenig Zeit für mich hatte. Ich aß bei ihnen zu Mittag, machte Ausflüge mit ihnen und fühlte mich dazugehörig. Soweit war alles in Ordnung, bis mein »Ersatzvater« langsam aufdringlich wurde. Zuerst blieb es bei einem »Küßchen«, das zwischen »Vater« und »Tochter« ja normal sei, wie er behauptete. Seine »Anmachversuche« häuften sich massiv, wenn seine Frau nicht in der Nähe war. Eines Tages lud er mich zu einem Familienausflug ein, doch als wir uns trafen, war er allein. Nach der versprochenen Burgbesichtigung fuhren wir allerdings nicht nach Hause, sondern in die entgegengesetzte Richtung. Ich machte ihn darauf aufmerksam, doch das interessierte ihn nicht. Er nahm meine Hand und legte sie zwischen seine Beine. Ich wollte das nicht, aber er wurde sauer und drohte mir. Dann hielt er in einem Waldstück und fing an, mich überall zu »begrapschen«. Ich versuchte mich zu wehren, doch er wurde immer aggressiver. Er sagte, ich solle mich nicht so anstellen, das hätte er schon mit vielen Mädchen gemacht. Schließlich gelang es mir, den Horror zu beenden. Ich wandte einen Trick an und sagte ihm, daß ich diesmal wirklich nicht wolle, aber daß ich ein anderes Mal zu allem bereit sei. So ließ er endlich von mir ab, allerdings mußte ich ihn auf der Rückfahrt wieder streicheln.

Meine Mutter wollte ich auf keinen Fall belasten, so setzte ich zu Hause wieder meine fröhliche Maske auf. Der Mann kam noch öfter, immer wenn er beobachtet hat, daß meine Mutter aus dem Haus gegangen ist. Ich ließ ihn aber nicht rein. Zum Glück zogen wir kurze Zeit später um, und ich hatte diese Sache bald verdrängt.

Inzwischen war ich elf Jahre alt. Meine Mutter arbeitete wieder als Kellnerin in einem Kulturzentrum, um mehr Zeit für mich zu haben. Das war eine schöne Zeit, weil wir viel zusammen unternehmen konnten.

Mit 13 lernte ich meinen richtigen Vater kennen. Bisher wurde ich immer in dem Glauben gelassen, daß der Algerier, der inzwischen auch wieder in Deutschland lebte, mein richtiger Vater sei. Mit meinem richtigen Vater lernte ich auch meinen 16jährigen Bruder kennen, von dem ich bisher nichts wußte. Die erste Zeit war sehr schön. Allerdings merkte ich, daß mein Vater das Interesse an mir sehr schnell verloren hat, und ich zog mich enttäuscht von ihm zurück.

Seitdem habe ich nie wieder etwas von ihm gehört. In dieser Zeit erfuhr ich auch erst, daß meine Mutter als Prostituierte arbeitete. Das war für mich zunächst ein Schock, aber meine Mutter brachte es mir schonend bei, so daß ich damit bald keine Probleme hatte.

Als ich 14 war, meldete sich unerwartet Verwandtschaft aus Münster, die ich vorher nicht kannte. Es waren zwei Tanten und deren Eltern. Die eine Tante ist Kinderpsychologin und merkte bald, daß mit mir etwas nicht stimmte. Ich wurde immer stiller und verschlossener. Ich hatte plötzlich wieder die Erinnerungen daran, wie mein Stiefvater meine Mutter geschlagen hat. Auch das Erlebnis mit dem Nachbarn, der mich sexuell belästigt hat, war plötzlich wieder vor meinen Augen. Ich hatte beides nicht verarbeitet. Auch in der Schule wurde ich auffallend schlecht. Ich fing an zu hyperventilieren.

Zu meiner Tante, der Kinderpsychologin, hatte ich Vertrauen. Sie organisierte für mich einen Therapieplatz. In der Zeit der Therapie wurde mir bewußt, daß ich immer zu viel Verantwortung für meine Mutter übernommen habe. Von meinen Problemen erzählte ich meiner Mutter nicht sehr viel, weil ich sie nicht zusätzlich belasten wollte. Sie hatte mit ihrem eigenen Leben genug zu tun.

Schließlich zog ich nach Düsseldorf in eine WG, in der ich auch eine intensive Betreuung bekam. Meiner Mutter und mir fiel die Trennung sehr schwer, und ich hatte anfangs großes Heimweh und große Schuldgefühle ihr gegenüber. Wir sehen uns aber immer noch regelmäßig alle zwei Wochen und telefonieren oft miteinander.

In Düsseldorf schien zuerst alles glatt zu laufen. Wir waren zu viert in dieser WG (zwei Pädagoginnen und noch ein 14jähriges Mädchen). Anfangs hatte ich zwar große Probleme mit dem anderen Mädchen, aber nach einiger Zeit wurden wir sogar Freundinnen.

Anfangs war ich noch sehr verschlossen und zurückhaltend. Ich war oft zu deprimiert, um mein Zimmer zu verlassen. Aber das änderte sich bald, und auch in der Schule wurde ich nach und nach besser. Doch ich geriet immer mehr in einen falschen Freundeskreis, in dem Drogen an der Tagesordnung waren. Vorher hatte ich nur mit Haschisch zu tun, aber bald nahm ich auch Ecstasy-Pillen, Speed und Pappen (LSD). Ich fing an, die Schule zu schwänzen, und ich machte bei Drogenpartys mit. Meine Betreuerinnen, mit denen ich mich sehr gut verstand und die ich sehr mochte (und auch jetzt noch mag), versuchten mich wachzurütteln und mich da wieder rauszuholen, aber ich wollte mir nicht eingestehen, daß ich ein Problem mit Drogen hatte. Ich wollte mir nicht helfen lassen.

Irgendwann war es dann soweit, daß ich fast jeden Tag »zu« war. Und schon stand ich das erste Mal auf der Brücke. Doch war an dem Abend die Polizei schneller als ich. Ich stieg wieder vom Brückengeländer und lief vor der Polizei weg. Danach gewann ich ein wenig Abstand von den Drogen, aber dafür wurde ich wieder sehr depressiv und zog mich zurück. Meine Selbstmordgedanken verstärkten sich. Ich schrieb Abschiedsbriefe an Leute, die mir am meisten bedeuteten.

Dann wachte ich eines Morgens auf und faßte den Entschluß, nicht in die Schule zu gehen. Statt dessen ging ich zu einem Freund, mit dem ich Piece rauchte. Zum Mittagessen war ich wieder in der WG, damit es nicht auffiel, daß ich nicht in der Schule war. Am Abend machte ich mich fertig, legte die Abschiedsbriefe auf den Fernseher und zog mir meine dickste Jacke an. Ich verabschiedete mich und ging zu meiner Lieblingsbrücke, die ich immer aufsuchte, wenn ich alleine sein wollte. Ich setzte mich auf das Brückengeländer und dachte noch sehr viel nach. Eigentlich wollte ich gar nicht sterben, aber ich steigerte mich immer mehr in meine Depressionen hinein und redete mir ein, daß ich niemanden auf der Welt habe, der mir helfen könne. Weiterhin redete ich mir ein, daß ich in meinem Leben sowieso nichts auf die Reihe bekam. So passierte es also: Kurz vor 24 Uhr sprang ich von der Brücke in den Rhein.

Viele Zufälle halfen mir, wieder lebend herauszukommen. Die dicke Jacke, die mich eigentlich runterziehen sollte, wirkte wie ein Luftkissen und hielt mich über Wasser. Die Wasserschutzpolizei war direkt um die Ecke und wurde von einem Polizisten, der mich runterspringen sah, informiert. Mit leichter Unterkühlung und ein paar blauen Flecken kam ich ins Krankenhaus und danach sofort in die KJP. Da habe ich gelernt, mich nicht mehr in meine Depressionen zu steigern, sondern mir Hilfe bei Erwachsenen zu holen. Ich habe immer noch große Angst davor, erwachsen zu werden und irgendwann alleine dazustehen. Aber ich weiß, daß viele Leute mich gern haben und mir auch helfen wollen. Vor allen Dingen bin ich mir sicher, daß meine Mutter mich nie im Stich lassen wird und mich immer versteht.

Der Weg zu einem Kinder- und Jugendpsychiater

Hans-Jürgen Heubach

Bis in die 70er Jahre waren Kinder- und Jugendpsychiater fast ausschließlich in Kliniken oder örtlichen Gesundheitsämtern tätig. Seit einigen Jahren gibt es immer mehr Ärzte, die dieses Fachgebiet in freier Praxis ausüben.
Als Fachärzte behandeln sie organische und seelische Erkrankungen, um zu verhindern, daß sich bleibende körperliche Leiden einstellen oder seelische Abweichungen verfestigen.
Zu den Krankheitsbildern gehören Psychosen, autistische Verhaltensweisen, körperliche Symptome seelischen Ursprungs (z. B. Kopfschmerzen, Schlafstörungen, Einnässen, Einkoten, Magen- und Darmbeschwerden, Hautreaktionen, Asthma, Bulimie und Magersucht) und seelische Fehlhaltungen mit Depressionen, Zwangsvorstellungen, Ängsten, hysterischen Verhaltensweisen und Kontaktproblemen (häufig im Zusammenhang mit Suizidversuchen). Zahlreich sind die Symptome gestörten Sozialverhaltens und der sogenannten Hyperaktivität. Ebenso dazu gehören körperliche und geistige Behinderungen, aber auch Teilleistungsschwächen, die sich in der Bewegung, der Wahrnehmungsverarbeitung, der Sprache und in der sogenannten Legasthenie zeigen. Kinder und Jugendliche mit Verhaltensbeeinträchtigungen nach Schädel-Hirnverletzungen, bei Epilepsien und bei anderen chronischen Erkrankungen kommen ebenfalls zum Kinder- und Jugendpsychiater. Nicht zuletzt werden auch Kinder vorgestellt, die in ungünstigen Verhältnissen aufwachsen, möglicherweise mißhandelt, mißbraucht oder von psychisch kranken Elternteilen versorgt werden.
Bei den Patienten handelt es sich meist um Kinder im Kindergarten- und Schulalter, um Jugendliche, nicht selten aber auch um ältere Säuglinge und junge Erwachsene. Sie werden in aller Regel von Ärzten, Psychologen, Lehrern, Kindergärtnerinnen oder auch Bekannten an eine jugendpsychiatrische Praxis verwiesen. Die

vorgestellten Kinder und Jugendlichen brauchen wie bei anderen niedergelassenen Ärzten einen Krankenschein. Die Behandlung wird von allen Krankenkassen bezahlt. Zu Beginn der Behandlung muß eine sorgfältige Diagnose erstellt werden. Bei der Darstellung der Beschwerden werden sowohl das Kind oder der Jugendliche als auch die Eltern gehört. Dazu gehört auch die Besprechung der Lebensgeschichte des Kindes mit allen früheren Erkrankungen.
Wichtig für den Kinder- und Jugendpsychiater sind Befunde vorangegangener Untersuchungen anderer Ärzte oder Institutionen. Notwendig bei der Erstvorstellung sind eine ärztlich neurologische und eine psychiatrische Untersuchung, die die körperlichen Krankheiten erfassen und die Person sowie die Verhaltensweisen des Kindes oder des Jugendlichen (auch im Umgang mit seiner Familie) einschätzen. Für diese Erstuntersuchung brauchen Arzt und Patient viel Zeit. Falls notwendig, werden bei späteren Terminen eine Gehirnstromableitung (EEG) und psychologische Tests durchgeführt, die die Einschätzung des Persönlichkeitsbildes, der intellektuellen Leistungsfähigkeit und der allgemeinen Entwicklung vervollständigen. Darüber hinaus können Besuche und Gespräche in der Familie oder in Institutionen (z. B. Kindergarten, Schule, Hort, Heim, Arbeitsplatz, Jugendamt) wichtige Informationen erbringen. Die Zusammenschau aller Befunde erlaubt die Stellung einer Diagnose und ermöglicht die Aufstellung eines individuellen Therapieplans. Da seelische Erkrankungen im Kindes- und Jugendalter nur im Familienbezug gesehen und behandelt werden können, wird die Familie in den Therapieplan mit einbezogen.
Die vielschichtige Diagnostik und Therapie in einer kinder- und jugendpsychiatrischen Praxis macht die Mitarbeit von unterschiedlichen nichtärztlichen Berufsgruppen notwendig. Dazu können gehören: Psychologen, Sozialarbeiter, Heilpädagogen, Sozialpädagogen, Ergotherapeuten, Motopäden und Sprachtherapeuten. Mit einem solchen Team werden verschiedene therapeutische Verfahren für den Patienten ermöglicht: Beratung, funktionelle Körpertherapie, Sprachtherapie, Autogenes Training, tiefenpsychologisch oder verhaltenstherapeutisch orientierte Spiel-, Einzel- und Gruppentherapie, offene Gruppen für Jugendliche oder Eltern, Familientherapie.

Manche Patienten brauchen Unterstützung bei Konflikten, z. B. in der Schule oder am Arbeitsplatz. Auch diese lebenspraktischen Hilfen werden von den unterschiedlichen Berufsgruppen des Praxisteams geleistet. Die Vermittlung einer Adoption oder einer Pflegestelle gehört ebenfalls zur therapeutischen Aufgabe des Kinder- und Jugendpsychiaters in der Praxis. In Krisensituationen kann die Gabe von Medikamenten notwendig sein. Durch die Arbeit einer solchen Praxis für Kinder- und Jugendpsychiatrie kann für die seelisch kranken Kinder und Jugendlichen in den meisten Fällen eine Behandlung in der Klinik vermieden werden.

Wegen Spargelbeinen zum Kinder- und Jugendpsychiater

Eva, 16

Anfangs war es nur so dahergesagt von meiner Mutter: »Irgendwann landest du noch beim Psychiater!« Ich lachte dann, doch der Gedanke reizte mich irgendwie. Ich fühlte mich als etwas Besonderes; stellte mir vor, wie das wäre, jemandem so gegenüberzusitzen, und was da wohl ablaufen würde. Aber ernstlich in Erwägung zog ich so was nicht. Doch meine Körperformen verschwanden langsam immer mehr, es ging bergab mit mir und meinem Gewicht.
Über ihren Freund bekam meine Mutter ein halbes Jahr später die Adresse von Dr. Heubach. Ohne Wartezeit bekam ich einen Therapieplatz. Als ich davon hörte, dachte ich, ich würde träumen. »Zum Psychiater? Ich? Ich doch nicht! Bei mir ist doch alles normal! Ich hab doch keine Schraube locker!«
So reagierte ich, obwohl mir Begriffe wie Psychotherapie, Nervenklinik, Psychologe, Psychiater durchaus geläufig waren. Zuerst stellte ich mir vor, dorthin zu gehen und zu sagen, daß bei mir echt alles o. k. ist und daß ich mich lachend über so ein Mißverständnis von dem »Typen« verabschiede – für immer, versteht sich. Irgendwann konnte ich mich aber doch mit diesem Gedanken anfreunden. Ich begann langsam, mich darauf einzulassen, denn meine »aller-allerinnerste« Stimme sagte mir schon, daß irgend etwas faul ist an der Sache mit mir und dem Essen.

Also ging ich hin. Ich kam mir toll vor. »Ja, ich bin die Neue hier. Die Magersüchtige. So ein Rätsel! Schau auf meine Spargelbeine! Das gefällt mir.«

Die Begegnung mit meinem Therapeuten war das größte Glück in meinem Leben. Vielleicht würde ich sonst noch heute mit Magensonde im Krankenhaus vegetieren. Ich sah ihn, war enttäuscht, als ich hörte, wie alt er war, und wußte doch durch seine ganze Art und sein Auftreten: »Der mag mich irgendwie, dem liegt was an mir, dem kann ich was erzählen über mich.«

Das erste Gespräch war mir irgendwie peinlich, war bedrückend, so daß ich nicht wußte, was ich sagen sollte. Was mir besonders imponierte, war, daß er mich mehrmals eindringlich fragte, ob ich die Therapie überhaupt wolle und ob ich meine, es würde mir gefallen und etwas bringen. So eine Fragestellung war ich nicht gewohnt. Ich fand es einfach supernett, so an *mich* zu denken. Aber ich war von der ersten Minute an sicher: Hier liegt eine Chance, ein Weg, hier kann mir was gegeben werden, und ich kann was draus machen.

Anfangs versteckte ich mich noch sehr hinter einem Mantel von schlauen Sprüchen, »intelligenten« Labereien von »relativ« und »eigentlich nicht«, »vielleicht manchmal«. Ich hatte auch anfangs die Angst (und je häufiger ich da war, um so größer wurde sie), ich würde bald sein Interesse und seine Aufmerksamkeit verlieren, würde für ihn zu so einer Routinesache werden, besonders, da ich ständig zunahm und bald mein Ausgangsgewicht hatte. Häufig gab mir die Therapie, das Sprechen über mich selbst mit der Gewißheit, jemand hört mir wirklich zu, einen absoluten Schub. Ich hatte noch zwei Tage danach die absolute Hochstimmung.

Nach einigen Monaten war das aber nicht mehr sehr häufig, es war für mich normal geworden. Parallel dazu begann ich, weniger über meine konkreten Probleme zu reden, ich schämte mich dafür und wollte meinen Therapeuten nicht enttäuschen und mit diesem Essens-Scheiß nerven. Statt dessen redeten wir über Musik, Theaterprogramme. Ich erzählte mehr zufällige Erlebnisse, Oberflächliches, was eben so passiert, und verschwieg mein immer größer werdendes Eßproblem so galant und locker es ging.

Die Therapiestunden waren sehr angenehm. Ich mußte meine Schwächen nicht entblößen, und die wunden Punkte blieben so gut wie unberührt. Natürlich kann so keine Lösung oder Besserung kommen. Ein Eßproblem schreit aber nach Lösung! Deswegen möchte ich allen raten: Ohne Ehrlichkeit, Selbstüberwindung und den festen Willen, wirklich an seinen Problemen etwas ändern zu wollen, ist alles umsonst. Da hilft der/die beste Therapeut/in, die beste Therapieform nicht.

Was für einen Sinn hat mein Leben?

Rebecca, 19

Was ist das für ein Leben? Was für einen Sinn hat mein Leben? Was soll ich noch hier? Warum soll ich noch weiter leiden? Sterben, Tod, Ruhe. Keine Angst mehr, kein Leiden, keine Wut, kein Haß, kein Streit, keine Qual mehr!

So habe ich jahrelang gedacht, bis ich mich entschloß, daß es so nicht weitergehen konnte. Ich nahm mir ein Telefonbuch und suchte mir eine Reihe von Psychiatern heraus. Nach einer harten Auswahl blieb nur noch einer, den ich direkt anrief. Ich bekam auch sofort einen Termin, na ja, mit einem guten halben Jahr Wartezeit.

Anfangs sagte ich mir noch, daß bis zum Termin bestimmt alles besser würde. Doch das Gegenteil passierte. Immer wieder versuchte ich, das Leben, das ich führte, zu beenden. Aber es war noch ein Stück Lebenswille da, obwohl ich keinen Schimmer hatte, woher er kam. Je näher der Termin rückte, desto kranker wurde ich, richtig körperlich krank. Es war schon immer so, daß ich öfter krank war als andere Kinder, aber jetzt wurde es erst richtig hart. Eine Magen-Darm-Infektion jagte die nächste. Alles aus Angst und Verunsicherung.

Als es dann endlich soweit war und ich dort in der Praxis vor dem Psychiater stand, dachte ich, ich fiele gleich tot um. Aber er war sehr nett und sympathisch. Während der 45 Minuten, in denen ich mit ihm sprach, brach mir immer wieder der Schweiß aus. Er machte mit mir zuerst sechs Termine fest. Einen zur Grunduntersuchung mit EEG und anderen Untersuchungen, wie z.B. Geschichten schreiben zu verschiedenen Bildern. Die anderen fünf

Termine waren Gesprächstermine, die ich alle einhalten mußte, sonst würde das Ganze abgebrochen werden.
Es war sehr schwer, und so ist es auch heute noch. Es ist kein Kinderspiel, so eine Therapie. Man braucht Durchhaltevermögen, denn es kostet viel Kraft, Dinge, die man jahrelang verdrängt hat, hochkommen zu lassen, sich zu öffnen und dann mit den Geschehnissen fertig zu werden, sie zu verkraften. Es kann einen Menschen kaputtmachen.
Doch wenn man seine Therapie durchzieht, ehrlich und aufrichtig dabei ist, und nicht beim ersten Crash aufgibt, geht man nicht kaputt. Das kann ich nach meinen zwei Jahren Therapie sagen.
Ein Jahr lang habe ich um den heißen Brei herumgelabert, ein Jahr lang habe ich gebraucht, um den Anfang vom Faden zu finden. Je offener ich werde, je ehrlicher ich zu mir werde, desto schwerer wird die Therapie. Doch ich habe die Hoffnung, daß alles irgendwann ein Ende findet und ich weiß, was mit mir passiert ist.

Von A(autismus) bis Z(wang) – Typische Probleme, Störungen und Krankheiten, die zu einer Behandlung in einer Kinder- und Jugendpsychiatrie führen können

Was ist »Diagnostik«?

Gudrun Ott

Der Begriff »Diagnostik« steht für einen Prozeß, der sich vom Anfang der Behandlung bis zu ihrem Ende hinzieht und dabei mehrere Entwicklungsphasen durchläuft. Ziel dieses Prozesses ist es, zu einer Diagnose (diagnosis = Entscheidung, aus dem Griechischen), also zu einer Arbeitshypothese zu gelangen, die dem Kind gerecht wird, seine Beschwerden als Ausdruck einer gestörten Entwicklung unter Berücksichtigung seines bisher erreichten Entwicklungsstandes zu erkennen, die Bedeutung der Krankheit im Beziehungssystem der Familie zu erkunden, geeignete Behandlungsmaßnahmen zu planen und die Heilungschancen einzuschätzen.

Die Diagnostik liegt vornehmlich in der Verantwortung von Ärzten, ist eingebunden in Teamarbeit zwischen diesen, Psychologen, Fachtherapeuten (z.B. Kunsttherapeuten) und dem Pflege- und Erziehungsdienst sowie Lehrern. Der Arzt ordnet die notwendigen Untersuchungen an und wertet die Ergebnisse unter Einbeziehung der Eindrücke des Kindes, der Eltern und aller Mitarbeiter des therapeutischen Teams aus.

Schon bei der ersten Begegnung – beim Erstgespräch – findet Diagnostik, zeitgleich aber auch Behandlung mit der Kontaktaufnahme zum Kind, zu seinen Angehörigen statt: Sie beruht auf den *Beobachtungen* des Untersuchers, den *Angaben* des Kindes und seiner Angehörigen und auf den *Untersuchungsergebnissen*.

Mit dem Betreten des Raumes richtet sich die Aufmerksamkeit des Untersuchers auf die Gestalt des Kindes, seine Ausstrahlung, auf seine Haltung, auf Gang, Mimik, Gestik, seine Art der Kontaktaufnahme zum Untersucher, sein Verhalten gegenüber den Begleitpersonen (Eltern, Geschwistern etc.). Diese Verhaltensbeobachtungen erlauben Rückschlüsse auf die innere Befindlichkeit des Kindes. Je jünger ein Kind ist, desto eher kann es Beschwerden über»spielen« und desto weniger kann es sie mit Worten ausdrücken; andererseits ist ein akut schwerkrankes Kind sofort an seinem leidenden Ausdruck und seiner beeinträchtigten Spielfähigkeit, Körperhaltung usw. zu erkennen.

Das Verhalten des Kindes gegenüber seinen Begleitpersonen kann ebenfalls viele offene, aber auch versteckte Informationen über vorhandene (Beziehungs-)Probleme, Störungen, Krankheit enthalten. So kann das ausgelassene Herumtollen eines Kindes beim Erstkontakt u.a. darauf hinweisen, daß die Probleme wohl eher erzieherischer Art sind denn Ausdruck einer schweren Krankheit des Kindes. Schwieriger einschätzbar ist dies beim älteren Kind, das schon gelernt hat, familiäre Verhaltensmuster zu übernehmen, so z.B. das Verstecken von Krankheit, Betonen oder sogar Übertreiben als Ausdruck familiärer Normen im Sinne des Erwünschten oder Unerwünschten, als Möglichkeit, vermehrt Zuwendung, Hilfe oder Aufmerksamkeit zu erhalten usw. Der verbesserten Fähigkeit, sich auszudrücken, steht andererseits u.U. die Übernahme von familiären Normen, z.B. Tabus, gegenüber.

Hier wird es also zunehmend wichtiger, ein Bild von der Persönlichkeit des Kindes *vor* der Erkrankung zu gewinnen, von seinem Charakter, Temperament, Beziehungsverhalten zu Vertrauten, Fremden, Erwachsenen, Kindern. Somit rücken die Angaben zur Vorgeschichte in den Vordergrund, die der Arzt vom Kind selbst, seinen Eltern bzw. weiteren Bezugspersonen erhalten kann. Die Fragen des Untersuchers richten sich auf die bisherige gesunde Entwicklung des Kindes, auf seine Umgangsmöglichkeiten mit Krisen, auf seine gesunden Reserven, auch auf bisher durchgemachte Erkrankungen vor dem Hintergrund der biographischen Entwicklung des Kindes sowie seiner Familie. Die Antworten lenken den Prozeß der Diagnostik in zwei wichtige Richtungen: die bisher vorhandenen gesunden Bewältigungsmuster und die Art und Schwere von krankhaften im Sinnzusammenhang mit der bisherigen Entwicklung des Kindes.

Daraus ergibt sich die nächste Phase des diagnostischen Prozesses, die der weiteren Untersuchungen: die der Seele des Kindes (psychiatrische, psychologische), die körperliche (des Körpers einschließlich der inneren Organe, des Kopfes etc.) sowie die des Systems Familie.

In der ersten Begegnung, aber auch in allen weiteren wird ein *psychiatrischer Befund* erhoben, der ein Bild von der Kontaktfähigkeit des Kindes, seiner Stimmung, Mitschwingungsfähigkeit im Erleben sowie der Gefühle, Ausdrucksfähigkeit von Gefühlen und Sprache, von der Fähigkeit des Denkens, der Wahrnehmung der Innen- und Außenwelt, von Antrieb und Temperament etc. wiedergibt und damit die wichtigsten Funktionen des Seelenlebens prüft.

Spezielle ärztliche Untersuchungen wie die neurologische, EEG, Kernspintomographie des Kopfes (MRT) und andere erlauben es, körperliche Krankheiten des Gehirns (wie z. B. Tumoren, Entzündungen, Anfallskrankheiten u. a. m.) als mögliche Ursachen seelischer Auffälligkeiten zu erkennen oder auszuschließen, die dann andere Behandlungsmaßnahmen (z. B. Operationen oder medikamentöse Therapie) in den Vordergrund der Gesamtbehandlung stellen würden.

Der klinische Eindruck vom geistigen Entwicklungsstand des Kindes wird mittels *psychologischer Testuntersuchungen* genauer bestimmt, welche Aussagen über Lern- und Leistungsfähigkeit erlauben, aber auch mittels Fragebogen, die zu Aussagen über dessen Persönlichkeitszüge gelangen. Ziel dieser Untersuchungen ist es, neben Leistungslücken oder -einbußen vor allem Begabungsschwerpunkte und Leistungsreserven des Kindes zu ermitteln, aber auch den klinischen Eindruck von krankhaften Persönlichkeitsauffälligkeiten zu überprüfen. Beides bietet weitere Ansatzpunkte für den Behandlungs- und Förderungsprozeß.

Die *Familiendiagnostik* stellt einen weiteren wichtigen Bestandteil beim Erkennen von krankheitsfördernden Verständigungs- und Beziehungsmustern, ihrer Entstehung und ihren Behebungsmöglichkeiten dar. Mit ihrer Hilfe lassen sich günstige und ungünstige Beziehungsmuster herausarbeiten, sichtbar und beeinflußbar machen. Das Kind und die Familie sind damit nicht »Objekte« von Diagnostik und Therapie, sondern aktive Teilnehmer und Gestalter, also »Kosubjekte«.

Das Ergebnis aller Untersuchungen ist dann die Diagnose, die in der Psychiatrie und Psychotherapie des Kindes- und Jugendalters immer eine dynamische, also in weiterer Entwicklung befindliche ist. Sie stellt die Ausgangsbasis für eine angemessene Behandlung des Kindes unter Einbeziehung seiner Bezugspersonen dar.

Hier ein kleines konstruiertes Fallbeispiel: Eine Ärztin wird zu einem »Notfall« gerufen: ein kleiner Junge drohe zu ersticken. Bei Eintreffen der Ärztin ringt der Junge, dessen Lippen erheblich angeschwollen sind, um Luft, die begleitende Mutter reagiert panisch-anklammernd. Beim ersten Kontakt versucht die Ärztin, Mutter und Kind zu beruhigen, um (lebens-)wichtige Informationen zu erhalten und damit helfen zu können. In dem Maße, wie sich die Mutter auf ihre Auskünfte konzentriert, richtet das Kind – sich weiter beruhigend – seine Aufmerksamkeit auf die Ärztin. Diese erfährt, daß sich der Zustand innerhalb von acht Stunden entwickelt habe, das Kind schon lange an Bronchialasthma leide. Nun mischt sich ein älteres Geschwisterkind ein, das spielerisch-fröhlich und etwas triumphierend zu dem Kleinen sagt: »Jetzt mußt du sterben!« Dieser Ausruf des Geschwisterkindes macht letztendlich klar, daß hier aktuelle Beziehungsprobleme eine wichtige Rolle spielen. Während die Mutter beauftragt wird, sich dem älteren Kind zuzuwenden, kann die Ärztin das inzwischen aufgeschlossene Kind genauer untersuchen und mittels angebotener Calcium-Brause und ablenkenden Spielens unter Verzicht auf drastische medizinische Eingriffe dessen allergischen Anfall zum Abklingen bringen.
Dieses Beispiel einer akuten Krise eines psychosomatisch kranken Kindes verdeutlicht, daß für eine Diagnosestellung die Kenntnis der genauen Vorgeschichte, der Untersuchungsbefund und die Beziehungsdiagnostik bei einem Kind unerläßlich sind für die Einleitung geeigneter Behandlungsmaßnahmen.

Diagnosen zum Aussuchen

Sandra, 20

Im Laufe der vergangenen vier Jahre war ich aufgrund meines auffälligen Verhaltens und meines seelischen Befindens bei vielen verschiedenen Psychiatern in Behandlung. Jeder dieser Psychiater wies mir eine Diagnose gemäß ICD-10 (International Classification of Diseases = Internationale Klassifikation von psychischen Störungen) zu. So habe ich inzwischen fast alle Diagnosen durch:

Adoleszentenkrise, Entwicklung in Richtung Psychose, Persönlichkeitsstörung, hysterische Neurose, depressive Neurose, manisch-depressiv, emotional instabile und histerionische Persönlichkeitsstörung, dissoziative Störung und letztlich Borderline-Persönlichkeitsstörung. Doch sagen diese ganzen Diagnosen wirklich etwas über mich und mein »Krankheitsbild« aus?

Meist war es so, daß die Ärzte fünf Minuten mit mir sprachen und schon meinten, mich in irgendeine Schublade ihrer Diagnosen einordnen zu können. Ist es nicht von größerer Bedeutung, sich die Ursachen für die »Krankheit« der Patienten anzusehen und diese zu bearbeiten, als durch irgendeine Diagnose unter Umständen vollkommen falsche Maßnahmen (und auch Medikationen) einzuleiten? So habe ich zum Beispiel erlebt, daß eine Psychiaterin die Meinung vertrat, ich wäre manisch-depressiv, und mir aufgrund dessen ein Antidepressivum verordnete, was allerdings vollkommen unangebracht war, da mein Empfinden angemessen, ja »normal« war. Vielmehr war es so, daß ich durch die Therapie sehr aufgewühlt und angespannt war. Ich wollte damals in Absprache mit meiner Therapeutin nur ein Medikament zur Beruhigung haben.

Anders erging es mir mit der Diagnose »hysterische Neurose«, die inzwischen als eigenständige Diagnose im ICD-10 überhaupt nicht mehr existiert. Ich habe mir sagen lassen, daß man sich unter der Bezeichnung »hysterische Neurose« alles und gar nichts vorstellen kann. Wie soll dann ein außenstehender Arzt wissen, was mit mir los ist?

Noch dazu hat das Wort »hysterisch« für Laien, also auch für mich, einen sehr negativen Beigeschmack, ja, es ist sogar in der alltäglichen Sprache zu finden. Wie oft wird abwertend gesagt: »Die ist doch hysterisch!« So ist es kaum verwunderlich, daß es mir peinlich war zu sagen, welche Diagnose mir zugewiesen wurde.

Inzwischen gebe ich nichts mehr auf die ganzen Diagnosen der Psychiater. Ich weiß für mich, wo der Ursprung meiner Symptome liegt. Die Versuche der Psychiater, mich wieder in irgendeine Schublade einzuordnen, ignoriere ich einfach, ja, ich kann inzwischen sogar darüber lachen.

Ich muß allerdings zugeben, daß es auch psychische Krankheiten gibt, wie zum Beispiel Magersucht, Psychose, Depression, denen

man ganz eindeutig eine Diagnose zuordnen kann. Jedoch finde ich es auch bei diesen Krankheiten viel wichtiger, die Ursachen für das ungewöhnliche Verhalten und Empfinden zu ergründen, als einfach mit Psychopharmaka die Krankheit zu bekämpfen. Denn durch Medikamente wird meiner Meinung und Erfahrung nach die Krankheit nur scheinbar gebessert.
Letztendlich gilt es, die Ursachen für die Krankheit, welche Diagnose ihr auch immer zugeordnet sein mag, in der Psychotherapie zu bearbeiten.

Suizid und Suizidversuche

Willem X. M. Geraets

Suizidalität bei Kindern und Jugendlichen hat durch ihre Dramatik die Menschheit schon immer bewegt; in Film, Fernsehen und in der Weltliteratur finden wir viele Beispiele.

Himmelhochjauchzend – zu Tode betrübt, so beschrieben die Dichter den Gemütszustand der Jugendlichen, eine treffende Beschreibung der Stimmungen in dieser bewegten Zeit der Adoleszenz. Diese Wechselhaftigkeit hat aber schwere Folgen. Die zweithäufigste Todesursache bei Jugendlichen ist nach dem Verkehrsunfall der Selbstmord (Suizid).

Absolute Zahlen Suizid 1994

Suizide	total	männlich	weiblich
<10 Jahre	1	1	
10–14	46	29	17
15–19	271	212	59
20–24	581	470	111

(Persönliche Mitteilung Bundesamt für Statistik)

In den letzten Jahren stieg die Zahl der Suizide bei Jugendlichen beständig an. Diese Steigerung kann nicht ohne weiteres den Veränderungen in der Gesellschaft zugeschrieben werden. Die Gründe sind im großen und ganzen unbekannt; es könnte auf lange Sicht eine normale Schwankung um einen Mittelwert sein.

Suizidversuche sind Selbstmordhandlungen ohne tödlichen Verlauf, genaugenommen ist aber die Unterscheidung zwischen Suizidversuch und Suizid eine theoretische. Ob ein Selbstmord gelingt, ist stark abhängig von vielen inneren und äußeren Umständen, wie u. a. Tötungsabsicht, Planung und Wahl der Mittel. Damit liegt der Unterschied lediglich darin, daß ein Suizid ein gelungener Suizidversuch ist; die Selbsttötungsabsicht kann bei beidem gleich stark sein.

Bei Kindern unter 14 Jahren ist die Suizidrate gering. Die Risikofaktoren sind geringer. Depressivität tritt bei Kindern weniger häufig auf, und das Versorgungssystem ist intensiver. Bei Jugendlichen ist das anders. Wie schon oben angeführt, ist der Selbstmord die zweithäufigste Todesursache bei Jugendlichen und steht als Einzeltodesursache oft an erster Stelle.

Jungen sind im Durchschnitt zwei- bis dreimal mehr von Suiziden betroffen als Mädchen, möglicherweise weil sie härtere Methoden anwenden. Mädchen dagegen verüben viermal häufiger einen Suizidversuch als Jungen. Unter »härteren« Methoden versteht man z. B. Erhängen, Erschießen, schwere Stichwunden, Sprünge aus großer Höhe und Ertrinken. Zu den »weichen« Methoden zählen Schnitte am Handgelenk und Schmerz- und Schlafmittelüberdosis. Aber die Zusammenhänge und Kombinationen mit Tötungsabsicht und -planung können auch weichere Methoden sehr gefährlich machen. Damit sagt die angewandte Methode alleine nichts aus über die wirkliche Bedrohung. Eine schlüssige Erklärung für diesen geschlechtsspezifischen Unterschied in der Methodik gibt es nicht. Auch das klassische Geschlechtsrollenverteilungsmuster, wonach Jungen mehr zu aggressiven oder »Helden«-Taten tendieren, kann hier keine vollständige Abhilfe schaffen.

Es gibt mehrere Erklärungsmodelle für suizidales Verhalten – soziologische, tiefenpsychologische, verhaltenstherapeutische und biologische. Diese Erklärungsmodelle reichen aber nicht aus und sind schwer auf Kinder und Jugendliche zu übertragen. Gerade die Adoleszenz ist eine Periode des großen Umbruchs, die sich mit heftigen Gefühlsausbrüchen äußern kann. Diese können dann wieder zu extrem schädigenden Handlungen führen.

Eine ernsthafte psychiatrische Erkrankung, etwa eine Psychose sowie Depressionen in Zusammenhang mit anderen Faktoren, wie z. B. schlechter Gesundheitszustand, Konfliktsituationen in der Familie, Schulprobleme, Probleme am Arbeitsplatz und offene Aggressionen, erhöhen die Suizidgefahr. Eine suizidale Handlung kann aber auch spontan sein.

Es gibt in der Literatur Hinweise darauf, daß Suizide im näheren sozialen Umfeld oder auch von Jugendidolen (Beispiel: Kurt Cobain) Suizidversuche bei Jugendlichen auslösen können, da besonders in dieser Altersgruppe Nachahmungstendenzen oder

Wiedervereinigungsideen bestehen. Diese Geschehnisse alleine werden nicht zu einem Selbsttötungsversuch führen, nur eine Kombination mit vielen anderen Faktoren kann dies verursachen. Vorzeichen auf dem Weg bis zu diesem dramatischen Verhalten sind zunehmende Isolation und Vereinsamung des Jugendlichen, Leistungsabfall, Rückzug in Phantasiewelten, Einengung, ungerichtete Aggressionen und Suizidphantasien. In diesem Vorfeld liegt eine große vorbeugende Möglichkeit für die Umgebung, Angehörige, Lehrer und Freunde.

Hier kann auch die Frage beantwortet werden, wie ein Selbstmord(versuch) verhindert werden kann. Beim Auftreten der o. g. Symptomatik ist ein Ernstnehmen dieser Symptome und ein behutsames Auf-den-Jugendlichen-Zugehen notwendig. Besonders die Entwicklungsphase der Adoleszenz macht dies nicht leicht, weil gerade dann der Jugendliche versucht, eigene Wege zu gehen und die Einmischung der Erwachsenen des öfteren ablehnt. Ein frühzeitiges Einschalten des Schulpsychologischen Dienstes oder weiterer professioneller Beratungsstellen ist bei den geringsten Anzeichen erforderlich, damit eine weitere suizidale Entwicklung gestoppt werden kann.

Suizidversuche bei Jugendlichen oder Kindern müssen nicht zwangsläufig zu einer stationären Behandlung führen. Alle Faktoren und Rahmenbedingungen eines Suizidversuches verdienen, genauestens gewichtet zu werden, bevor die Entscheidung für eine ambulante oder stationäre Therapie getroffen wird. Oft zeigen die jungen Menschen auch schon kurz nach ihrer Rettung eine viel differenziertere Haltung zu ihren Problemen, eine positivere Einstellung zu ihrem Leben und sind meist sehr dankbar, gerettet worden zu sein.

Die ambulante und stationäre Behandlung besteht aus schützenden und psychotherapeutischen Maßnahmen. Bei der Psychotherapie stehen die Geschehnisse, die zu der suizidalen Handlung geführt haben, die bisherige Wert- und Weltanschauung und die bisherigen Lösungsmöglichkeiten im Vordergrund mit dem Ziel, eine andere Haltung und neue Konfliktbewältigungsmechanismen zu finden. Bei einem intensiven suizidalen Verhalten wird auch eine medikamentöse sedierende Behandlung notwendig, um wiederholte Handlungen zu verhindern.

Wer bin ich?
Malika, 16

Wer bin ich?
Wohin gehöre ICH?
Traurigkeit umschließt mich,
läßt mich hilflos und einsam sein,
nach außen cool, aggressiv, unnahbar –
doch die Seele explodiert.
Der Kopf ist dumpf und leer,
die Gedanken sind düster.

Wer bin ich?
Ziellos laufe ich durch die Straßen,
immer auf der Suche.
Wonach?
Nach Leben?
Leben! Wozu?
Ich verabscheue DIESES Leben!

180 Tabletten, ich schlinge sie hinunter.
Was kommt danach?
Erlösung, Ruhe?
Die schwere Last der Verantwortung
für mich SELBST
einfach abgeben.
Ich kann SIE nicht tragen.
Meine Schultern sind noch nicht stark genug.

Wo finde ich –
Hilfe und Zuversicht,
so daß ich nicht mehr fragen muß:
Leben? WOZU?
Leben – erst dann,
wenn ich weiß,
WER ich bin.

Der tiefe Fall ins Nichts

Nadine, 16

Verzweifelt und ausweglos – so fühlte ich mich, als mein Freund mich verlassen hat. Ein Mensch, für den ich alles aufgab, bei dem ich auch wohnte, hatte einfach Schluß gemacht. Ich kam nicht von ihm los, obwohl er mich, während wir zusammen waren, auch geschlagen hat. Doch ich redete mir ein, daß ich nicht ohne ihn leben könnte, und als er mir dann sagte, es wäre aus, war ich so verletzt und fertig, daß ich alle Tabletten, die ich zuvor vom Arzt verschrieben bekommen hatte, geschluckt habe.

Er hat die leeren Schachteln gefunden und mich ins Krankenhaus gebracht. Es war zum Glück nur ein Antibiotikum, das ganz harmlos war. Doch der Arzt sagte, daß ich mich in die Psychiatrie einweisen lassen sollte. Das habe ich dann auch getan. Doch da wurde es nur noch schlimmer. Ich habe immer wieder versucht abzuhauen, und wurde auch zweimal entlassen. Doch immer, wenn ich entlassen wurde, merkte ich, wie schlecht es mir eigentlich ging und wie sehr ich meine Therapie brauchte.

Ich hatte panische Angst vor der Zukunft, davor, wie es weitergehen sollte. Ich hatte doch keine Freunde mehr zu Hause und war ziemlich allein. Oftmals habe ich in dieser Zeit über den Sinn des Lebens nachgedacht, den ich aber nicht fand. Mir fehlten Ziele und Perspektiven. Ich steigerte mich in diese Traurigkeit hinein und kam einfach nicht mehr heraus. Es wurde immer unerträglicher. Und dann konnte ich nicht mehr. Als meine Eltern weg waren, wollte ich Nagellackentferner trinken, doch auf einmal stieg diese panische Angst vor den Folgen in mir hoch, und ich habe die Station angerufen. Die haben mir gesagt, daß ich sofort in die Klinik kommen sollte. Als ich meine Tasche mit dem Nötigsten gepackt hatte, kam meine Mutter heim, und ich erklärte ihr alles. Sie hat mich zur Station gebracht.

Diese Phase der absoluten Traurigkeit dauerte sehr lange, ich fühlte mich unverstanden und verlassen. Ich war meiner Traurigkeit ausgeliefert. Dieser Zustand dauerte etwa zwei Wochen. Nur ganz allmählich konnte ich mich aus dem Tief befreien (mit Hilfe von Therapeuten). Aber es passierte immer wieder, daß ich in ein tiefes Loch fiel, aus dem ich mich nicht allein befreien konnte.

Heute sehe ich, daß ich mit Selbstmord nichts erreichen kann. Im Gegenteil! Er ist nur eine Flucht. Das Thema Liebe ist für mich immer noch ein Problem. Ich verliebe mich oft, doch habe ich Angst davor. In meinem Exfreund hatte ich mich so getäuscht, daß ich nur schwer wieder Vertrauen fassen kann. Es ist, als ob ich mich immer in den Falschen verliebe, denn immer werde ich verletzt. Aber der Selbstmord ist mit Sicherheit *keine Lösung*.

Ich wurde vom Tod verfolgt

Ariane, 18

Ich bin hier in der Psychiatrie, weil ich versucht habe, mich umzubringen. Mit Tabletten und Alkohol wollte ich meinem Leben ein Ende bereiten. Für mich war der Tod die einzige Lösung, denn mein bisheriges 17jähriges Leben war eine einzige Tristesse.
Es gab viele Gründe für meinen Selbstmordversuch. Vor drei Jahren starb meine Mutter an Krebs. Ich habe ihre Krankheit voll miterlebt. Ihr ging es von Tag zu Tag schlechter, und plötzlich starb sie. Ich war an ihrem Sterbebett, es war schrecklich! Sie lag da, als schliefe sie – aber sie war tot.
Meine Eltern waren geschieden, mein Bruder und ich lebten bei meiner Mutter. Auch mein Vater ist tot. Er starb vor drei Jahren durch Selbstmord. Mein Vater war ein Trinker. Er hatte viele Probleme.
Jedenfalls kam ich nach dem Tod meiner Mutter zu meiner Tante und meinem Onkel. Ich war froh darüber, daß sie mich bei sich aufnahmen. Bei ihnen tat ich immer so, als wäre alles in Ordnung. Ich spielte ein fröhliches und glückliches Kind. Doch in mir sah es anders aus. Ich war traurig und unglücklich, weil ich ohne meine Mutter nicht leben konnte. Anderthalb Jahre später ging es mir besser, und ich fing an, damit zu leben, daß es auch ohne Mutter weitergehen kann. Doch urplötzlich verlor ich einen guten Freund bei einem Autounfall. Alles fing wieder von vorne an. Ich dachte wieder an meine Mutter und an meinen Freund, und ich war sehr traurig. Ich sackte immer mehr in der Schule ab und zog mich von allen zurück. Irgendwie schaffte ich es aber, mich zusammenzu-

nehmen. Ich fand eine Freundin, der ich voll vertrauen konnte. Sie war drei Jahre älter als ich, wir unternahmen sehr viel, und wir hatten sehr viel Spaß miteinander. Doch auch dieses Glück war nur von kurzer Dauer. Nach fast einem Jahr brachte sie sich um, weil ihr Freund Schluß gemacht hatte. Ich verstehe bis heute noch nicht, warum sie das getan hat. Ich bin unendlich traurig darüber. Nun habe ich das Gefühl, daß ich den Tod anziehe. Wie soll ich mit den ganzen Todesfällen zurechtkommen? Ich bin mir sicher, daß ich es schaffen werde... *irgendwann.*

Angst und Depressionen – der Seelenkrebs

Mara, 20

»Wenn du vor mir stehst und mich ansiehst, was weißt du von Schmerzen, die in mir sind.
Und was weiß ich von deinen? Und wenn ich mich vor dir niederwerfen würde und weinen und erzählen, was wüßtest du von mir mehr als von der Hölle, wenn dir jemand erzählt, sie ist heiß und fürchterlich...«
Dieses Zitat von Franz Kafka geht mir durch den Kopf, wenn ich daran denke, ob es möglich ist, die Welt eines Menschen, der an schweren Ängsten und Depressionen leidet, auch nur annähernd zu verstehen. Für mich war die Angst ständiger Begleiter, und deshalb möchte ich aus meiner eigenen Sicht beschreiben, was Ängste und Depressionen für mich bedeutet haben (oder auch heute noch bedeuten?).
Es war die *Verlustangst,* die mich vor, während und nach der Therapie begleitet hat. Ich hatte eine panische Angst davor, daß Menschen, die mir in irgendeiner Form wichtig waren, mich verlassen könnten. Oft genug ist es passiert. So z. B. ist mein Vater, der mir sehr viel bedeutet hat, aus unserer Familie verschwunden.
Diese Angst machte aus mir einen manipulierbaren, überangepaßten Menschen, den man beliebig herumschubsen konnte. Wenn ich z. B. eine Auseinandersetzung mit einem Menschen hatte, von dem ich mich ungerecht behandelt fühlte, schaffte ich es fast nie, mich zu widersetzen. Die Konsequenz hätte ja Ablehnung sein

können. Der Gedanke, abgelehnt oder gar im Stich gelassen zu werden, machte mir furchtbare Angst. Und aus dieser Not heraus entwickelte sich der Mechanismus Anpassung, besser Über-Anpassung: Man verhält sich nicht so, wie man ist, sondern wie man zu sein hat; man sagt nicht, was man fühlt, sondern was die anderen hören wollen – nicht *agieren*, sondern immer brav *reagieren*!
Mich machte diese Angst rasend, weil ich spürte, wie ich durch sie mein tiefstes Ich verleugnete. Ich fühlte mich wie in einer Zwangsjacke. Mein eigener Körper schien ein Gefängnis zu sein, in dem die Gefühle steckten, die ich nicht leben durfte. Das löste eine wahnsinnige Wut in mir aus, und ich haßte alles, was unecht, unnatürlich, falsch und künstlich war.
Ich haßte *mich*.

Depressionen können zum Alleinsein führen

Willem X. M. Geraets

Obwohl Depressionen im Kindes- und Jugendalter häufiger auftreten, werden sie doch selten diagnostiziert. Sowohl Menschen, die beruflich mit Kindern und Jugendlichen zu tun haben, als auch Eltern scheinen es schwer akzeptieren zu können, daß Kinder und Jugendliche traurig oder unglücklich sind. Eine Depression in dieser Altersstufe ist allerdings auch nicht nur an einer traurig-depressiven Grundstimmung zu erkennen, sie zeigt einen viel breiteren Fächer von Symptomen: Die Kinder und Jugendlichen können traurig, schüchtern, still und ängstlich oder auch gereizt, aggressiv, unruhig, schwierig im Umgang und anklammernd sein. Auch Schulschwierigkeiten, Schlaf- oder Eßstörungen (als uneingeschränkte Naschsucht oder Essensverweigerung) können Zeichen für eine Depression sein. Fixiertes Fernsehen kann ebenfalls ein depressives Symptom darstellen.

Die Kinder und Jugendlichen fühlen sich häufig minderwertig und den Anforderungen, die Gleichaltrige im sozialen oder intellektuellen Austausch an sie stellen, nicht gewachsen. Daher spielen sie lieber mit Jüngeren, nur mit ihren Haustieren oder ganz allein. Dabei erleben sie ein Gefühl von Einsamkeit. Bei einer phasischen affektiven Erkrankung (siehe Kapitel »Die Welt der Psychosen«) können in einer manischen Phase auch Gefühle von Größenphantasien Gleichaltrigen gegenüber bestehen. Da der Jugendliche hier die Kommunikation mit Altersgenossen zerstört, verliert er seine sozialen Bezüge mehr und mehr und erlebt wiederum die schon erwähnten Gefühle von Alleinsein.

Je jünger das Kind oder der Jugendliche ist, desto mehr unterscheiden sich die Ausdrucksformen der Depression von denen des Erwachsenenalters.

Depressionen können reaktiv im Anschluß an akute psychische Belastungen auftreten, z. B. Krieg, Verlust einer geliebten Person oder eines Besitzes. Diese Trauerreaktion wird durch das Umfeld

als ein adäquates Verhalten empfunden. Beschäftigt der Trauernde sich ausschließlich mit der Erfahrung seines Verlustes und verliert er seinen realen und sozialen Bezug, wird von einer Neurotisierung des Verhaltens gesprochen.
Das Erscheinungsbild einer Depression kann auch ein psychotisches Ausmaß annehmen. Somatische Erkrankungen, wie Infektionen oder Epilepsie, können von depressiven Symptomen begleitet werden. Hier steht die Behandlung der Ersterkrankung im Vordergrund.
Die Therapie der Depression besteht je nach Schwere der Erkrankung in ambulanten, teil- oder vollstationären psychotherapeutischen Maßnahmen. Auch kann eine Behandlung mit antidepressiven Medikamenten erforderlich sein, um den Heilungsprozeß zu beschleunigen.

Der Weg der Einsamkeit

Alex, 16

Wenn der schwarze Nachthimmel
Die Seelen verschlingt,
Um sie in den stürmischen Wogen seiner Dunkelheit zu ertränken,
Und die Einsamkeit seinen Weg ebnet,
Wird die Schlange aus dem Boden emporsteigen,
Um den Menschen die Gedärme zu zerfressen
Und ein neues Leben zu erschaffen.
Des Reiters Haar im Wind zerzaust –
Auch seine Seele wird gezwungen,
Den Weg der Einsamkeit zu ersteigen.
Niemand wird ihr entkommen…
Würmer werden kommen,
Um zu zerstören,
Zu zerfressen
Und zu richten.
Die Morgendämmerung ist nahe.
Sie wird der Dunkelheit die Macht nehmen

Und sie ersticken,
Doch wird es dann nichts mehr geben,
Wofür sie kämpfen kann.

Alles Scheiße

Julia, 19(†)

»Alles Scheiße.« Dieser simple Satz schwirrte täglich in meinem Kopf herum. Er ist vollkommen einfach, dieser Satz, doch er läßt sich so schrecklich weit dehnen und ausweiten, so daß er alles kompliziert und rätselhaft macht. Er hat es wirklich in sich, dieser nette Satz! Anfangs war er recht unleserlich geschrieben, doch mit der Zeit wurde er immer deutlicher und schrieb sich mit solch großen Druck-Buchstaben, so daß er beim besten Willen nicht zu übersehen war.

Nun standen diese riesigen Buchstaben vor mir, ohne daß ich es wollte. Zunächst ärgerten sie mich, dann machten sie mich traurig, dann ließen sie mich verzweifeln, verwirrten mich, hämmerten mir ab und zu ein »Scheißegal« ein (dieser Satz ist wohl ein Verwandter) und verfrachteten mich dann schließlich in die Leere. Ja, das hat dieser Satz ja toll hinbekommen!

Es gab einige Sätze, die den »Alles-Scheiße-Satz« wohl auch nicht sonderlich mochten. Sie stellten sich vor ihn. Sie, die *positiven* Sätze: »Es ist ja alles gar nicht so schlimm.« »Es gibt so viele schöne Dinge.« (Sie nennen sich Standardsätze, die man eigentlich immer verwenden kann.) Obwohl sie viel mehr Buchstaben haben und gleich in einer ganzen Horde antreten (die nennt sich Moralpredigt), ließ er sich nicht einschüchtern. Es scheint so, als sei er ein zweiter Marquis de Sade. Er holte sich nämlich noch von seinen Freunden Verstärkung: den Fragen und seinem Freund, dem *Pessimismus*. Ja, da kann man nun wirklich nichts mehr tun. Wozu auch?

»Alles Scheiße« hat zu guter Letzt noch den Satz des *Glaubens* herbeigeholt. Das ist ein ganz hartnäckiger, der einen glauben läßt, es sei alles so schwachsinnig und disharmonisch. Der Satz »Alles Scheiße« verstellte mir mit seinen ständig wachsenden

Buchstaben die Sicht, bis ich schließlich vollkommen zugemauert war. Da hatte ich dann den Wunsch bzw. die Idee, die Augen freiwillig zuzumachen; ich konnte ja sowieso nichts mehr sehen, nur noch unscharf, und das reichte nicht. Möglicherweise mangelt es dieser Idee an Intelligenz, und so blieb es bei dem Wunsch...
Manchmal versuchte ich, den gehaßten Satz mit der Zigarette zu bekämpfen, ab und zu mit einer wirksamen Flüssigkeit zu unterstützen, was jedoch zuviel des Guten war. Der gewünschte Effekt wurde oft nicht erreicht. Mir blieb also gar nichts anderes übrig, als permanent diesen Satz anzuschauen, mit all seinen Bekannten. Es kamen öfter Sätze, die »Alles Scheiße« unsympathisch fanden. Auch sie hatten keinen Erfolg. Die Resignation, die sich in mir immer mehr ausbreitete, festigte den Wohnsitz meines geliebten Satzes. Sehr schön, dachte ich mir, das ist ja toll!
Nun gut, es gab einige Sätze (ich glaube, das waren die Radikalen), die es ein wenig schaffen konnten. Ja, was war denn das! Plötzlich ein neues Gesicht – der Herr *Wille*, und der blieb komischerweise auf meiner Seite. Da hatte ich also eine neue Waffe. Die Technologie war jedoch noch nicht genug entwickelt, und ich bekam jedesmal Kopfschmerzen, wenn ich durch die Wand wollte. Meine Güte, da hat man eine scheinbar brauchbare Waffe, und dann funktioniert sie nicht.
Der Satz »Lies die Bedienungsanleitung« besuchte mich. Ja, super, wo ist sie denn? Ich suchte, doch ich fand keinen brauchbaren Satz. Der Satz »*Hab Geduld*« (mittlerweile ein Dauerbesucher) gab nicht auf und schaute aufs neue bei mir vorbei. Einige Verwandte kamen hinzu, bis die ganze Familie versammelt war. Jetzt studiere endlich die Bedienungsanleitung. Es schien ein endloser Katalog zu sein, doch ich beschloß, mich an dieses Manuskript mit den vielen Sätzen zu wagen. Ich verstand den Aufbau, die Konstruktion des Willens nicht immer so recht, doch gemeinsam mit den Zeitsätzen klappte es immer besser, und ich begann allmählich zu begreifen, welche Knöpfe ich gegen welchen Buchstaben einzusetzen hatte. Ich drückte zur Freude von »Alles Scheiße« auch ab und zu falsche Knöpfe. Ich konnte plötzlich viel mehr sehen, die Vernichtung meines Satzes wurde immer besser.
Es kommt natürlich immer noch vor, daß der verfeindete Satz ab und zu mal sein E, sein S, sein H oder seine ganze Gestalt vor

meine Augen setzt, das läßt sich wohl nicht ändern. Da sollte man dann ganz schnell die Sätze der *Motivation* aufrufen, die Bedienungsanleitung noch einmal stellenweise lesen und die Sätze des *Kompromisses* herbeiholen. Also, »Alles Scheiße«, wenn auch mühsam, aber besser als gar nicht.

Schwarz

Melanie, 16

Dunkelheit umschlingt mich.
Sie hält mich fest.
Die Dunkelheit ist in mir.
Ich empfinde nichts.
Sie hat sich in mir festgesetzt.
Ich werde sie nicht los.
Alles ist schwarz und leer.
Ich möchte endlich etwas spüren.
Liebe, Schmerz, Glück, Trauer –
Nichts ist in mir,
nur das Gefühl einer dumpfen Leere.
Ich kann nicht lieben.
Werde ich geliebt?
Ich weiß es nicht.
Wann werde ich es wissen?

Meine schwarze Phase
Wenn ich Probleme habe, werde ich sehr schnell depressiv. Bei mir gibt es verschiedene Stadien der Depression. Zuerst hänge ich nur zu Hause rum, und ich verkrieche mich in meinem Zimmer. Dann kommt die »Ich-fresse-alles-in-mich-hinein-Phase«. Das fängt damit an, daß ich alles esse, was ich in die Finger kriege. Danach kommt die *Schwarze Phase*, ich trage nur Schwarz und färbe mir die Haare schwarz. Am liebsten würde ich mich einigeln, niemanden sehen, niemanden sprechen und nichts tun.
Irgendwann, wenn ich die Probleme hinter mir habe, verändert sich mein Aussehen und alles andere wieder. Auf einmal kann ich

Schwarz nicht mehr leiden, und ich kriege einen Haß auf mich. Nun versuche ich es mit der Farbe *Rot*, die am besten meiner momentanen Stimmung entspricht. Also färbe ich die Haare mit Henna. Und wenn ich sehe, wie viel ich zugenommen habe, habe ich eine noch größere Wut auf mich. Ich will nur noch abnehmen. Wenn ich das alles hinter mich gebracht habe, beginne ich plötzlich wieder zu *leben*. Ich erwache aus meiner Erstarrung und habe plötzlich wieder Lust, etwas zu unternehmen. Aber wie lange hält dieser Zustand an? Ich habe immer Angst vor dem nächsten großen Tief, der nächsten *Schwarzen Phase*.

Wie gelähmt vor Angst

Barbara Heubach

»Angst? – Wollen wir nicht haben, darauf können wir verzichten!« Doch so unangenehm wir dieses Gefühl Angst auch empfinden, es ist für uns Menschen nicht verzichtbar. So widersinnig es klingt, aber unsere Angst ist unser bester Schutz. Entwicklungsgeschichtlich hat uns dieses Frühwarnsystem überhaupt das Überleben in einer doch sehr gefährlichen Umwelt ermöglicht und hilft uns auch heute, alle Gefahren des täglichen Lebens auf der Straße, beim Sport oder im Umgang mit anderen Menschen einzuschätzen und zu bewältigen. Denn das Signal Angst ruft gesteigerte körperliche Reaktionen wie beschleunigten Herzschlag und damit bessere Blutversorgung hervor, es mobilisiert alle seelischen und geistigen Reserven und schärft unsere Sinne, damit wir in die Lage versetzt werden, zu fliehen oder die im weitesten Sinne gefährliche und damit angstmachende Situation zu meistern. Die Angst ist damit ein ganz gesundes, wenn auch unangenehmes Gefühl.

Da unangenehme Gefühle uns sehr beeinträchtigen, versuchen wir sie heute, soweit es geht, zu verdrängen oder uns nicht einzugestehen, können damit aber auch keinen Nutzen aus ihnen ziehen. Denn nur wo Angst bewußt wird, kann sich Mut entwickeln, können Strategien zur Bewältigung neuer Lebensabschnitte oder Lebensaufgaben entwickelt werden. So ist es nicht verwunderlich, daß in der Entwicklung des Menschen jeder neue Lebensabschnitt von anderen Formen der Angst eingeläutet wird. Auf alles, was wir kennen, haben wir uns eingestellt und haben Bewältigungsstrategien entwickelt. Alles, was neu auf uns zukommt, braucht neue Handlungsmuster, die wir ausprobieren und die nicht unbedingt erfolgreich sein müssen. Das macht angst.

Es ist nicht sicher, wann der junge Mensch seine ersten Ängste erfährt, doch die Trennungsangst oder das Fremdeln des Kindes von acht Monaten kennen wir alle. Es ist ein frühes Beispiel von Angst vor einem neuen Lebensabschnitt. Das Kind hat in seinem

Reifungsprozeß die Stufe erreicht, wo es bekannte und fremde Personen unterscheiden kann. Doch der Umgang mit dem Fremden ist neu und macht angst. Die »Fluchtreaktion« des Kindes ist das Kopfabwenden, Schreien, Anklammern an die vertraute Person. Aus dieser Begegnung mit dem Neuen lernt das Kind für seinen weiteren Umgang mit Neuem, aber auch für seinen Umgang mit Angst. Sowohl die eigenen Gefühle des Kindes als auch die Gefühle der Bezugsperson in diesen Situationen sind hier von Bedeutung. Kann sich das Kind langsam an die fremde Person herantasten und seine Angst überwinden, oder ist die vertraute Person verunsichert oder verärgert wegen der kindlichen Verhaltensweisen? Wie darf das Kind mit seinen Gefühlen umgehen, wie wird mit ihm umgegangen? Darf es Angst zeigen, oder ist das nicht erwünscht? Kann die Bezugsperson die Angst des Kindes ertragen, oder verstärkt das Kind damit eigene Ängste des Erwachsenen? All diese Erfahrungen im Umgang mit Angst werden sich bei späteren Entwicklungsschritten verstärken und verfestigen. So kann der Jugendliche oder der Erwachsene dann Angst als wichtiges Signal verstehen und nutzen, oder er muß sie verdrängen, krank werden oder von Angst gelähmt völlig handlungsunfähig werden.

Die Angst hat viele Gesichter, und manchmal weiß sie sich geschickt zu verbergen. Wer würde hinter dem rücksichtslosen Erwachsenen einen von Existenzangst verunsicherten und hinter dem aggressiven Jugendlichen einen ängstlichen Menschen vermuten? Doch in vielen Situationen ist sie für uns verständlich und nachvollziehbar: z. B. die Angst vor dem Sterben oder vor Krankheit. Auch das Lampenfieber oder die Angst vor Kritik und die Prüfungsangst sind uns sehr einsichtig, denn wir empfinden sie als begründet. Ist es aber noch einsichtig, wenn sie Krankheit hervorruft?

»Die Angst macht mich krank!« Wir kennen diese Redewendung, doch wer würde hinter einem kranken Menschen einen ängstlichen Menschen vermuten, der nicht mehr den Mut entwickeln kann, um sich den Anforderungen seines Berufes oder sozialen Umfeldes zu stellen? Angst haben oder Angst zeigen gilt als Zeichen von Schwäche, Krankheit wird dagegen von der Gesellschaft gebilligt.

Zu dem großen Bereich der Ängste gehören auch die Phobien. Darunter verstehen wir Angst, die sich nur auf etwas Bestimmtes bezieht. Das kann Angst vor bestimmten Tieren, vor großen Plätzen, vor Brücken oder geschlossenen Räumen sein, vor besonderen Krankheiten oder auch vor dem Fliegen. Phobien zeigen sich meist erst im Erwachsenenalter. Kinder und Jugendliche zeigen andere Bilder von Angst, die wegen ihres häufigen Vorkommens im folgenden noch eingehender erläutert werden.

Ob Ängste und Phobien therapeutisch behandelt werden müssen, zeigt sich in ihren Auswirkungen auf das tägliche Leben und in ihrem Leidensdruck, den sie verursachen. Doch wenn aus Angst Panik wird, ist die Therapie als Hilfe norwendig. Das können ganz verschiedene Verfahren sein, die sich nach der Schwere der Angsterkrankung und auch nach dem Alter des Patienten richten. Bei Ängsten von Kindern und Jugendlichen ist es manchmal unbedingt nötig, die Familie in die Therapie miteinzubeziehen, da Ängste oft eine Familiengeschichte haben.

Wie können wir vor diesem Hintergrund Schulangst, Schulphobie und Schulschwänzen sehen und verstehen? Kinder und Jugendliche verstehen oft ihre Angst vor der Schule nicht. Sie erleben aber, wie sie von einem entsetzlichen Gefühl der Bedrohung und Verzweiflung, das in diesem Falle irgendwie mit Schule zusammenhängt, überschwemmt werden. Da dieses Gefühl so existentiell in ihr Erleben eingreift, muß es um jeden Preis vermieden werden. Sie suchen also nach Erklärungsmodellen, warum sie nicht in die Schule gehen können. Meist ist es der Lehrer, der sie nicht versteht oder mag. Es können aber auch Mitschüler sein, die ihnen Böses wollen. Nicht selten erkranken diese Schüler immer wieder an verschiedenen Infekten, haben gehäuft Unfälle oder leiden an unklärbaren Kopf- oder Bauchschmerzen. Damit schützen sie sich unbewußt durch Krankheit vor der Schule und vor dem möglichen Versagen. Diese kann zusammenhängen mit hohen Leistungserwartungen der Eltern an das Kind, die es objektiv nicht erfüllen kann oder subjektiv glaubt, nicht erfüllen zu können. Aber auch überhöhte Ansprüche, die der Schüler an sich selbst stellt, können diese Versagensangst auslösen. Für manche Schüler ist auch ihre soziale Stellung in der Klasse von so großer Bedeutung, daß sie es nicht verkraften können, wenn sie einen erstrebten Status nicht erhalten oder glauben, ihn nicht erreichen zu können. Die Konsequenz, die sie daraus ziehen, heißt: »Ich kann nicht mehr in die Schule gehen!« Da hilft kein Zureden, Beschwichtigen oder Erklären, da kann der Lehrer sich noch soviel Mühe geben, und die Mitschüler können noch so liebevoll sein, die Angst und die Angst vor der Angst werden sich dadurch nicht auflösen.

Die Therapie muß diese Zusammenhänge entschlüsseln, und es muß untersucht werden, ob der Schüler mit den Anforderungen seiner Schule objektiv überfordert ist. Ob eine Therapie ambulant, teilstationär (also in einer Tagesklinik) oder in einer vollstationären Einrichtung (in einem psychiatrischen Krankenhaus) durchgeführt wird, richtet sich nach der Schwere der Erkrankung und nach der Bereitschaft des Patienten zur Mitarbeit.

Die Schulphobie hat meist einen ganz anderen – schulfremden – Hintergrund. Die Angst vor der Trennung von der geliebten Bezugsperson ist hier der Auslöser. Die Kinder oder Jugendlichen leben in der Vorstellung, daß der geliebten Bezugsperson oder ihnen selbst etwas Schreckliches zustoßen werde, wenn sie sich trennten. In Panik laufen sie schreiend aus der Schule, müssen ins Klassenzimmer gezerrt werden und sind nicht mehr in der Lage, reale Gefahrenquellen zu sehen oder einzuschätzen. Da diese Schüler sich immer wieder aus dem Klassenraum oder der Schule entfernen, sind sie in einer Normalschule nicht beschulbar, und ihre Behandlung ist in der Regel nur teil- oder vollstationär möglich.

Der Schulschwänzer (Schulverweigerer) hat seine Angst vor der Bewältigung schulischer Aufgaben bereits so tief verdrängt, daß er nur noch nach dem Lust- oder Unlustprinzip lebt. Ihm ist die Möglichkeit, Mut zu entwickeln, verloren gegangen. Die Schule wird als ein Ort erlebt, der Unlustgefühle hervorruft. »Kein Bock auf Schule!« Das ist meist der Kommentar, den die Schüler selbst geben. Doch davor liegen häufig viele Erlebnisse von Versagen und Minderwertigkeit. Das Leben hat ihnen zu viele Mißerfolgserlebnisse beschert. Zum geringen Selbstwertgefühl kommt oft noch ein wenig entwickeltes Verantwortungsgefühl. Je früher eine Behandlung eingeleitet wird, desto eher ist bei dieser schwerbehandelbaren Störung mit Erfolg zu rechnen.

Meine Mitschüler machten mich fertig

Markus, 17

Zwei Wochen vor Weihnachten kam ich in die Tagesklinik der KJP. Meine Probleme fingen eigentlich schon vor drei Jahren an. Und zwar an dem Tag, an dem ich auf eine weiterführende Schule kam. Am Anfang wurde ich immer wegen meines Nachnamens gehänselt. Zuerst fing ich an, keine Hausaufgaben mehr zu machen. Darauf folgte, daß ich die Schule schwänzte. Erst Stunden, dann Tage. Bis dann der erste Tadel ins Haus geflattert kam...

So begann ich vor vier Jahren, meine Geschichte aufzuschreiben, hatte aber damals noch nicht die Kraft, weiterzuschreiben. Heute besuche ich die Handelsschule und kann dieses angefangene Kapitel meines Lebens vollenden.

Am Anfang fand ich es ja noch ganz toll, auf die Realschule zu gehen. Doch mit der Zeit vermiesten mir meine Mitschüler den Spaß an der Schule. Sie fingen an, mich zu hänseln. Sie formten meinen Nachnamen so um, daß es mich tief verletzte, wenn sie mich riefen. Das war ja alles noch nicht so schlimm, aber als sie dann noch anfingen, mich wegen meiner Kleidung fertigzumachen, die nicht ihren »In-Klamotten« entsprach, sondern meinem eigenen Stil, und mich sogar »Schwuli« nannten, war das für mich zuviel. Es mag andere geben, denen so was nichts ausmacht. Vielleicht bin ich einfach zu sensibel, denn mich traf es so tief, daß sich bei dem bloßen Gedanken an Schule alles in mir sträubte.

Ich fing an, bei den Hausaufgaben zu bummeln. Nach einigen Wochen machte ich überhaupt keine mehr. Meine Noten sanken in den Keller, und ich stand in fast allen Fächern mangelhaft. Die Hänseleien wurden für mich unerträglich, und ich fing an, stundenweise die Schule zu schwänzen. Dieses Schwänzen vor meinen Eltern zu verstecken, war kein Problem, da alle immer vor mir aus dem Haus gingen und nach mir wiederkamen. Doch in der Schule fiel es natürlich auf. Irgendwie brauchte ich ja eine Entschuldigung, und so ging ich fast jede Woche zum Arzt und jammerte ihm etwas vor, bis er mir ein Attest ausstellte. Nun hatte ich zunächst mal Ruhe vor der Schule. Doch diese Zeit zu Hause war gar nicht so einfach, wie man es sich vorstellt. Es war endlos langweilig und einsam. Ich verblödete regelrecht vor dem Fernseher.

Doch wie es kommen mußte, in der Schule wurde man mißtrauisch, und mein Klassenlehrer rief bei uns zu Hause an. Er wollte natürlich meine Eltern sprechen, aber ich sagte, daß sie nicht da seien. Als er dann fragte, warum ich nicht in die Schule käme, sagte ich ihm, daß ich krank sei. Damit gab er sich aber nicht zufrieden, denn in der nächsten Zeit flatterte von der Schule ein Brief nach dem andern in unseren Briefkasten. Ich fing sie alle ab und versteckte sie. Aber als es dann Zeugnisse gab, kam alles heraus. Meine Eltern waren fix und fertig, und ich mußte mir jede Menge Standpauken anhören. Aber ich stellte meine Ohren auf Durchzug.
Schließlich gingen meine Eltern mit mir zu einer Schulpsychologin. Diese redete einige Male mit mir, aber geholfen hat sie mir nicht, und ich machte weiter wie bisher. Daraufhin gingen wir zu einem anderen Psychologen. Er machte einige Tests und führte Gespräche mit mir. Das half mir auch eine Zeitlang. Ich ging wieder zur Schule, hielt es aber nicht lange durch und begann, wieder zu schwänzen. Und wieder fing ich die Briefe an meine Eltern ab. Und wieder ging ich zum Arzt, um Atteste zu bekommen. Mittlerweile war ich so raffiniert, das Datum auf den Attesten so umzuändern, daß ich länger entschuldigt fehlen konnte. Auf diese Weise schaffte ich es, fast ein halbes Jahr lang zu schwänzen.
Letztendlich flog es aber doch wieder auf. Meine Eltern wandten sich wieder an den Psychologen. Der riet ihnen daraufhin, einen Termin in der Kinder- und Jugendpsychiatrie zu machen. Meine Eltern fuhren mit mir dorthin, und ich war zunächst einmal sprachlos. Tausend Gedanken schossen mir durch den Kopf, als ich vor der Klinik in Grafenberg stand. Nach einem Gespräch mit einem Psychologen sah ich aber ein, daß für mich im Moment der Besuch der Tagesklinik und der Klinikschule das beste war.
In der Klinikschule gefiel es mir sehr gut. Jeder akzeptierte dort jeden, und (fast) keiner machte sich über einen lustig. Dort lernte ich auch, mit meinen Problemen anders umzugehen. Zwar gab es wieder jemanden, der meinte, mich hänseln und »Schwuli« nennen zu müssen, aber dank der Therapie machte mir das nicht mehr soviel aus wie auf der alten Schule. Auch die Lehrer halfen mir und ließen solche Hänseleien nicht einfach durchgehen. In dieser Schule mußte ich hart an mir arbeiten, um mit dem Stoff

mithalten zu können. Auch regelmäßig Hausaufgaben zu machen, war für mich eine große Umstellung. Aber ich habe kein einziges Mal mehr geschwänzt! Ich habe es geschafft und sogar einen guten Notendurchschnitt erreicht.
Nach langen eineinhalb Jahren fühlte ich mich fit, um wieder auf eine »normale« Hauptschule außerhalb der Klinik gehen zu können. Nach dem Wechsel auf die normale Schule besuchte ich die Tagesklinik noch ein weiteres halbes Jahr. Auch in der neuen Schule schwänzte ich nicht mehr. Ich verließ die Hauptschule nach der 9. Klasse und wechselte auf die Handelsschule. Ich habe dort keine Probleme und sogar ein besseres Zeugnis als auf der Hauptschule.

Wenn aus Angst Panik wird

Nadine, 16

Was es heißt, Angst oder Panik zu haben, weiß ich sehr gut. Lange Zeit hatte ich damit Probleme, und mich nahm anfangs auch niemand ernst. Es wurde immer nur gesagt, daß ich mich nicht so anstellen solle.
Als ich klein war und noch auf dem Töpfchen saß, war die Welt noch in Ordnung. Später setzte mich meine Mutter dann auf die Toilette und hielt mich fest, damit ich nicht durch die Klobrille rutschte, weil ich mich inzwischen als »schon zu groß« fürs Töpfchen oder für Windeln hielt. Außerdem war ich von der Toilettenspülung fasziniert, aber irgendwie war dieses laute Rauschen des Wassers auch unheimlich für ein Kind, das gerade über die Klobrille gucken konnte.
Irgendwann fragte ich meine Mutter, was denn mit dem Wasser und dem »Usw.« passiere und wo das alles hinginge. Sie erklärte mir, daß das in die Kanalisation käme. Irgendwie muß dieser Vorgang äußerst unheimlich für mich gewesen sein, denn seit dieser Zeit entwickelte ich eine panische Angst davor, die Toilettenspülung zu benutzen, weil ich das Gefühl hatte, daß mich die Spülung mit nach unten zöge, obwohl ich wußte, daß das unmöglich ist. Ich konnte nichts dagegen tun, meine Phantasie war eben stärker.

Genauso verhielt es sich mit verstopften Toiletten. Ich hatte die Vorstellung, daß das Wasser über die Klobrille schwappen, mich einfach wegspülen und ertränken könnte.
In meiner Vorstellung war die Toilette ein gefühlloses, unberechenbares, grausames, gewaltiges Monster. Vielleicht ist ein Vergleich mit dem Meer nicht schlecht. In einem Meer passieren viele Unfälle, und manchmal ertrinken auch Leute darin, die kurz vorher, nichts ahnend, ihren Spaß beim Schwimmen hatten. Die Wellen kommen ziemlich plötzlich, sind manchmal meterhoch, gigantisch, donnern über einem zusammen und können einen Menschen erbarmungslos mit sich in die Tiefe ziehen. Dieses Bild verfestigte sich immer mehr.
Eines Tages dann, als wir bei Freunden meiner Eltern zu Besuch waren, passierte das für mich Allerschlimmste. Ich mußte auf die Toilette, vor deren Form, Spülung und dunkelgrüner Farbe ich sowieso Angst hatte, und nahm meine Mutter mit. Zuerst hielt ich »Sicherheitsabstand« und beobachtete dieses fiese, dunkle Monster in dem relativ schlecht beleuchteten, kleinen Raum. Ich näherte mich diesem Monster nur langsam und überwand mich auch. Meine Mutter stand vor mir, hielt meine verkrampften Hände und redete mit mir, um mich zu beruhigen. Als ich fertig war und es auf diesem Klo nicht mehr aushielt, zog meine Mutter in dem Moment an der Spülung, als ich gerade aufstehen wollte. Vor lauter Panik sprang ich vorwärts, prallte gegen meine Mutter und fiel wieder zurück, weil Mama vornübergebeugt stand. Ich rutschte mit dem Hinterteil durch die Klobrille, landete in der Spülung, schrie wie am Spieß, und meine Mutter half mir schnell heraus. Es dauerte eine ganze Zeit, bis ich wieder ruhig wurde.
Das war ein so schreckliches Erlebnis, das dazu führte, daß ich noch bis vor kurzem große Probleme damit hatte, auf unbekannte Toiletten zu gehen. Meine schrecklichen Alpträume waren ein Beweis dafür, daß ich mit diesem Erlebnis nicht fertig wurde. Ich träumte immer wieder das gleiche: Ich war in einem großen Haus mit massenhaft kleinen, dunklen Räumen, in denen ich nach den Leuten suchte, die ich besuchen sollte, aber sie waren nirgendwo zu finden. Also wollte ich wieder gehen, fand aber den Ausgang nicht. Je mehr ich rumlief und vergeblich suchte, desto unbekannter wurde das Haus mit seinen Zimmern, die sich auf unheimliche

Art und Weise verkleinerten, vermehrten, verdunkelten. Ich war alleine in diesem riesigen Haus gefangen, aus dem ich auf jeden Fall so schnell wie möglich herauswollte. Bevor gar nichts mehr zu sehen war, rannte ich voller Angst durch einen schmalen Gang, an dessen Ende helles Licht aus einem Zimmer schien. Die Tür war nur einen Spalt breit offen, und ich hetzte hinein, knallte sie hinter mir zu. An das grelle Licht, das mich blendete, mußte ich mich erst gewöhnen, und während dieser Zeit hörte ich ein leises, weit entferntes Rauschen. Ich stand in einem langen, schmalen, weißgekachelten, kalten Raum. An den Seiten befanden sich nur weiße, unterschiedlich große und kleine Toiletten, ohne Trennwände. Alles war makellos sauber, strahlte und glänzte. Am Ende des bestimmt 50 Meter langen, engen Raumes hing über einer weiteren Tür ein Schild, auf dem das Wort »Ausgang« zu lesen war. Also ging ich langsam Richtung Erlösung. Jedesmal, wenn ich an einem Klo vorbei wollte, wurde dieses immer größter, die Spülung ging los, das Ding verstopfte, das Wasser schwappte über und schwemmte mich wieder ein Stück weiter. Ich wurde wahnsinnig vor Angst. Schreiend wachte ich auf.

Wenn das Essen zum Problem wird: Magersucht und Bulimie

Katrin Siewert

Magersucht und Bulimie (»Freß-Brechsucht«) sind psychosomatische Erkrankungen. Das heißt, der Körper meldet sich mit Erkrankungen oder Störungen, weil jemand psychische Probleme hat.

Magersucht (Anorexia nervosa) kommt fast nur bei Mädchen in der Pubertät vor (von 100 »befallenen« Kindern sind nur vier bis fünf Jungen; deshalb spreche ich auch nur von Mädchen). Typisch ist, daß fast nur Mädchen aus der Mittel- und Oberschicht Eßstörungen haben. Von insgesamt 200 Mädchen erkrankt im Durchschnitt eins an Magersucht. Die Betroffenen hungern und hungern und erbrechen sich dazu auch noch. Da ist es kein Wunder, daß sie abnehmen und abnehmen... Sie haben eine total verzerrte Einstellung zum Essen und ihrem Gewicht. Meist finden sie sich selbst dann noch zu dick, wenn sie schon spindeldürr sind. Sie wollen einfach nicht wahrhaben, daß sie krank sind.

Im internationalen Vergleich tritt die Magersucht in westlichen Ländern gehäuft auf, was man unter anderem auf sexuelle Freizügigkeit (das heißt auch erhöhten Leistungsdruck) und übertriebene westliche »Schlankheitsideale« zurückführt.

Magersüchtige haben unter anderem einen niedrigen Puls, niedrigen Blutdruck und einen niedrigen Blutzuckerspiegel. Dazu merken sie überhaupt nicht mehr, wann sie Hunger haben, frieren oder schwitzen. Die Regel setzt aus, Reaktions- und Konzentrationsvermögen lassen stark nach. Sie sind ganz auf sich selbst fixiert – befinden sich auf einem Egotrip, weil sie ständig an ihr Gewicht denken. Deshalb sind sie auch häufig sozial isoliert. Bei fast allen verspätet sich die sexuelle Reife, da sie nicht erwachsen werden und die damit verbundene Geschlechtsrolle nicht übernehmen wollen.

Wenn eine Magersüchtige wirklich nur noch Haut und Knochen ist, hilft nur noch der Gang ins Krankenhaus. Sie muß mit Sonderernährung und Medikamenten wieder »aufgepäppelt« werden. In dieser Phase ist eine psychotherapeutische Betreuung noch nicht möglich, weil die Patientin dafür noch nicht erreichbar ist; erst wenn sie wieder etwas zugenommen hat, ist sie ansprechbar. Erst wenn sie sich wieder für ihre Umgebung interessiert, kann die verdrehte Einstellung zur Ernährung geändert werden. Dann kann mit der Behandlung der psychischen, also der eigentlichen Ursachen der Magersucht begonnen werden. Mit Hilfe eines Therapeuten sollen die Mädchen ihre Ängste abbauen und lernen, nicht immer nur an sich zu denken. Dazu gehört auch eine veränderte Einstellung zur Sexualität. Sie sollen lernen, sich als Mädchen beziehungsweise junge Frau zu akzeptieren. In die Therapie wird auch immer die Familie der Patientin mit einbezogen, das heißt, neben der Einzeltherapie gibt es Familiengespräche. Hauptziel ist es, die Patientin selbständig und von der Familie unabhängig zu machen. Auf die stationäre Behandlung muß unbedingt eine ambulante Nachbetreuung der Patientin und ihrer Familie folgen. Nur etwa ein Drittel wird auf Dauer geheilt. Jede fünfte oder sechste Magersüchtige überlebt das Hungern nicht!

Bulimie wurde früher zum Krankheitsbild der Magersucht gerechnet. Erst seit einigen Jahren wird sie von der Magersucht abgegrenzt. Auch hierbei sind wieder fast nur Mädchen und Frauen betroffen, aber nur solche mit einem ganz normalem Gewicht. Hauptmerkmal der Bulimie ist ein süchtiges Eßverhalten, das heißt: Bulimikerinnen brauchen das Essen wie Drogensüchtige ihren Stoff. Sie essen nicht dauernd wie »normale« Übergewichtige, sondern essen, beziehungsweise fressen heimlich, kauen kaum und schlingen alles runter. Dann stecken sie den Finger in den Hals, um alles wieder auszubrechen. Oder sie fasten ganz extrem. Meist bevorzugen sie süße Kalorienbomben. Der Heißhunger nach zusätzlichem Essen wird immer stärker. Anders als die magersüchtigen Patientinnen haben sie dauernd ein schlechtes Gewissen. Sie wissen, daß sie krank sind und daß ihre Erkrankung behandelt werden muß. Bulimikerinnen sind oft ängstlich und reagieren auf bestimmte Situationen, die bei Gesunden eher Wut und Enttäuschung hervorrufen, mit »Freßanfällen«. Sie müssen wieder lernen, ihre Gefühle auszuleben, anstatt sie mit Hilfe des Essens sozusagen runterzuschlucken.

Bulimiepatientinnen leiden nicht an Unterernährung, sondern unter dem Wechsel von unmäßigem Fressen und starkem Fasten und den damit verbundenen starken Gewichtsschwankungen. Außerdem werden ihre Zähne durch die Magensäure beim Erbrechen in Mitleidenschaft gezogen. Sie brauchen in der Regel keine Medikamente.
Die Psychotherapie versucht, Bulimikerinnen von ihren Ängsten und Depressionen zu befreien. Zu Beginn der Behandlung müssen sie streng kontrolliert werden, da die Patientinnen in dieser Phase immer wieder heimlich erbrechen und Abführmittel nehmen. Wie andere Süchtige auf Entzug, versuchen sie natürlich, die strengen Behandlungsmaßnahmen zu durchbrechen. Wie bei der Magersucht bringt eine Einzeltherapie ohne Familientherapie meist keinen Erfolg, da die Familie oft eine der Ursachen für die Bulimie ist. Nach der stationären Behandlung sollten die Betroffenen sich einer Selbsthilfegruppe anschließen. Die Chancen einer dauerhaften Heilung stehen nicht gut; oft bleiben die Symptome, wenn auch in abgemilderter Form, bestehen.

Vertrauensmißbrauch
Isabel, 14

Du wachst morgens auf und überlegst krampfhaft, wie, wann und wo du am besten Essen einsparen, wie du es am besten verstecken kannst.
Du lügst die Menschen an, die dir eigentlich am wichtigsten im Leben sind. Früher hättest du das nicht einmal im Traum gedacht. Doch jetzt mußt du es einfach, es geht nicht anders.
Den ganzen Tag über kreisen deine Gedanken nur ums Essen oder Nichtessen. Du versuchst, jede Gelegenheit zu erwischen, alleine zu sein mit deinen Gedanken über das Problem Essen. Nachher erzählst du den anderen groß und breit, was du angeblich alles gegessen hast.
Deine Mutter, deine Geschwister, alle Menschen, die dir nahestehen, sie vertrauen dir, sie glauben dir. Doch du selbst erschrickst vor dir selbst, daß du fähig bist, so etwas tagein, tagaus zu tun.

Am liebsten würdest du dich unter der Erde verkriechen und niemanden hören oder sehen. Du möchtest am liebsten aus deinem Körper hinausgehen, Körper und Seele sollen sich trennen, nicht mehr vereint miteinander sein. Doch wenn du abends im Bett liegst und über den Tag nachdenkst, ekelst du dich vor dir selbst. Schließlich schläft man wieder mit dem selben Gedanken ein, mit dem man aufgewacht ist: Wie komme ich am besten um das Essen bzw. das Nichtessen herum?

Süßigkeiten gegen Trennung
Jasmin, 15

Mein größtes Problem ist mein Gewicht. Ich komme von den Kilos einfach nicht runter. Eigentlich esse ich ganz normal, nur wenn Streß ist, greife ich schnell zu Süßigkeiten. Ich benutze die Süßigkeiten als meinen »Therapeuten«, als etwas, das meiner Seele guttut. Da die Wirkung immer nur eine kurze Zeit anhält, esse ich immer mehr.
Es hat angefangen, als es zu der zweiten Scheidung meiner Eltern kam. Zuerst lebte ich in einer richtigen Familie: Mutter, Vater und Schwester. Nach einiger Zeit ließen sich meine Eltern scheiden, und ich war nur noch kurze Zeit bei meiner leiblichen Mutter, da sie mich immer verprügelt hat. Es kam zu einer Gerichtsverhandlung, und ich sagte gegen meine Mutter aus. Seit dieser Zeit lebte ich bei meiner Oma. Sie fütterte mich mit Süßigkeiten, wahrscheinlich, um mir etwas Gutes zu tun.
Als ich sechs Jahre alt war, fand mein Vater eine neue »Mutter« für uns. Kurze Zeit später heiratete er sie, und wir bekamen noch einen Halbbruder dazu. Dies war eigentlich die schönste Zeit in meinem Leben. Leider dauerte es nicht lange, und meine Stiefmutter und mein Vater hatten wieder Probleme miteinander. Also ließen sie sich nach knapp einem Jahr scheiden. Danach gingen meine Schwester und ich ins KHZ (Kinderhilfezentrum), wo wir über ein Jahr blieben. Dann zog ich zu meiner Stiefmutter, mit der ich mich aber auch nicht verstand. Später ging ich in eine WG. Die Probleme meiner Vergangenheit blieben unverarbeitet, ich dachte

oft an meinen Vater, meine Schwester, überhaupt hatte ich einfach Sehnsucht nach einer (meiner) Familie.
Aus Frust »füllte ich mich ab« mit Süßigkeiten. Ich wurde immer dicker. Die Süßigkeiten verschafften mir vorübergehend eine Erleichterung, ein schönes Gefühl. Wenn ich gestreßt von der Schule nach Hause kam, wieder keine Erfolgserlebnisse hatte, war ich so frustriert, daß ich Unmengen von Süßigkeiten in mich hineinstopfte. Mir wurde zwar jedesmal schlecht, aber ich machte immer weiter.
Vor zweieinhalb Wochen kam ich in die Kinder- und Jugendpsychiatrie, weil ich nicht mehr weiter wußte. Ich konnte mir gar nicht vorstellen, daß ich ohne Süßigkeiten auskommen könnte, aber ich hatte überhaupt keine Chance, mir welche zu besorgen. Ich hatte nämlich keinen Ausgang.
Ob man hier helfen kann, ich weiß es noch nicht!!!

Zäh wie Kaugummi – aber ich werde gewinnen
Jenny, 19

Das Leben ist keine Kurzgeschichte, sondern ein dicker Wälzer aus unzähligen Kapiteln, darunter lustige, langweilige, dramatische, leichte und harte.
Das Einleitungskapitel meines Buches war fröhlich, unbeschwert, frei und für ein Kind gerade eben spannend genug. Im Alter von 13 setzte sozusagen die Handlung ein: Meine Eltern trennten sich, und alle angestauten Probleme kamen zum Ausbruch. Seitdem zieht sich die Magersucht wie ein roter Faden durch die Kapitel, eingebettet in vielerlei Geschehnisse. Mal ist der Faden versteckt, kaum merklich zwischen den Zeilen, mal bestimmt er alles, die Sucht wird Subjekt, Objekt und Prädikat zugleich.
Nach einem Jahr Therapie in Grafenberg dachte ich, nun sei ich endgültig über den Berg, und die Sucht gehöre zur Vergangenheit. Lange nicht hatte ich mich vitaler, selbstbewußter, lebensfroher gefühlt als in diesem Herbst. Bis dahin war es jedoch ein harter Weg voller Arbeit und Mühen. Mein Gewicht war wieder so, daß ich sogar Kleidchen tragen konnte, ohne gleich Bestürzung aus-

zulösen. Mit Hilfe von Familien-, Einzel- und Verhaltenstherapie, Lohn und Strafe, Denkanstößen, Gesprächen, Freundschaft und Unterstützung meiner Eltern hatte ich in der Klinik wieder gelernt zu leben, zu genießen, mich und andere zu mögen. In der Schule hatte ich trotz der kurzen Zeit sogar Freunde gefunden. Die Entlassung war das schönste Fest; es bedeutete für mich Schluß mit der Sucht und Wiederbeginn in Salem am Bodensee, einem Eliteinternat, in dem ich vor dem Klinikaufenthalt einmal war.
Voller Energie stürzte ich mich ins Geschehen, und was fand ich dort nicht alles: schulische Forderungen, alle denkbaren Bildungsmöglichkeiten im künstlerischen, musischen, sportlichen, politischen, intellektuellen Bereich; ich wußte gar nicht, was mich am meisten lockte und wo ich mich am liebsten engagieren wollte, die Woche hätte vierzehn Tage haben können. So fing mein Tag um 6.15 Uhr mit Joggen oder Schwimmen an, danach Schule, nachmittags teilweise vier oder fünf Aktivitäten hintereinander, so daß ich oft erst um kurz vor zehn wieder auf dem Zimmer war. Die Nacht hatte selten mehr als sechs, sieben Stunden. In den Ferien kam ich dementsprechend groggy nach Hause, aber auch dort gönnte ich mir keine Ruhe, sondern wollte noch mehr unternehmen.
Tolle Erlebnisse hatte ich in der Salem-Zeit: Paris-Austausch, Bergtouren, Skifahren, Projektfahrten, Bälle, Feste, Feiern, Mitwirken an Konzerten und einem Musical, Studienfahrten, Ökolager, Biohof-Praktikum, Tagungen, kurz: nirgendwo bekommt ein junger Mensch mehr Chancen, Möglichkeiten und Angebote, sich zu fördern und auszubilden, als in diesem Internat. Für mich ging der Schuß jedoch nach hinten los.
In der kurzen Zeit von neun Monaten verlor ich alles wieder, was ich mir in Düsseldorf mühevoll auf die Rippen gearbeitet hatte, und fiel auch in die alten Suchtschemata zurück. Über all den Aktivitäten kann man sich selbst nämlich prima vergessen, und da weder mein Selbstwertgefühl noch meine gerade wiedererlangte Gesundheit gefestigt genug waren, bedeuteten die Forderung und die Konkurrenz Gift für mich. Als ich in die Sommerferien fuhr, erschrak die ganze Familie. Mein Zustand war wieder einmal lebensgefährlich, doch trotz meiner 37 kg wollte ich jobben. Ich war fest davon überzeugt, bis zum Schulanfang alles wieder hinzukriegen.

Dann aber ging alles sehr schnell. Im Buch fängt ein neuer Teil mit römischer Ziffer an, könnte man sagen. Mir wurde bewußt, wie utopisch es gewesen wäre, mit diesem Gewicht ins Internat zurückzugehen, und ich begann, diese Schule für mich persönlich das erste Mal in ihrer absoluten Richtigkeit in Frage zu stellen. Und ebenso setzte ich selbst zum ersten Mal die Gesundheit über andere Möglichkeiten und Ziele, ohne mich von fremden Menschen dazu zwingen zu lassen. So beschloß ich, nicht an den Bodensee zurückzukehren, sondern auf die Schule zu gehen, wo ich ein Jahr zuvor für kurze Zeit glücklich war.
Meine Eltern waren sehr erleichtert über diese Entscheidung, sie sahen mich wirklich schon 800 km entfernt am Tropf hängen. Die anderen Familienmitglieder jedoch waren bitter enttäuscht bis schockiert, mußten aber wohl oder übel akzeptieren, was ich tat.
Nun war es an mir zu beweisen, daß auch ohne Salem aus mir noch etwas wird und ich nicht in der Gosse lande. Ich bin sehr dankbar, daß mich alle, Eltern, Großeltern, Tante und Bruder, finanziell und mental tatkräftig unterstützten, auch wenn bei ihnen Zweifel oder Unverständnis bestanden. Letzten Endes mußten sie wohl auch einsehen, daß alle Chancen und Bildungsmöglichkeiten nichts nützen, wenn ich früher oder später vielleicht sogar gestorben wäre.
Und nun stehe ich mit zwei Beinen in meiner eigenen kleinen Wohnung, gehe zur Schule, jobbe nebenher und behalte im Auge, mein Leben streßfreier zu gestalten als im Internat. Der verhaßte rote Faden schlingt sich jedoch immer noch wie eine Fessel um die Seele. Ich bin weder magersüchtig noch freßsüchtig und kotzen tu' ich auch nicht. Ich hüpfe täglich von einem Extrem zum nächsten. Entweder hungere ich oder ich fresse, bis mir übel ist und ich mir, wie Gregor Samsa in Kafkas »Verwandlung«, auf dem Rücken liegend den Bauch halten muß, das eine ergibt das andere. Ich kann damit nicht umgehen, weil diese Seite neu ist an mir. Vielleicht holt sich der Körper jetzt von selbst, was ich ihm jahrelang vorenthalten habe, und findet einfach keine Grenze, weil er nicht weiß, wann es das nächste gibt.
Ich werde eine ambulante Therapie weitermachen, um endgültig die Esserei zur Normalität werden zu lassen. Ich habe den Wunsch, wieder offen sein zu können für Menschen, interessante

Dinge des Lebens, genießen zu können, ohne zu prassen. Essen soll zweitrangig und eine angenehme Bereicherung des Lebens sein. Und solange mir dieser Wunsch und der Wille nicht ausgehen, werde ich den roten Faden auch eines Tages vernähen und irgendwann ein Happy-End schreiben können.

Sexuelle Gewalt an Kindern – auch heute noch ein Tabu?

Bianca Schulz

Das Thema sexuelle Gewalt an Mädchen und Jungen ist heute in aller Munde. Das eigentliche Tabu ist jedoch auch durch vielfältige Aufklärung der Medien nicht gebrochen. »Das Tabu ist nicht die sexuelle Gewalt, sondern das Reden darüber« (nach Ursula Enders). Hat sich ein Kind nämlich entschieden, eine Anzeige gegen den Täter zu machen, ist es oft der erste Schritt durch ein Martyrium voller Angst und Schrecken.

Es gibt Zahlen und Statistiken, die besagen, daß viele Menschen von sexueller Gewalt betroffen sind oder waren. Es ist aber den Forschungsinstituten oder den Erstellern der Statistiken bewußt, daß es eine erhebliche, nicht erfaßbare Dunkelziffer von Opfern sexueller Gewalt gibt. Das bezeugt wieder, wie groß das Tabu heute noch ist, über das Erlebte zu sprechen.

Wenn man sich nun mit dem Thema des »sexuellen Mißbrauchs« an Kindern auseinandersetzt, bedarf es einer Klärung des Begriffs. Diese Klärung scheint jedoch nicht so einfach zu sein, da viele Autoren sich mit diesem Thema auseinandergesetzt haben und so die Definitionen eine weite Spannbreite umfassen. »Unter sexuellem Mißbrauch ist jegliche Berührung oder Ausnutzung von Kindern und Jugendlichen zu verstehen, die diese Begegnungen aufgrund ihrer Entwicklung noch nicht verstehen oder abwehren können« (Mitchell Whitman). In einer anderen Definition heißt es: »Unter sexueller Gewalt an Kindern und Jugendlichen versteht man die Einbeziehung der Betroffenen in sexuelle Aktivitäten, deren Funktion und Tragweite sie nicht überschauen können.« Von sexuellen Mißhandlungen wird gesprochen, wenn es zur Gewaltanwendung kommt und sexuelle Aktivitäten gegen den Willen des oder der Betroffenen herbeigeführt werden. Sexueller Mißbrauch kann sowohl intrafamilial (innerhalb der Familie) als auch extrafamilial (außerhalb der Familie) erfolgen. Bei beiden Definitionen ragen die Begriffe Gewalt und Ausnutzung hervor.

Kinder lernen schon von klein auf, Erwachsenen zu gehorchen und ihnen Respekt zu erweisen. Wie sollen sie da ein Bewußtsein dafür entwickeln, wann sie sich wehren dürfen und wann nicht? Wenn diese Erwachsenen dann noch aus dem Umfeld des Kindes stammen, befinden sich die Kinder in großer Not. Die Kinder haben oftmals Angst, daß die Erwachsenen ihnen nicht glauben werden. Das Vertrauen in die Erwachsenenwelt wurde bereits durch den Mißbrauch zerstört. Findet der Mißbrauch innerhalb der Familie statt, gerät das Kind häufig in extreme Gefühlsverwirrungen, da es den Täter sogar liebt. Das Kind findet keine Worte für das Geschehene und verharrt oftmals in Sprachlosigkeit, hat Schamgefühle, Schuldgefühle, Angstzustände, es zweifelt an seiner Wahrnehmung, hat Konzentrationsschwierigkeiten, versucht die blauen Flecken im Genitalbereich oder am ganzen Körper zu verbergen, hat Depressionen, Phobien oder Psychosen, kaut an den Nägeln, hat Angst vor körperlichen Berührungen. Die Liste von möglichen Symptomen ist lang.
Leider ist es nicht so einfach, sexuelle Gewalt an Kindern zu diagnostizieren. All diese Verhaltensmerkmale können nämlich auch vielerlei andere Auslöser haben, die nichts mit sexueller Gewalt zu tun haben. Erwachsene, die solch auffälliges Verhalten bemerken, sollten das Kind auf jeden Fall im Auge behalten und es weiter beobachten.
Wenn sich der Verdacht der sexuellen Gewalt erhärtet hat, sollte der Erwachsene in aller Ruhe versuchen, das Vertrauen des Kindes zu gewinnen. Das heißt:

- Man muß die Botschaften des Kindes wahrnehmen und ihm Verständnis entgegenbringen, denn Erfahrungen zeigen, daß Kinder sich sexuelle Gewalt nicht ausdenken.
- Man sollte versuchen, ruhig zu bleiben. Panik oder große Bestürzung würde das Kind nur zusätzlich belasten und eventuell wieder zum Schweigen bringen.
- Wichtig ist, Informationen und Hilfen für sich und das betroffene Kind zu suchen. Es gibt Beratungsstellen, die in den meisten Fällen weiterhelfen können.

Es kommt nicht selten vor, daß der oder die Täter das Kind dadurch unter Druck setzen, daß er/sie dem Kind einreden, daß es einen geliebten Menschen (oder ein Tier) verliert, daß ihnen etwas

zustoßen wird oder sie sterben werden. Des weiteren ist bekannt, daß die Erwachsenen die Kinder durch Geschenke bestechen, sich also das Schweigen erkaufen und dadurch dem Kind enorme Schuldgefühle machen.
Für Kinder ist es wichtig, ihre Traumata aufzuarbeiten. Hilfreich sind dabei, je nach Alter, eine Spiel- oder Gesprächstherapie. An diesem Punkt ist es wichtig, daß die Kinder eine Möglichkeit haben, ihr Schweigen zu brechen, um den verdrängten Erinnerungen langsam Raum zu geben. In vielen Fällen sind diese Therapieformen auch mit familientherapeutischer Arbeit gekoppelt. Allen Beteiligten sollte bewußt sein, daß eine Therapie bzw. die Aufarbeitung des Traumas ein schmerzhafter Prozeß ist und, wenn das Trauma über längere Zeit anhielt, oftmals auch langwierig ist.
»Sexuell mißbrauchte Kinder haben durch den Täter ›lebenslänglich‹ bekommen«, »Kinder dürfen nicht getötet werden, ihre Seelen dürfen nicht gebrochen werden. Kinder brauchen Liebe« (aus der Broschüre der Interessengemeinschaft zur Verhinderung sexuellen Mißbrauchs an Kindern e. V., Celle). Man sollte sich vor Augen halten, daß die Mädchen und Jungen bis hierher überlebt haben und es für sie eine Chance gibt, mit ihren Erinnerungen leben zu lernen, sie anzusehen, aber nicht mehr so von ihren Gefühlen überrannt zu werden. Heilung heißt bei Opfern sexueller Gewalt, das Geschehene nicht aus ihrer Biographie zu streichen, sondern damit zu leben, ohne daß es sie mit dem Strudel der Erinnerungen hinunterreißt.
Es ist präventiv wichtig, daß Kindern nicht Angst vor dem »bösen Mann« gemacht wird, der ihnen Süßigkeiten schenkt, sondern vielmehr ein Bewußtsein geschaffen wird, daß das Kind ein Recht hat, »nein« zu sagen, sowie lernt, zwischen schönen und unangenehmen Gefühlen zu unterscheiden und im rechten Augenblick es schafft zu sagen, daß es diese Berührungen nicht will. Weiterhin ist wichtig, daß die Kinder nicht alleingelassen werden, sondern Personen ihres Vertrauens suchen und auch finden können.

Ein Hauch

Talayeh, 15

Hoffnungen sind überflüssig.
Ich kenne die Antwort.
Sie sitzt über mir, lächelt,
wenn ich wieder und wieder
auf sie reinfalle.
Sie kennt meine Schwächen,
spottet über das Mädchen,
das nur zu träumen scheint.
Und das Leid geht mit und
schenkt mir einen Hauch.
Ihr könnt es sehen,
schaut auf meine Arme.
Ich ritze mich zufrieden.
Kann niemandem was sagen.
Ich habe das Gefühl zu lügen.
Immer und immer wieder.
Glaubt man mir?
Was ist die Wahrheit?
Ich weiß es nicht.
Nur hoffen kann ich.
Worauf?
Noch eine Enttäuschung?
Nein, ich verkrafte es nicht.
Holt mich hier raus!
Ich will zu euch.

Sinnlose Realität

Talayeh, 15

Ich glaube, ich hatte nicht so eine krasse Kindheit wie die anderen Jugendlichen hier auf der Station. Mein Problem ist irgendwie anders.

Angefangen hat das Ganze, als ich acht Jahre alt war. Ich guckte mir irgendwelche Trickfilme und Serien an, veränderte sie in meinem Kopf und versetzte mich in die Personen. Alles war möglich in meiner Phantasie. Das war ja noch harmlos, doch das steigerte sich innerhalb von zwei Jahren. Ich spielte alleine und stellte mir vor, die anderen Personen wären um mich herum. Ab diesem Zeitpunkt brachte ich immer mehr Gewalt in diese »Versionen« ein, z. B. sah ich eine Frau, die gefesselt, mit Schlamm beworfen und mißbraucht wird. Ich sah gefolterte Frauen und alles mögliche. Diese eine Version freute mich, ja, sie erregte mich sogar. Dann fügte ich andere Personen, die ich Filmen und Büchern entnommen habe, in die Version ein. Ich sah (und sehe) einen Jungen (manchmal ist er auch erwachsen), der durch Gewalt psychisch und körperlich krank wird. In einer Version war er blind. Das ist etwa fünf Jahre her. Heute habe ich über 40 Versionen von seiner Kindheit. Mal wird er sexuell mißbraucht durch den Vater, dann wieder wird er mißhandelt von seiner Adoptivfamilie, mal muß er fünf Männer gleichzeitig befriedigen, mal wird er gekidnappt usw. Und ich versetzte mich immer in seine Situation. Er muß leiden, damit ich zufrieden bin.
In diesem Jahr hat das Leben den Sinn für mich verloren. Ich habe kein Interesse an der Wirklichkeit. Mich verfolgt seit langem die Vorstellung, daß ich durch meinen Tod in meine verschiedenen Welten gelangen kann.
Jetzt bin ich hier in der Kinder- und Jugendpsychiatrie und will herausfinden, warum mich Gewalt, Mißbrauch und Folter reizen, warum ich mir diese Welten geschaffen habe. Ich glaube nicht, daß ich sexuell mißhandelt oder mißbraucht wurde.
Wenn ich an meine Kindheit zurückdenke, empfinde ich nichts, keine Trauer, keinen Schmerz, keine Freude…

Vom Stiefvater mißbraucht

Sylvia, 15

Bis zu meinem fünften Lebensjahr bin ich von meiner Großmutter aufgezogen worden, weil meine Mutter alleinerziehend war und

demzufolge den ganzen Tag arbeiten mußte. Meine Mutter war damals (und sie ist es auch noch heute) bei den Zeugen Jehovas. Bis zu meinem 13. Lebensjahr gehörte ich ihnen ebenfalls an.
Meinen leiblichen Vater hatte ich nie gesehen. Meine Mutter erzählte mir, daß er drogenabhängig (Heroin) sei. Als ich gerade 13 war, meldete er sich bei mir. Er sagte, er wolle mich einmal kennenlernen. Es kam aber nicht zu einem Treffen, weil er inzwischen eine eigene Familie mit Kindern hatte, denen er nichts von meiner Existenz erzählen wollte.
Inzwischen hatte meine Mutter einen neuen Freund, den ich von Anfang an gehaßt habe. Sie heiratete ihn, und damit begann für mich das Drama. Als ich in die Pubertät kam, zeigte er großes Interesse für mich. Er sagte mir, ich sei viel hübscher als meine Mutter, kaufte mir meinen ersten BH, klärte mich auf und sagte, wenn ich mit einem Jungen schlafen wolle, dann solle ich zuerst zu ihm kommen. Er wolle mir Kondome und Dessous besorgen. Dann begann er selber, mich zu »begrapschen«. Ich hatte keine Ruhe mehr vor ihm. Er fing an, mich überall anzufassen. Ich konnte es nicht mehr aushalten, so vertraute ich mich meiner Mutter an. Sie war empört und stellte ihn zur Rede. Natürlich bestritt er alles. Aber meine Mutter glaubte mir und drohte ihm. So hatte ich für einen Monat Ruhe. Aber dann fing er wieder an, und ich wußte mir keinen Rat mehr. Ich erkannte, daß auch meine Mutter mir nicht helfen konnte. In meiner Verzweiflung vertraute ich mich meiner Cousine an, und die schleppte mich zu einem Psychologen. Dem erzählte ich alles. Meine Mutter hatte eingesehen, daß sie sich von dem Mann trennen mußte. Sie warf ihn für zwei Wochen raus. Dann aber stellte sie fest, daß sie nicht ohne ihn leben konnte. Also kam mein Stiefvater wieder zurück. Er ließ mich zunächst in Ruhe und beachtete mich kaum. Diese Zurückhaltung dauerte nicht lange. Seine anfängliche »Zuneigung« wandelte sich in Haß. Er begann, mich zu mißhandeln, z. B. schlug er mich mit dem Kleiderbügel auf den nackten Po, so daß ich lauter blaue Striemen hatte.
Er kümmerte sich plötzlich mehr und mehr um meine schulischen Probleme. So übte er mit mir Mathe, und immer, wenn ich eine Aufgabe nicht konnte, gab er mir eine Ohrfeige. Wenn die Aufgaben falsch waren, »klatschte« er mir wieder eine. Sobald mein

Vater anfing, von Mathe zu reden, wurde mein Kopf ganz heiß, und ich konnte mich vor lauter Angst nicht mehr konzentrieren. Meine Geschwister hatten die gleichen Probleme mit ihm. Meine Mutter erkannte zum Glück, daß sie mit diesem Mann nur Probleme hat. Sie läßt sich jetzt, vor allem wegen mir, von ihm scheiden.

Die Welt der Psychosen

Willem X. M. Geraets

Die Frage »Was ist eine Psychose?« ist schwer zu beantworten. Wir können vielleicht sagen, daß man in einer Psychose dauerhaft nicht mehr imstande ist, die Realität wahrzunehmen und dadurch auch den Alltagsanforderungen wie Arbeit, Schule und Tagesablauf nicht mehr gewachsen ist.

Psychotische Erkrankungen lösen oftmals große Angst aus. Psychotische Patienten sind meist unruhig, umtriebig, können aber auch sehr still und zurückgezogen sein. Oftmals sind uns ihre Sprache und Gesprächsinhalte fremd, wenn z. B. Wahn und Halluzinationen (Sinnestäuschungen) im Vordergrund stehen.

Was ist Wahn? Ich versuche, einen Wahn dadurch verständlich zu machen, daß ich Erinnerungen an Spaziergänge in dunklen Nächten durch Parkanlagen oder stille Straßen wachrufe: Jeder kennt hier das Gefühl, verfolgt zu werden. Obwohl man weiß, daß es nicht stimmt, guckt man sich dennoch um, um sich zu vergewissern. Wir sind dann, nachdem wir uns vergewissert haben, beruhigt. Ein Patient mit einem Wahn dagegen bleibt fest davon überzeugt, daß er verfolgt wird. Auch das ergebnislose Umsehen kann ihn nicht von seiner Überzeugung abbringen.

Bei den Halluzinationen sind die optischen Halluzinationen (Bilder sehen) und akustischen Halluzinationen (z. B. Stimmen hören) die bekanntesten, aber auch der Geruchs-, Geschmacks- und Tastsinn können von Halluzinationen betroffen sein. Auch diese Symptome können wir nachvollziehen, wenn wir an Situationen denken, in denen man sehr angespannt ist. Man erschrickt schnell und meint, etwas zu hören und zu sehen, was sich bei näherer Betrachtung als harmlos entpuppt. Auch hier gilt, daß Psychoseerkrankte nicht mehr in der Lage sind, sich der Realität zu vergewissern.

Andere Symptome einer Psychose können Störungen in Gefühl

und Stimmung sein, traumähnliche Zustände bei wechselndem Bewußtsein, in denen die Patienten nicht mehr wissen, wo und was sie sind.

Man unterscheidet zwischen körperlich begründbaren (exogenen) und psychogen bedingten (endogenen) Psychosen. Bei körperlich begründbaren Psychosen sind Bewußtseinsveränderung und Verwirrtheit Leitsymptome. Dabei muß jedoch ein deutlicher Zusammenhang mit einer körperlichen Erkrankung bestehen. Psychosen können bei Demenzprozessen (Abbau von intellektuellen Funktionen durch eine Erkrankung des Gehirns), vererbten Krankheiten, entzündlichen Prozessen und Vergiftungen auftreten, aber auch bei Minderbegabung und Epilepsie. Verlauf und Prognose sind abhängig von der Grunderkrankung. Wenn diese Grunderkrankung behandelt werden kann, verschwindet auch die Psychose. In der Mehrzahl der Fälle verläuft die Heilung ohne Resterkrankung.

Unter endogener Psychose wird eine Psychose verstanden, der keine körperlichen Ursachen zuzuordnen sind. Viele Hirnuntersuchungen weisen darauf hin, daß bei Psychotikern in den Gehirnprozessen möglicherweise eine Dysfunktion (Störung) aufgetreten ist. Aber diese Untersuchungen sind bis jetzt noch nicht imstande gewesen, eine deutlich festgelegte hirnorganische Ursache für Psychosen zu liefern. Manche Psychosen führen teils akut, teils schleichend zu einer Desintegration (Auflösung) der Persönlichkeit. Diese Psychosen treten jedoch im Kindesalter seltener auf, im Jugendalter sind sie häufiger.

Wenn eine Stimmungsänderung im Vordergrund steht, spricht man von affektiven Psychosen. Die Stimmung kann depressiv gefärbt sein, die Patienten grübeln, haben Angst- und Schuldgefühle, auch Suizidgedanken und fühlen sich entscheidungsunfähig und apathisch. Auch gibt es Symptome wie Schlaflosigkeit, Appetitlosigkeit, Darmbeschwerden, Kopfschmerzen und Herzprobleme. Die Stimmung kann aber auch manisch sein. Eine manische Stimmung ist gekennzeichnet durch erhöhten Antrieb. Diese Patienten sind distanzlos, planlos, umtriebig und hyperaktiv. Sie zeigen ein überhöhtes Selbstwertgefühl und eine überhöhte Selbsteinschätzung. Bei Jugendlichen kann sich das z. B. durch eine völlig unrealistische Zukunftsplanung zeigen. Im Kin-

des- und Jugendalter gibt es alterstypische Ausdrucksformen und Funktionsstörungen, und die Phasen können nicht nur kurz hintereinander auftreten, sie kommen häufig auch gleichzeitig vor.
Die Behandlung von Psychosen ist abhängig vom Symptombild. Bei starker produktiver Symptomatik mit Halluzinationen, Wahn und großem Leidensdruck der Patienten ist eine Behandlung mit beruhigenden und antipsychotischen Neuroleptika notwendig. Leider haben diese Medikamente viele Nebenwirkungen wie Krämpfe, Schluckbeschwerden, Steifheit, Zittern und vermehrte Speichelproduktion. Bei jedem Patienten muß deshalb vor der Verabreichung von Neuroleptika zwischen der therapeutischen Wirkung und den Nebenwirkungen genau abgewogen werden. Neben der medikamentösen Behandlung ist in jedem Fall eine psychotherapeutische Behandlung im Sinne von stützenden und begleitenden Maßnahmen erforderlich. Die Prognose affektiver Psychosen ist ungewiß, eine große individuelle Variationsbreite tritt auf. Die produktiven Psychosen verlaufen prognostisch ungünstiger, je früher die ersten Zeichen der Erkrankung erscheinen. Die präpuberalen, puberalen (vor und während der Pubertät auftretenden) und adoleszenten (im Jugendalter auftretenden) Formen haben die gleiche Prognose wie erwachsene Formen. In rund 20 bis 30 Prozent bleiben Resterscheinungen bestehen.

Meine Diagnose: Manische Psychose

Christiane, 22

Manische Psychose, so lautet die Diagnose für meine Krankheit. Nur wenige Leute kennen sie, aber ich habe sie in mehreren akuten Krankheitsphasen durchlebt.
Die Krankheit war da, lange bevor es der Familie und der Umwelt auffiel. Sie wird ausgelöst durch eine Reizüberflutung. Bilder, Eindrücke, Gefühle: alles wird schlechter gefiltert und sortiert. Die Grenzen zwischen Realität und Vorstellung verfließen, ohne daß ich das in meiner Krankheit gemerkt hätte.
Bei mir fing es an mit Schlaflosigkeit, innerer Unruhe und einem abnormen Betätigungsdrang, meist abends und nachts. Der Fami-

lie fiel mein ununterbrochener Redefluß auf sowie rasch wechselnde Vorstellungen. Am Arbeitsplatz bemerkte der Chef einen gesteigerten Arbeitseinsatz, mein wachsendes Interesse, dauernd Verbesserungen vorzuschlagen. Das war insgesamt nicht einmal negativ. Aber schon bald verloren Aussagen und Ideen völlig den Bezug zur Realität. Darauf angesprochen, beharrte ich auf meinen Meinungen. Ich fühlte mich prima, wollte die Welt verbessern und den Menschen helfen. Wobei, wußte ich aber nicht.

Dann war der Punkt da, wo ich einen Arzt konsultieren mußte, der die Einweisung in die Psychiatrie veranlaßte.

Ich wurde zunächst auf einer geschlossenen Station untergebracht. Mein Realitätsverlust wurde immer auffälliger – ich lebte in manischer Umtriebigkeit, ohne mich an den Realitäten zu orientieren. Deshalb bekam ich zur Ruhigstellung verschiedene Medikamente. Am nächsten Tag brachte ich trotzdem die Station durcheinander. Zum Beispiel wollte ich alle vorhandenen Tiere, wie Vögel und Schildkröten, sofort freilassen. Als ich das Klavier im Aufenthaltsraum entdeckte, sah ich mich schon als Pianistin. Als der Oberarzt zur Visite kam, wollte ich unbedingt draußen Fußball spielen, denn auf der Station hatte man mir den Ball abgenommen. Ich erhielt tatsächlich die Erlaubnis, im Garten zu spielen, und schaffte es sogar, sechs weitere Patienten zum Mitspielen zu überreden. Wieder zurück, wollte ich sofort meinen Anwalt sprechen. Ich verstand überhaupt nicht, weshalb ich in der Klinik war.

Mittlerweile weiß ich, daß es typisch für den Patienten ist, daß er seine Situation nicht einschätzen, daß er nicht einsehen kann, daß er krank ist.

Wenig später wurde ich verlegt. Auf der neuen Station lief alles wie in einer Wohngemeinschaft. Meine ständige Unruhe und mein großes Mitteilungsbedürfnis nervten meine Mitpatienten, sie wurden wütend und sauer auf mich. Ich duzte die Schwestern und sah unseren Zivi als meinen persönlichen Beschäftigungstherapeuten an, gut zum Backgammon- und Badmintonspielen und zum Einkaufengehen.

Neben Realitäts- und Kontrollverlust zeigt sich hier die Distanzstörung als weiteres Symptom der Manie. Fehlende Distanz und mangelnder Realitätssinn zeigten sich zum Beispiel auch als

Kaufrausch. Wenn ich Ausgang hatte, kaufte ich Klamotten und Lebensmittel in größeren Mengen, einmal aber auch ein nagelneues Golf-Cabriolet. Diesen Kauf konnten meine Eltern zum Glück rückgängig machen. Ich unternahm auch Taxifahrten in der Stadt und war immer in Gefahr, mich zu verschulden.
Oft wird als Kriterium für eine Klinikunterbringung gefragt, ob der Patient eine Gefahr für andere und/oder sich selbst darstellt. Ich glaube, für andere stellte ich keine Gefahr dar, aber mich selbst brachte ich oft in Gefahr, wenn ich zum Beispiel auf Dächer von Neubauten stieg oder kurz vor einer Straßenbahn über die Straße lief.
Ohne medikamentöse Therapie geht es wohl nicht. Zunächst bekam ich ein Neuroleptikum, das sich aber auch in hohen Dosen nicht als ausreichend erwies. Ich bekam daraufhin ein stärkeres Medikament. Nebenwirkungen wie Müdigkeit und allgemeine Antriebsstörungen blieben nicht aus. Neben dieser medikamentösen Therapie fanden Gespräche statt, und sehr wichtig für mich waren Sport, Beschäftigung durch Spiele, handwerkliche Arbeiten und eine Kreativtherapie.
Ich brauchte also viel Zuwendung und Beschäftigung; es fiel mir schwer, allein zu sein. Lesen war mir nicht möglich, ich behielt nichts vom Gelesenen. Auch zu Schreibstörungen kann es durch die Medikamente kommen. Diese Beeinträchtigungen gehören auch zu den Folgen einer akuten Krankheit und ihrer Behandlung. Nach einiger Zeit wurde die Medikation verändert. Die Dosen des Neuroleptikums wurden langsam vermindert, zusätzlich gab es Lithiumsalz. Ich wurde nach Hause entlassen, übte Lesen und Schreiben, machte Konzentrationsübungen. Ein Erfolg stellte sich aber erst ein, nachdem das Neuroleptikum abgesetzt worden war. Wöchentlich wurde das Blutbild kontrolliert, die Medikation überprüft, und eine ambulante Gesprächstherapie kam dazu. Mit Lithium und regelmäßigen Gesprächen fühle ich mich heute gesund und weitgehend arbeitsfähig.
Um mich in der Realität zurechtzufinden, ordne ich mein Leben neu. Ich halte mich an gewisse Regeln, verzichte auf Alkohol. Auto- oder Motorradfahren darf ich, aber das will ich gegebenenfalls vorher genau mit dem Arzt besprechen. Ich verzichte freiwillig auf Discobesuche oder andere größere Veranstaltungen; später

kann ich es mir vielleicht zumuten. Das wichtigste ist, daß ich ausreichend Zeit für Schlaf und Erholungsphasen habe.
Ich habe es geschafft, trotz meiner Krankheit verhältnismäßig glücklich zu leben, wenn auch mit einigen Einschränkungen. Ich unternehme viel: Sport, Cafébesuche, Besuch von Ausstellungen, Trödelmärkten. Mein Freundes- und Bekanntenkreis hat Verständnis, wenn ich mich ab und zu zurückhalte.

Der nicht schlafende Traum

Anna, 18

Der nicht schlafende Traum frißt sich in meine Realität, meine Gedanken enden in einem Chaos. Unaufhaltsam verliere ich mich in einer Wirklichkeit, die ich mit niemandem teilen kann. Meine Erzählungen werden verwirrter, nicht mehr nachvollziehbar. Mein Gehirn »rattert« wie ein Uhrwerk – es ist schwer zu leben. Phantasien lasse ich zur Wirklichkeit werden. Die Gedanken saugen mich aus – ohne Pause, so daß ich keine Kraft, keine Reserven habe. Ich finde keine Ruhe mehr, keinen Schlaf. Schreckliche Einbildungen verfolgen mich: Das Essen ist vergiftet, ich darf nichts mehr essen. Oder ich habe die Vision, mein Kopf könne platzen, also schütze ich mich durch das Tragen eines Kopftuches. Halluzinationen verfolgen mich: Viele Menschen sind in meinem Zimmer, einer liegt sogar in meinem Bett. Also kann ich mich nicht mehr hinlegen. Folge: totaler Realitätsverlust, Aufnahme in einer Kinder- und Jugendpsychiatrie, Diagnose: Psychose.
Aber auch hier sehe ich alle gegen mich, Betreuer und Ärzte benutzen mich für psychische Experimente, sie probieren Medikamente an mir aus. Ich fühle mich von aller Welt verlassen, sogar von mir selbst. Das Leben hat keinen Sinn. Der einzige Ausweg ist der Selbstmord. Meinen ersten Versuch starte ich in der Wohnung meiner Eltern, noch sehr dilettantisch – mit einem Gürtel an unserer Flurlampe. Das Glück ist auf meiner Seite, der Gürtel reißt, und ich liege auf dem Boden, geschockt und benommen – bewegungslos von dem nicht »gestorbenen Leben«.
Niemandem kann ich vertrauen, noch nicht einmal meinem

Freund. Ich glaube, er ist der leibhaftige Teufel, er will mir etwas antun, ich renne schreiend aus dem Haus. Zum Glück gibt es Leute, die meine Situation verstehen. Sie nehmen mich mit nach Hause. Mein Freund und einige andere stehen draußen und machen sich Sorgen. Es ist eine verworrene Situation. Nachbarn rufen die Polizei, ich lande auf der Polizeiwache, mein Zustand ist nicht besser. Also ein zweites Mal Klapse.

Das bedeutet noch stärkere Medikamente, die mich völlig »lahmlegen«. Ich kann meine Arme nicht mehr bewegen, also kein Zähneputzen, Haarewaschen usw. Sogar die Sprache versagt. Ich kann nicht mehr stillsitzen, meine Augen drehen sich ständig nach oben zur Stirn, der Kopf fällt nach hinten. Von allein kann ich meinen Kopf nicht mehr nach vorn bewegen. Man fixiert mich, d. h. meine Arme, Beine sowie der Bauch werden mit einem Gurt an dem Bett festgebunden. Magnetverschlüsse – ich kann mich unter keinen Umständen befreien. Dann eine Spritze, die mich in einen erzwungenen Schlaf versetzt. Meine Atemwege trocknen aus, und ich bekomme das Gefühl des Erstickens.

In der Therapie erfahre ich, daß Drogen Auslöser dieses unheimlichen Zustandes sind. Da ich LSD konsumiert habe, verliere ich mich in dieser krankhaften Phantasiewelt. Ich soll auf einem Trip hängengeblieben sein, so heißt es. Nach jedem Psychiatrieaufenthalt gehören die Drogen wieder zu meinem Leben. Die Folge ist ein völliger Realitätsverlust, ein totaler Absturz, eine Psychose, intensiver als alles andere, was ich bisher erlebt habe. Ich vergesse meinen Namen, gebe mir einen anderen, meine Eltern sind nicht mehr meine Eltern, sondern Menschen, die mir etwas Schlechtes wollen.

Wo ist der Ursprung allen Übels? Ich sehe ihn in meinem Elternhaus. Als Einzelkind bekomme ich alle Auseinandersetzungen meiner Eltern mit, die mich sehr zermürbt haben. Ich baue mir mit zwölf Jahren eine eigene Welt auf, in der ich mich vor Verletzungen schütze. Ich gehe von zu Hause weg, vermisse trotzdem meine Eltern. Durch Drogen will ich mich ablenken, mir Erleichterung verschaffen, doch da beginnt der Teufelskreis…

Drogen – ein Ausweg?

Marie-Luise Knopp

Bei Claudia waren Drogen der »einzige Ausweg« aus ihrer Situation. »Licht im Tunnel«, wie sie es nennt. Wie bei vielen anderen Jugendlichen, führten bei ihr die völlig zerrütteten Familienverhältnisse, der Mangel an Wärme und Geborgenheit, das Fehlen einer erzieherischen Führung, Vereinsamung und die Enttäuschung vom Leben zu dieser Drogenkarriere. Die Drogen lenkten sie zumindest vorübergehend ab. In der »Scene« fühlte sie sich anerkannt und geborgen. Die sogenannten Freunde hatten Verständnis füreinander, und die Welt war zeitweise in Ordnung. Viele Jugendliche nennen aber auch Neugier, Langeweile, den Wunsch nach Selbsterfahrung, Freude an gesteigerten Sinneseindrücken (z. B. intensiveres Erleben von Farben und Musik) als wichtiges Motiv für die Einnahme von Drogen. Einfach vergessen möchte Claudia den Jungen, der ihr all das gab, was sie ihr Leben lang suchte: Wärme, Geborgenheit und Halt. Der belastenden Wirklichkeit entfliehen, nicht daran denken müssen, warum ihre Mutter sich nicht um sie kümmert. Die erhoffte unbeschwerte Leichtigkeit konnte sie nur sehr kurz erleben. Sie verlor am Ende jeglichen Bezug zur Realität und kam schließlich wegen schwerer Halluzinationen und Selbstmordgedanken in eine Kinder- und Jugendpsychiatrie.

Welche Drogen werden von Jugendlichen genommen? Da wären z. B. *Haschisch* und *LSD*. Beide Halluzinogene können zu einer seelischen Abhängigkeit führen. Schon bei niedrigen Dosen können Mißtrauen, Entfremdungsgefühle sowie Wahnvorstellungen auftreten, in hohen Dosen Angstgefühle, psychotische Symptome, die zu Panikreaktionen führen. Die Stimmung ist zwar euphorisch, kann aber rasch in Angst und Depressionen umschlagen. Gelegentlich werden akut psychotische Jugendliche in die Klinik eingeliefert, die ihre Psychose auf die Einnahme von LSD zurückführen.

Synthetische Drogen – auch *Dom* oder *speed* genannt – wirken wesentlich stärker und länger als LSD und führen zu schweren Verwirrtheitszuständen. Eine der Modedrogen ist *Ecstasy*, besonders verbreitet in Discos und auf Techno-Partys. »Ein unglaubliches Hochgefühl beim 36stündigen Tanz, absoluter Rausch, dann ein grauenvoller Absturz« – so beschreiben Jugendliche ihre Eindrücke nach der Einnahme dieser Pille. Der Körper wird überhitzt, trocknet aus, und es kommt nicht selten zu Zusammenbrüchen, z. T. sogar mit Todesfolge. Die synthetischen Drogen enthalten oft hochgiftige Nebenprodukte. Forschungen in den USA haben ergeben, daß sie bei längerem Gebrauch zu Hirnschäden führen können.

Auch *Medikamente* (Psychostimulantien) können typische Suchtmittel sein. Zu ihnen gehören z. B. die Weckamine (z. B. Benzedrin, Pervitin, Captagon, Titalin, Preludin, Mischpräparat Katovit und viele andere). Wegen der rasch eintretenden Gewöhnung ist eine ständige Dosissteigerung notwendig, um die gewünschten Effekte zu erzielen. Bei ständigem Gebrauch kann es zur Ruhelosigkeit, zu paranoiden Reaktionen mit mißtrauisch-ängstlicher Verstimmung, Verfolgungsideen, manchmal sogar zu Psychosen mit Halluzinationen oder auch zu depressiven Zwangssyndromen kommen.

Kokain wirkt stark aufputschend und subjektiv leistungssteigernd. Es gibt zwar das Gefühl, voller Energie zu sein, greift aber sowohl den Körper als auch die Psyche an. Kokain kann auch geraucht werden; dabei wird es verbrannt, und die Dämpfe werden eingeatmet. Zu Klümpchen verbackenes Kokain, mit Wasser und Backpulver vermengt, nennt man *Crack*. Die Auswirkungen von Crack sind stärker als von Kokain, da die Droge direkt auf das Gehirn wirkt.

Heroin ist das bekannteste und gefährlichste Opiat. Die Rauschwirkung tritt fast blitzartig (Flash) nach der Injektion ein. Neben Schwindel, Übelkeit und Erbrechen erlebt der Süchtige ein überschwengliches Glücksgefühl, das er immer öfter und schneller herbeiführen möchte. Da sich der Stoffwechsel schnell auf das Heroin einstellt, entsteht schon nach kurzem Gebrauch eine starke körperliche Abhängigkeit. Wird dem Süchtigen das Heroin vorenthalten, kommt es zu schweren Entzugserscheinungen

(»Turkey«: Schlaflosigkeit, starkes Schwitzen, Zittern, Erbrechen, Schmerzen, Angst). Häufig war Überdosierung nach vorübergehender Abstinenz Ursache für Todesfälle.
Viele andere Mittel werden von Jugendlichen in oft wahlloser Reihenfolge eingenommen, um psychische Ausnahmezustände herbeizuführen: Tranquilizer, Hustensäfte, Asthmazigaretten... und vor allem die »legale«, am weitesten verbreitete Droge *Alkohol.* Alkohol ist leicht zu beschaffen, hilft scheinbar bei Kontaktschwierigkeiten, bei der Lösung von Konflikten und bei der Bewältigung von Problemen. Schlimme Folgen kann der gleichzeitige Konsum von Alkohol und anderen Drogen haben. Bei einer depressiven Grundhaltung, in Situationen von Ausweglosigkeit und Verzweiflung, bei Vereinsamung und dem Gefühl der Ablehnung und Ausgrenzung erscheint Alkohol oftmals als die einzige Lösung. Wie bei den Erwachsenen, so ist auch bei Kindern und Jugendlichen der Übergang zur Alkoholabhängigkeit fließend.
Die wichtigsten Auswirkungen des Drogenkonsums sind die zunehmende Isolierung, Abnahme von sozialer Verantwortlichkeit, permanente Verstöße gegen die soziale Norm (u. a. Beschaffungskriminalität), zunehmende Verwahrlosung (Bummeln, Weglaufen, Schulschwänzen), aggressive bzw. autoaggressive Handlungen, Depressionen, Psychosen, Suizidversuche, bei Überdosis Todesfälle.
Die bedeutendste *vorbeugende Maßnahme* besteht darin, ein Kind bzw. einen Jugendlichen in seinem Selbstwertgefühl zu stärken. Ebenfalls sollten Eltern, Geschwister, die Schule, Freunde usw. ihnen helfen, Konflikte auszutragen, durchzustehen und aufzuarbeiten. Die Kinder bzw. Jugendlichen sollten einen anderen Weg finden, mit Problemen fertig zu werden, als ihnen (z. B. durch Drogenkonsum) auszuweichen.
Sollte ein Jugendlicher aber nicht mehr ohne Hilfe aus der Abhängigkeit herauskommen, so muß er sich zunächst in eine Fachklinik zur Entgiftung begeben. Einige Fachkliniken wenden andere chemische Drogen an, um den Süchtigen bei der Entwöhnung zu helfen. Andere Kliniken oder therapeutische Einrichtungen bevorzugen eine völlig »drogenfreie Therapie«. Für sie steht die intensive Beratung im Mittelpunkt. Entgiftungsbehandlungen sind bislang in internistischen Krankenhäusern oder nach Anmeldung in Arzt-

praxen möglich. Unabhängig davon, welche Behandlung sie erhalten, müssen Süchtige, die bereits auf dem Weg der Genesung sind, bis zu fünf Jahren weiter behandelt und beraten werden. Es sind viele Selbsthilfegruppen für ehemalige Drogenabhängige entstanden. Die Entwöhnung in der Gruppe, wie nach dem Vorbild der Anonymen Alkoholiker, hat sich als erfolgreich erwiesen.

Ich sah nur noch diese Optiken

Claudia, 18

Mit neun Jahren begann für mich der Kampf ums Überleben, nämlich genau zu dem Zeitpunkt, als sich meine Eltern scheiden ließen. Ich war gefühlsmäßig hin- und hergerissen. Bis heute ist es mir noch unerklärlich, wie ich es fertiggebracht habe, meinem Vater beim Auszug zu helfen. Es tat verdammt weh, aber irgendwie schaffte ich es, seit dieser Zeit ging es bei mir nur noch bergab. Die Schule machte mir keinen Spaß mehr, von meinen Freunden zog ich mich mehr und mehr zurück, und meiner Mutter machte ich indirekt Vorwürfe wegen meiner Situation. Meine Traurigkeit lähmte mich.

In der ersten Zeit durfte ich meinen Vater nicht besuchen, obwohl ich ihn sehr vermißte. Später bin ich dann zu ihm gezogen. Er hatte inzwischen die Schwester meiner Mutter geheiratet, mit der ich mich nicht gut verstand. Eine gewisse Zeit hielt ich es dort aus, doch dann häuften sich die Probleme, und meine Mutter entschied, ich sollte in ein Heim gehen. Meinem Vater tat es sehr leid, doch er unternahm nichts dagegen. Er gab sich – wie immer – hilflos dem Schicksal hin. Als er merkte, wie ich litt, holte er mich schließlich raus. Aber es kam immer wieder zu Schwierigkeiten mit seiner Frau.

Mit 17 wollte ich mein Leben in meine eigene Hand nehmen. Ich entschied mich für das »betreute Wohnen«. Relativ schnell bekam ich eine eigene Wohnung, und am Anfang fand ich es auch toll, endlich unabhängig und frei zu sein. Doch dann allmählich merkte ich, wie schwer es war, mit dieser Freiheit umzugehen. Ich fühlte mich trotz der regelmäßigen Besuche von ausgebildeten

Sozialarbeitern überfordert. Jetzt denke ich, daß mir einfach der nötige *Halt* gefehlt hat.
Irgendwie muß ich immer auf der Suche nach Anerkennung und Liebe – und natürlich nach Halt – gewesen sein. Deshalb war ich auch empfänglich für die Gefühle eines Jungen aus Hannover, zu dem ich mich sehr hingezogen fühlte. Ich verliebte mich und kann ihn bis heute nicht vergessen. Als mein Urlaub in Hannover zu Ende war und ich nach Düsseldorf zurückmußte, war ich sehr traurig, weil damit auch die Beziehung zu Ende war. In der Schule konnte ich mich auf nichts konzentrieren, die ganze Zeit mußte ich nur an ihn denken. Er hat mir das gegeben, was ich immer vermißt habe: Geborgenheit und Halt. Und nun sollte es plötzlich wieder wie immer sein, kalt und öde.
Aber da passierte etwas Entscheidendes in meinem Leben. Ich sah wieder Licht im Tunnel: Als ich nach dem Unterricht aus dem Schultor trat, traf ich einen ehemaligen Freund. Der hat mich zu sich nach Hause eingeladen. Ein bißchen Abwechslung, so dachte ich, könnte nicht schlecht sein. Also ging ich mit zu ihm. Nach einer Weile kamen noch einige aus seiner Clique dazu. Einer von ihnen packte plötzlich Piece (Haschisch) aus. Bisher hatte ich keinerlei Ahnung von Drogen. Der Typ fertigte eine Mischung an und sagte, ich sollte auch ein »Köpfchen« rauchen wie die anderen. Danach ginge es mir garantiert besser. Nach einiger Zeit, als alle auf mich einredeten, habe ich mich breitschlagen lassen. Ich probierte und mußte nur husten und lachen. Ich war einfach berauscht und konnte meinen Kummer eine Zeitlang vergessen. Mir war alles egal, und das tat gut. Hannover rückte immer weiter weg. Ich glaubte, das sei die einzige Möglichkeit, um aus meiner Misere herauszufinden. So nahm ich die Drogen jeden Tag. Jeden Tag war ich also »breit«. Die Schule interessierte mich überhaupt nicht mehr. Später bin ich da gar nicht mehr hingegangen.
Dann haben sie mich von der Schule geschmissen. Aber auch das war mir egal. Eines Tages, als ich bei meinem Freund war, holte einer *Ecstasy*-Pillen heraus. Ich probierte sie einfach, denn viel hatte ich nicht mehr zu verlieren. Nach den Pillen war ich gut drauf, deshalb nahm ich sie auch immer häufiger. Irgendwann haben mir Freunde dann schließlich Pappen (LSD-Trip) angeboten. Auch hier sagte ich nicht nein. Zu der Zeit nahm ich alles, was ich

in die Finger bekam, bis zu meinem ersten großen Absturz nach LSD. Ich habe Sachen gesehen, die es im wirklichen Leben überhaupt nicht gibt. Zwei Wochen später habe ich Pepp (Amphetamine in Pulverform) gezogen, die Wirkung kann ich kaum beschreiben, es war einfach grauenvoll. Ich bekam heftige Optiken (Halluzinationen), die überhaupt nicht mehr weggingen. Ich sah z. B. Sachen, die es nicht gab – bunte Farben liefen zu einer Farbe zusammen, Schatten liefen hinter den Leuten her, alles wurde unnatürlich groß oder verkleinerte sich, so daß man es nicht mehr sehen konnte. Allmählich verschwammen alle Bilder und wurden zu einer grauen Masse. Nach vier Tagen hatte ich sie immer noch, das war mein totaler Absturz. Ich habe gedacht, ich hätte einen Flashback und wäre »hängengeblieben«. Das machte mir eine Riesenangst, aber ich redete mit keinem darüber. Als ich es nicht mehr aushielt, bin ich ins Krankenhaus gefahren. Dort habe ich alles erzählt. Ich wollte nur noch weg von den Drogen. Man hat mich in die Psychiatrie eingewiesen, worüber ich froh bin.
Viele kommen drauf, aber wenige kommen wieder runter!

Meine Mutter akzeptierte nur meine Leistungen
Ina, 18

Seit acht Monaten bin ich in der Psychiatrie, und ich möchte erzählen, wie es dazu gekommen ist. Eigentlich hat alles schon ganz früh angefangen, ungefähr zu dem Zeitpunkt, als ich eingeschult wurde.
Meine Mutter setzte mich immer unter Druck, sie verlangte grundsätzlich, daß ich die Beste in der Klasse bin, keine Note war ihr gut genug, und es gab immer andere, die im Diktat einen halben Fehler weniger hatten, besser waren. So lernte ich, daß meine Mutter nicht mich akzeptierte, sondern meine Leistungen, und noch nicht einmal das richtig.
Ich hab schon gemerkt, daß da irgendwas falsch war, und habe mich immer mehr meinen Großeltern zugewandt, den Eltern meiner Mutter. Meine Oma wurde für mich meine Mutter, ich nannte sie sogar »Mama«. Es kam eine lange Zeit, in der ich in der Fami-

lie zwar äußerlich keine Probleme hatte, ich fühlte mich aber trotzdem nicht wohl. Ich fühlte mich hin- und hergeschubst und von niemandem richtig beachtet. An den Wochenenden flüchtete ich mich meistens zu meiner Oma und meinem Opa. Mein Opa spielte für mich auch eher eine Vaterrolle, da ich meinen Vater so gut wie nie sah, und wenn, dann hatte ich nicht viel mit ihm zu tun. Mein Opa gab mir Geborgenheit, er war der einzige, der *mich* akzeptierte und nicht nur meine Leistungen. Ich hatte immer viel Spaß mit ihm.

Als ich neun Jahre alt war, kamen nacheinander meine beiden kleinen Geschwister. In der ersten Zeit habe ich sehr an ihnen gehangen, ich mochte sie sehr, und von der anfänglichen Geschwisterrivalität war erst mal nichts zu spüren. Die kam erst später, als meine Mutter anfing, ausschließlich nur noch die beiden zu sehen. Ich hab mich dann immer mehr von der Familie zurückgezogen.

Dann kam ein besonderer Einbruch in mein Leben: Mein Opa starb. Seinen Tod habe ich nur schwer verkraftet. Um mich abzulenken, habe ich angefangen, mit Freunden rumzuziehen und die ersten Drogen zu probieren. Innerhalb eines Jahres ist das Ganze so weit eskaliert, daß ich ständig abgehauen bin von zu Hause. Ich war ziemlich fertig durch die Drogen. Es gab eine Clique von ca. 30 Leuten, wir haben von morgens bis abends konsumiert. Mittlerweile dröhnte ich mich auch schon selbst zu, wenn ich alleine war. Anfangs waren es noch harmlose Drogen, später härtere. Aber ich hatte immer noch meine Grenze. Ich habe mir geschworen, niemals LSD oder Heroin zu nehmen.

Zu Hause gab es in der Zeit ziemlich heftige Streitereien, ich hab mich mit meiner Mutter geschlagen usw. Aber durch die Drogen war mir das alles ziemlich egal, es ist auch in meiner Erinnerung völlig vernebelt.

Irgendwann, etwa Frühling '93, wurde die Schule auf mein Drogenproblem aufmerksam. Mir wurde vorgeschlagen, in eine Psychiatrie zu gehen, aber zu dieser Zeit wäre das für mich das letzte gewesen. Ich wurde für längere Zeit von der Schule »suspendiert«, und irgendwie habe ich es geschafft, von einem Tag auf den anderen mit den Drogen Schluß zu machen.

Wenn ich jetzt zurückdenke, fiel es mir nicht besonders schwer, da ich nie aus freier Entscheidung konsumiert habe, sondern weil das

Ganze für mich eine verzweifelte Flucht war und ich eigentlich auch wußte, daß Drogen keine Lösung der Probleme sind.
Ich versprach also, mich in der Schule zu bessern. Das klappte zwei, drei Monate. Dann ging es wieder bergab. Diesmal rutschte ich in den Alkohol. Den Tod meines Opas habe ich verdrängt, soweit es ging. Ich hatte bis dahin einige Beziehungen gehabt, allerdings war ziemlich auffällig, daß ich mich nie längere Zeit fest binden konnte. Bis ich dann einen Jungen kennenlernte, mit dem ich zwar auch nicht lange zusammen war, mit dem ich aber, im Gegensatz zu den anderen, eine sehr intensive Beziehung hatte.
Meine Oma hatte zu der Zeit einen Tumor, und es war absehbar, daß sie nicht mehr lange leben würde. Der Schock, wieder einen Menschen zu verlieren, der mir alles bedeutete, saß mir nach dem Tod meines Opas noch tief. Deswegen sorgte ich vor, indem ich schon vorzeitig Abstand zu ihr schaffte. Das war wahrscheinlich ein Fehler, denn meine Oma spürte das, und ich bereue es jetzt sehr. Wie gesagt, die Beziehung zum meinem Freund hielt nicht sehr lange, wir trennten uns. Kurz darauf starb meine Oma. Ich verschloß mich völlig. Ich brauchte keinen Alkohol mehr, ich wollte keine Freunde, ich war einfach fertig. Meine Oma, der einzige Mensch, für den es sich noch gelohnt hatte zu leben, war weg. Einfach so… Ich wollte ebenfalls sterben. Ich redete mit fast niemandem mehr, machte immer mehr »dicht«, bekam Kopfschmerzen, Migräne. Von einem Psychiater, der meine Kopfschmerzen diagnostizierte, wurde ich in die Klapse eingewiesen, und ich bin froh, daß es so gekommen ist.

Von Wasch- und anderen Zwängen

Klaus Napp

Ohne Regeln, Rituale, Gewohnheiten und Ordnungen wäre unser Leben nicht möglich. Sei es im Straßenverkehr, im Umgang mit Freunden oder am Arbeitsplatz oder wo auch immer. Strukturen geben uns Sicherheit und Halt, erleichtern das Leben. So muß in einer nach einer festen Regel ablaufenden Situation, wie beispielsweise einem Einsatz der Feuerwehr, nicht immer neu nachgedacht und entschieden werden. Gewohnheiten und Rituale sorgen auch für unser Wohlbefinden, wie etwa das tägliche Duschen; gleichzeitig hat es auch einen ganz praktischen Aspekt, nämlich daß uns die Mitmenschen noch »riechen« können.

Rituale und Strukturen werden schon in früher Kindheit gesetzt. Kleine Kinder brauchen beispielsweise bestimmte Rituale beim Zubettgehen: Dem Teddy und den Puppen wird gute Nacht gesagt, die Mutter deckt zu, setzt sich auf die Bettkante und erzählt eine Gutenachtgeschichte und noch mehr. Erst, wenn alles in der richtigen Reihenfolge erledigt ist, ist das Kind sicher und kann sich beruhigt im Schlaf von der Mutter trennen.

Beim zwanghaften Menschen jedoch werden Ordnungen, Strukturen und Rituale zur Fessel, zum Gefängnis. Ein Zaun um das Haus und den Garten ist gedacht, um Eindringlinge abzuwehren und Schutz zu bieten. Er hindert uns aber nicht daran, uns frei zu bewegen und den Garten zu verlassen. Für den Zwanghaften aber ist der Zaun ein unüberwindliches Hindernis; er kann den Garten nicht verlassen, ist eingesperrt, gefangen. Und er zieht den Zaun immer enger, weil er sich dadurch sicherer glaubt, aber sein Lebensraum wird immer beschränkter, immer kleiner. Hier beginnt die Krankheit, die Zwangsneurose. Die Strukturen erleichtern das Leben nicht mehr, sondern halten vom Eigentlichen ab, zum Beispiel von der Kontaktaufnahme, der Arbeit.

So ist es bei Jörg (sein Erfahrungsbericht »Ich mußte mir immer die Hände waschen« folgt auf Seite 96): Er braucht das Händewaschen, das ja an und für sich etwas Sinnvolles ist, zur Abwehr seiner unbegründeten, irrealen Angst vor Ansteckung. Er wiederholt es qualvoll immer öfter, und es nimmt ihn so in Anspruch, daß er zu nichts anderem mehr kommt.

Ein weiteres Beispiel ist ein Schüler in meinem Unterricht: Er soll in Geometrie ein Dreieck zeichnen. Er zieht die erste Gerade, genau und ordentlich, fährt dann aber mit dem Bleistift immer wieder am Lineal entlang, hin und her und hin und her. Wenn ich ihn nicht bremse, hört er damit nicht auf, bis der Bleistift mehrere Heftseiten durchgeritzt hat. An diesem Beispiel wird der Zweck eines Zwanges deutlich: Der Zwang ist ein gut getarntes Ausweichen vor der eigentlichen Aufgabe. Das Dreieck wird nicht fertig und damit auch nicht falsch oder fehlerhaft. Ein Leistungsversagen, das – bei dem bei Zwanghaften oft anzutreffenden übertriebenen Streben nach Perfektion – als persönliche Entwertung erlebt wird, ist damit vermieden.

Der Zwanghafte hat also so viel mit seinen Zwängen zu tun, daß er zu seinen eigentlichen Aufgaben gar nicht erst kommt. Man kann ihm nicht einmal böse sein, denn: »Ich will ja, aber ich kann nicht!« ist seine unausgesprochene Entschuldigung.

Die Angst spielt in Verbindung mit Zwängen oft eine wichtige Rolle: Es ist im Grunde die Angst zu versagen, die Angst, daß Aggressionen oder Sexualität außer Kontrolle geraten könnten, auch wenn sie wie bei Jörg ihr Aussehen ändert. Mit seinen Zwangshandlungen hat der Betroffene die Möglichkeit, seine Angst – wenn auch nur oberflächlich und vorübergehend – in den Griff zu bekommen.

Die Ursachen von Zwangsneurosen werden in der frühen Kindheit vermutet. Oft haben zwanghafte Kinder die strengen Strukturen und hohen Wertmaßstäbe ihrer Eltern in so starkem Maße übernommen, daß sie kein gesundes Selbstwertgefühl und keine positive Einstellung gegenüber ihren Aggressionen und ihrer Sexualität entwickeln konnten.

Je früher eine Behandlung einsetzt, desto besser sind die Aussichten. Bei jüngeren Kindern ist zwanghaftes Verhalten meist eine vorübergehende Erscheinung. In der Regel genügt eine Beratung der Eltern und eine Therapie für das Kind.

Zwangssyndrome bei Jugendlichen lassen sich nicht so leicht aus der Welt schaffen, besonders wenn sich die gleiche Struktur bei den Eltern zeigt. Eine Therapie kann auch dadurch erschwert oder erfolglos gemacht werden, daß Jugendliche die elterlichen Strukturen nicht in Frage stellen und keine eigenen für sich entwickeln können. Oft können schwere Zwangssymptome nur in weniger auffällige und weniger hinderliche Symptome umgewandelt werden. Eine umfassende Heilung ist selten möglich, wohl aber kann eine zufriedenstellende Lebensfähigkeit erreicht werden.

Ich mußte mir immer die Hände waschen

Jörg, 23

Ich kann eigentlich nicht genau sagen, wie es begann, aber es war im Alter von neun Jahren. Eine Freundin und ich fanden eine Katze auf der Straße. Sie tat uns leid, und ich nahm sie mit nach Hause. Gleichzeitig aber ging in meinem Kopf die Angst um: »Was wäre, wenn sie Tollwut hätte?« Ich war mir damals über Ursachen und Symptome der Tollwut natürlich nicht im klaren.
So begann ich, mir mehr als regelmäßig die Hände zu waschen. Aber das Hirngespinst, daß ich mich mit Tollwut oder einer anderen Krankheit angesteckt haben könnte, wurde von Tag zu Tag stärker, und ich konnte es immer weniger kontrollieren.
Meinen Eltern bzw. meiner Mutter fiel es natürlich auf, daß ich immer öfter am Waschbecken stand, um mir vier- bis sechsmal hintereinander die Hände zu waschen. Meine Hände wurden ganz rauh, und die Haut war richtig transparent und dünn geworden. Das Merkwürdige war, sobald ich mich unter Freunden in der Schule befand, hatte ich dieses Bedürfnis nicht. Erst in meiner gewohnten Umgebung, also zu Hause, hatte ich diesen Zwang zum Händewaschen, und es wurde immer schlimmer. Ich hatte Todesängste und glaubte, ich müßte sterben, wenn ich keine sauberen Hände hätte.
Meine Eltern konnten zu dieser Zeit nicht mit mir umgehen, sie wußten nicht, daß ich an dieser Situation keine Schuld trug, sondern daß es sich um eine Krankheit handelte. Woher sollten sie das auch wissen! Sie bemerkten nur, daß ich mich absolut nicht

mehr konzentrieren konnte und meine Leistungen in der Schule schwächer wurden.
Eine Zeitlang dachte ich, ich würde verrückt. Es kam vor, daß ich aus heiterem Himmel anfing zu weinen. Auch im nachhinein fand ich keinen Grund zum Weinen. Das klingt vielleicht unerklärlich für andere Leute, die sich nicht in solch eine Situation hineinversetzen können. Doch ich kann sagen, daß ich sechs Jahre durch ein Inferno von Gefühlen und Ängsten gegangen bin, um überhaupt einen Weg zu finden, mit der Krankheit umzugehen.
Als ich so durcheinander war, daß meine Umgebung sich keinen Rat mehr wußte, beschloß man, mich zu einem Psychologen zu bringen. Ich war bei ihm etwa drei Monate ambulant in Behandlung. Doch weder Gespräche noch Medikamente konnten die Einweisung in eine neuropsychiatrische Klinik verhindern. Es war gegen meinen Willen, in die Klinik zu gehen, doch eine Zeitlang aus meiner alten Umgebung herauszukommen, war der einzige Weg, um eine Besserung zu erzielen. In der ersten Zeit des Klinikaufenthaltes begann der eigentliche Horror. Ich war es nicht gewohnt, von meinen Eltern getrennt zu leben und auf mich selbst zu achten.
Meine Ängste und Zwänge behielt ich etwa ein Jahr, bis sie dann schwächer wurden und ich besser mit ihnen umgehen konnte. Wichtig für mich waren zu jener Zeit Freundschaften, die sich während des Aufenthaltes entwickelt haben. Ich glaube auch bis heute, daß mir weder Ärzte noch Medikamente geholfen haben. Sie dienten nur dazu, mich ruhiger zu halten und mein unzufriedenes Leben erträglicher zu gestalten. Doch die Zeit hat mir viel gebracht. Ich hatte und habe ein Lebensziel, das mir immer wieder Kraft gibt, nicht aufzugeben und zu überleben.
Die vielen Gespräche mit den Psychologen während meines Klinikaufenthaltes hatten trotzdem einen guten Effekt. Sie haben mir meine Zwänge nicht »ausgetrieben«, aber sie waren beruhigend, denn ich konnte reden, mich »entladen«. Vor allem halfen sie mir, tief in mein Inneres zu sehen und mich besser kennenzulernen.
Als ich nach eineinhalb Jahren entlassen wurde, war ich noch nicht gänzlich geheilt. Auch die Umstellung auf das alltägliche Leben (Schule und Elternhaus) brachte neue Probleme für mich.

Ich hatte Integrationsschwierigkeiten und war in der Schule nicht gut. Doch gewisse Ängste und Zwänge hatte ich verloren, war sie endlich losgeworden.
Es ist bis heute noch so, daß sich ab und an neue Ängste in unterschiedlichen Situationen entwickeln, etwa Angst vor Aids oder BSE. Doch ich habe gute Freunde gefunden, die mich ablenken und beruhigen können, so daß ich immer sagen kann, ich habe nichts zu befürchten. Ich erlebe, wie meine Freunde in ähnlichen Situationen reagieren und handeln. Ich versuche, durch sie Kraft zu schöpfen und alles etwas von mir fernzuhalten, so wie sie es bei sich tun.
Ich denke, daß ich nie ganz geheilt werden kann, aber vielleicht ist das für mein Leben aus unerklärlichen Gründen so bestimmt. Ich bin trotzdem ein aufgeweckter Mensch mit großen Zielen und voller Lust am Leben – trotz der Höhen und Tiefen, die kommen und gehen werden.

Autismus – Rückzug auf das eigene Selbst

Marie-Luise Knopp

Zum erstenmal wurde 1943 das Krankheitsbild »frühkindlicher Autismus« von dem amerikanischen Kinderpsychiater Kanner beschrieben. Das auffälligste Symptom dieser Krankheit ist der Rückzug auf das eigene Selbst. Das Attribut »frühkindlich« besagt, daß die Störung von Beginn des Lebens an besteht und sich in der frühen Kindheit manifestiert, sobald der Säugling die ersten Beziehungen zur Umwelt aufnimmt. Es handelt sich um eine Unfähigkeit, Beziehungen zu Personen und Situationen in normaler Weise aufzunehmen. Die meisten Symptome kann man auch bei gesunden Kindern in irgendeiner Phase ihrer Entwicklung beobachten, beispielsweise Echolalie (lautgetreue Wiederholung des meist von der Mutter Vorgesprochenen), motorische Auffälligkeiten, das Nichterkennen von Personen. Nur zeigen Autisten diese Verhaltensweisen jahrelang. Autismus sowie psychischer Entwicklungsrückstand einschließlich Sprachentwicklungsverzögerung kommen oft gemeinsam vor. Autistische Kinder verhalten sich, als seien die Menschen auch Dinge und nicht Personen. Ihr Verhalten gegenüber Personen vermittelt den Eindruck, als können sie Objekte von Personen nicht unterscheiden.

Typisch für Autisten ist eine Sprachentwicklungsstörung. Nur etwa die Hälfte aller autistischen Kinder kann sprechen. Die Kinder haben z. B. Probleme bei der Satzbildung. Oftmals erfolgt das Sprechen in einem bestimmten Tonfall (Singsang oder Flüsterton).

Kanner vertritt die Ansicht, daß die Intelligenz durch die schwere autistische Grundstörung »maskiert und verschüttet« sei. Die mangelnde Abstraktionsfähigkeit autistischer Kinder legt die Vermutung nahe, daß ein »Intelligenzdefekt« zum Bild des Autismus gehört. Auf der anderen Seite zeigen viele Autisten außerordentliche Gedächtnisleistungen, häufig verbunden mit erstaunlichen Fähigkeiten im Umgang mit Zahlen.

Autistische Kinder setzen alles daran, räumliche und zeitliche Strukturen zu erhalten. Die Veränderung selbst kleinster Details in der gewohnten räumlichen Umgebung kann die Kinder völlig aus ihrem emotionalen Gleichgewicht bringen, und die Zustände von Angst, Wut und Verzweiflung, die auf solche Veränderungen folgen, halten lange an.
Eine Behandlung von Autisten sollte aus mehreren verschiedenen Maßnahmen bestehen:

- medikamentöse Behandlung,
- individuelle psychotherapeutische Behandlung des Kindes,
- stationäre Behandlung,
- Behandlung der Eltern durch psychotherapeutische Methoden,
- Beratung der Eltern,
- Erziehung des Kindes (individueller sowie Gruppenunterricht).

Die Prognose ist in erster Linie vom Grad der autistischen Störung abhängig. Wenn die Sprachentwicklung bis zum fünften Lebensjahr nicht eingesetzt hat, ist die Prognose ungünstig. Es ist möglich, daß eine deutliche Besserung erstmals in der späten Kindheit oder im Jugendalter einsetzt. Häufig werden noch bis weit ins Erwachsenenalter Fortschritte in sozialer und emotionaler Hinsicht gemacht, so daß man von keiner Altersstufe einfach sagen kann: es ist »zu spät«. Besonders wichtig ist es, geeignete psychiatrische, pädagogische sowie berufsbildende Einrichtungen für die autistischen Menschen zu schaffen.

Ein Autist in der Kinder- und Jugendpsychiatrie

Marie-Luise Knopp

> You see, her eyes are open.
> Ay, but her sense is shut.
> (*William Shakespeare*)

Hören, ohne zu verstehen, sehen, ohne zu erkennen. Wer ist dieser Junge, liebenswert, sensibel und »intelligent« – aber weit, sehr weit weg, in einer anderen, seiner eigenen Welt? Er ist selbst in der Kinder- und Jugendpsychiatrie ein Exot – ein Außenseiter unter

Außenseitern. Sein Name ist Jens, er ist 16 Jahre alt, die Diagnose lautet: autistische Störungen. Für diese Geschichte haben Jens und seine Mutter mir die nötigen Informationen gegeben, weil Jens nicht in der Lage ist, selbst über sein Leben zu schreiben.
Als er eineinhalb Jahre alt war, wurde die Diagnose frühkindlicher Hirnschaden gestellt. Als Baby war er fröhlich und aufgeweckt. Daß er nur Nahrung aus der Flasche nahm und ab und zu schrie, beunruhigte seine Eltern nicht weiter. Trotzdem beobachtete die Mutter die Entwicklung ihres Kindes ängstlich. Nach etwa drei Monaten stellte sie eine Veränderung bei Jens fest. Er hörte auf zu »brabbeln«, lag nur noch apathisch da und reagierte kaum auf Personen. Ebenfalls registrierte sie eine eigenartige Bewegung der Hände. Der von ihr konsultierte Arzt stellte eine »Unterentwicklung des Handwurzelknochens« fest. Damit gab sich die Mutter nicht zufrieden, sie lief von Arzt zu Arzt. Ihr Mann sowie die Verwandtschaft machten ihr Vorwürfe wegen ihrer übertriebenen Besorgnis.
In seiner Entwicklung blieb Jens immer mehr zurück. Er konnte mit zweieinhalb Jahren weder laufen, noch war er sauber. Mit vier Jahren kam Jens in einen Sonderkindergarten der Lebenshilfe, und als er sechs Jahre war, sprach eine Psychotherapeutin zum erstenmal von »frühkindlichem Autismus«. Für die Eltern war diese Diagnose einerseits ein schwerer Schlag, andererseits fühlten sie sich entlastet, denn ein autistisches Kind wird von der Umwelt eher akzeptiert als ein geistig behindertes.
Fünf Jahre lang besuchte Jens eine normale Grundschule. Er hatte zwar Kontaktschwierigkeiten, vor allem mit gleichaltrigen Kindern, war aber sonst ein fröhliches, neugieriges und intelligentes Kind. Seine Leistungen waren schwankend, trotzdem entschieden sich die Eltern und Lehrer für den Besuch eines Gymnasiums, Montessori-Zweig. Wegen der großen Klassen und der für ihn zu geringen individuellen Betreuung, der zunehmenden Probleme mit Mitschülern und Lehrern, die mit dieser Situation überfordert waren, resignierte Jens. Er wurde schwer psychisch krank (psychotisch). Die Mutter berichtet: »Aus einem ängstlichen, überangepaßten, ruhigen Jungen wurde ein Tier. Jens kratzte an den Fingern, bis sie bluteten, riß sich büschelweise Haare aus, gab tierische Laute von sich, konnte nicht einschlafen, wurde nachts

wach und schrie. Meist konnte er sich an bestimmte Dinge gar nicht mehr erinnern. Er war völlig verwirrt, schnitt Grimassen – es sah einfach hexenhaft aus.«

Man entschied sich für einen Wechsel auf eine Hauptschule. Doch wegen der sich ständig wiederholenden Krisen mußte auch dieser Versuch scheitern. Die Eltern waren ratlos: Lernbehindertenschule, Geistigbehindertenschule – was war das richtige für Jens, was gab es sonst noch? Eine erneute schwere Psychose führte dazu, daß Jens in die Kinder- und Jugendpsychiatrie eingewiesen wurde, und somit kam er in die Klinikschule. Aber auch hier reagierten seine Mitschüler befremdet auf sein »Anderssein«. Das führte bei Jens immer mehr zu einem Rückzug. Er wirkte realitätsfremd, zwanghaft und gestört.

Mehr und mehr wurden typisch autistische Verhaltensweisen sichtbar: Wenn er das Schulgebäude betrat, sagte er grundsätzlich, auch wenn kein Lehrer in der Nähe war: »Wenn ich faul wäre...!« und lachte dabei (zwanghaft ritualistisches Verhalten). Er hatte zwar Kontakt zu den Erwachsenen, allerdings fiel es ihm schwer, auf Kontaktwünsche von anderen Schülern einzugehen. Auffällig war auch seine Angst vor Veränderungen. Wenn sich räumliche oder zeitliche Strukturen veränderten, geriet er schnell in Panik. Häufig war zu beobachten, daß er das Gesprochene (meist von der Mutter bzw. von einem Lehrer) wiederholte (Echolalie). Sagte z. B. ein Lehrer zu Jens: »Du warst toll in Mathe«, wiederholte Jens: »Toll in Mathe, toll in Mathe...« mit der gleichen Betonung wie der Lehrer. Bei starker emotionaler Anspannung konnte man ein stärkeres Hin- und Herbewegen des Körpers, ein heftiges sich Streicheln, Augenreiben und »Knibbeln« mit den Fingern beobachten. Seine Aussprache wurde unverständlicher (Nuscheln, eintönige Sprachmelodie).

Auffällig war Jens' außerordentliche Gedächtnisleistung (er merkte sich Daten genau, ebenso mathematische Formeln und Regeln der Syntax). Er war besonders rechtschreibsicher, hatte gute bis sehr gute Kenntnisse in der Grammatik, gute Englischkenntnisse – aber nur ein geringes Textverständnis, konnte wenig phantasievoll be- und umschreiben, hatte Probleme beim Erkennen von Zusammenhängen in den allgemeinbildenden Fächern, wie z. B. in Geschichte und Geographie. Dagegen hatte er ein besonders

großes Interesse für Musik, ein gutes rhythmisches Gefühl, bevorzugte vor allem klassische Musik, und es fiel ihm leicht, etwas auswendig zu lernen (Vokabeln, Sprüche, Namen von Komponisten, Sängern, verschiedene Arten von Instrumenten usw.). Schwierigkeiten hatte er, sich längere Zeit auf etwas zu konzentrieren.
Da Jens nach dem Klinikaufenthalt noch einige Jahre zu mir zur psychologischen Beratung kam, konnte ich seine Entwicklung weiter verfolgen. Er und seine Eltern haben inzwischen gelernt, mit der Krankheit – dem Autismus – zu leben. Dank verschiedener günstiger Bedingungen (Therapien, Betreuung durch Zivildienstleistende, großes Engagement der Eltern usw.) hat sich Jens sehr positiv entwickelt. Er arbeitet jetzt in der Werkstatt für angepaßte Arbeit, in der er seinen Fähigkeiten entsprechend gefordert und gefördert wird, und die Eltern sind sehr aktiv im Hildener Therapiezentrum. Inzwischen lebt Jens in einer Wohngemeinschaft.

Borderline – »stabile Instabilität«

Hans-Jürgen Heubach

Seit den 60er Jahren werden in der Kinder- und Jugendpsychiatrie zunehmend meist Jugendliche mit einer Borderline-Störung beschrieben. Dabei handelt es sich um Symptome, die weder der Neurose noch der Psychose eindeutig zuzuordnen sind. Ob es sich hier um ein eigenes Krankheitsbild handelt, ist lange umstritten geblieben. Die Symptome, die solche Jugendliche zeigen, erscheinen jedoch ähnlich oder zumindest gut vergleichbar. Ein spezifisches Einzelsymptom für die Diagnose Borderline-Störung gibt es dagegen nicht. Im Vordergrund stehen unspezifische Zeichen einer unreifen Persönlichkeitsentwicklung mit unsicherer Selbsteinschätzung, mangelnder Angst- und Impulskontrolle und einer Tendenz zur gedanklichen Spaltung in Idealisiertes und Abgewertetes.

Jugendliche mit einer Borderline-Problematik haben erhebliche Konflikte im Umgang mit anderen Menschen. Sie neigen dazu, den Partner in egoistischer Weise als »total gut« oder als »total böse« anzusehen. Dabei können sie Einsamkeit schlecht ertragen und reagieren schnell mit übermächtiger Verzweiflung. Ihre starken Gefühlsschwankungen mit unkontrollierter Reizbarkeit und Zornesausbrüchen verhindern meist aber eine dauerhafte, gefühlsstabile menschliche Bindung. So leiden sie unter einem andauernden Gefühl von Leere und Langeweile, finden keinen rechten Platz in ihrem sozialen Umfeld und bleiben unsicher in der Einschätzung ihrer eigenen Person, ihrer beruflichen Situation und ihrer Freundschaften.

Kennzeichnend für Jugendliche mit einer Borderline-Problematik ist eine »stabile Instabilität«, die in allen Lebenssituationen sichtbar wird. In ihrer Selbsteinschätzung schwanken sie zwischen weltverbessernden Allmachtsphantasien und depressivem Rückzug, der oft einhergeht mit demonstrativer Selbstüberschätzung und Suizidhandlungen. Wünsche und Wollen bleiben unkontrolliert und führen nicht selten zu Alkohol- und Drogenmißbrauch. Sie sind verführbar durch das religiös gefärbte Angebot von Sekten, deren strenges Reglement und ausschließliche Beschäftigung mit dem Sektengeschehen ihnen anfänglich das Gefühl einer Orientierung und Geborgenheit geben. Auf ihrer Suche, sich selbst zu heilen und ihre eigene Verstimmung und Verzweiflung zu überwinden, bleiben sie jedoch ohne realistische Beziehungen zu ihren Mitmenschen.

Nur wenn eine Mehrzahl dieser dargestellten Symptome im Zusammenhang beobachtet wird, darf die Diagnose Borderline-Störung gestellt werden.

In zahlreichen Lebensgeschichten von Patienten mit Borderline-Störung ergeben sich Hinweise, daß sie in ihrer frühen Kindheit Mangel an zugewandten Gefühlen erleiden mußten, eine einschränkende, stark kontrollierende Erziehung häufig die notwendige Entwicklung von Selbstbestimmung verhinderte oder daß in der Umgebung des Kindes Bezugspersonen mit der gleichen Störung lebten.

Da die Borderline-Persönlichkeitsstörung auf Mangelerleben in der frühen Kindheit zurückgeführt wird, ist zur Bearbeitung der frühen Konflikte eine sehr intensive, lang andauernde psychotherapeutische Betreuung notwendig. Nicht selten erfordert die Dramatik der Borderline-Störung auch den Einsatz von Medikamenten oder sogar eine stationäre Behandlung in einer jugendpsychiatrischen Klinik.

Und immer wieder verletze ich mich

Britta, 28

Meine Zeit in der Kinder- und Jugendpsychiatrie liegt schon eine ganze Weile zurück. Inzwischen bin ich 28 – und mein Leben war eine einzige Berg- und Talfahrt.

Meine Probleme fingen mit dem sechsten Lebensjahr an, als ich in die Grundschule kam. Schon kurz nach meiner Einschulung stellte man fest, daß ich eine Lese- und Rechtschreibschwäche hatte. Da meine Eltern große Erwartungen in mich gesetzt hatten, weil ich sehr aufgeweckt war, habe ich sie durch den Makel »Legasthenie« sehr enttäuscht. Vier- bis fünfmal in der Woche mußte ich zur Nachhilfe gehen, und obwohl ich mir sehr große Mühe gab, waren die Fortschritte nur gering. Meine Eltern reagierten mit Druck, aber bestimmt war das ein Ausdruck ihrer Hilflosigkeit. Sie dachten, ich gäbe mir keine Mühe. Sie konnten mich nicht verstehen. So viel ich mich auch hinsetzte und lernte, es wurde nicht besser.

Durch den ständigen Druck meiner Eltern fing ich an, mich zurückzuziehen. Ich baute mir eine Traumwelt auf, eine Traumwelt, in der es keinen Druck gab. Äußerlich versuchte ich, mir nichts anmerken zu lassen. Ich verlor den Kontakt zu meinen Geschwistern; sie konnten mich nicht mehr akzeptieren. Zumindest sah ich das so. Wenn ich diesen Druck und auch die Angst, die immer größer und mächtiger wurde, nicht mehr aushalten, nicht mehr bewältigen konnte, fing ich an, mich mit einer Glasscherbe zu schneiden. Irgendwie merkte ich, daß dadurch – wenigstens für eine Zeit – der Druck besser auszuhalten war. Meinen Eltern erzählte ich, ich hätte einen Unfall gehabt. Ganz gleich, ob ich eine Verbrennung, eine Schnittwunde oder eine sonstige Verletzung hatte, ich sagte immer: »Es war ein Unfall«, wenn sie überhaupt danach fragten. Damit die Ärzte nichts merkten, ging ich ständig zu einem anderen Arzt.

Meine Schlafstörungen nahmen immer mehr zu, die Angst wurde größer und größer. Langsam bekam ich Panik vor der Schule. Ich hatte irgendwie Angst, daß das Ganze rauskommen könnte. Ich wußte, daß mein Verhalten nicht normal war, aber ich machte mir keine Gedanken darüber. Ich floh immer wieder in die Traumwelt, besser gesagt, in eine Scheinwelt. Irgendwann wurde auch die Scheinwelt unerträglich, weil ich mich immer mehr verstrickte und nicht mehr herausfand.

Dann passierte etwas Schreckliches, was ich bis zum heutigen Tag nicht verarbeitet habe: Ich wurde vergewaltigt. Dieses Ereignis warf mich völlig aus der Bahn. Nun kam ich überhaupt nicht mehr klar. Meine Eltern gingen mit mir zur Polizei, und es dauerte fast ein Jahr, bis die Sache durchgestanden war, allerdings nur für die anderen. Für mich war sie nie »erledigt«. Ich hatte ständig Angst, daß meine Geschwister davon erfahren könnten. Ich kam mir so schlecht vor wie jemand, der ein Verbrechen begangen hat. Es führte so weit, daß ich mich selber nicht mehr ausstehen konnte. Dann fing ich an, weniger zu essen. Es schien so, als ob ich mich besser akzeptieren könnte, wenn ich dünner wäre. Ich fühlte mich schmutzig und hatte ein völlig gestörtes Verhältnis zu meinem Körper.

Meine Lage spitzte sich immer mehr zu, so daß ich nur noch im Selbstmord eine Lösung sah. Meine Gedanken kreisten nur um das »Wie«. Ich hatte die vielfältigsten Ideen. So lief ich z. B. eines Nachmittags gegen eine Straßenbahn. Außer Brüchen und Prellungen passierte mir nichts. Selbst nach diesem Vorfall konnte ich keinem die Wahrheit sagen. Ich sagte (wie immer): »Es war ein Unfall.«

Nach meinem 16. Geburtstag fuhr ich das erste Mal allein in Urlaub und lernte einen jungen Mann kennen. Er hat mir Gefühle entgegengebracht, die ich nie in meinem Leben kennengelernt hatte: Geborgenheit, Zärtlichkeit, und er konnte sogar zuhören. Zum erstenmal in meinem Leben konnte ich über Gefühle reden. Er lachte mich nicht aus, wie ich befürchtet hatte. Er nahm sich Zeit und versuchte, mich zu verstehen. Nach dem Ende dieser Beziehung – sie ging auseinander, weil er in der Schweiz lebte und ich in Düsseldorf – kam ich überhaupt nicht mehr klar. Ich konnte diese Gefühle nicht vergessen, und ich suchte ähnliches Verständnis in meiner Familie, bei Freunden oder in der Schule, doch vergebens! Ich versuchte zwar, mich »erwachsen« zu verhalten und die Trennung mit dem Kopf zu regeln, aber es gelang mir nicht. Ich konnte nicht mehr weiterleben. So besorgte ich mir nachmittags eine Spritze und Säure. Ich verabschiedete mich abends von meinen Eltern und sagte, ich käme erst spät zurück und wäre bei einer Freundin. Aber ich kam nie bei der Freundin an. Ich ging zu einem abgelegenen S-Bahnhof und injizierte die Säure in meinen Arm. Ich muß wohl bewußtlos gewesen sein, denn ich bekam nichts davon mit, wie man mich fand. Erst in der Chirurgie der Uni-Klinik wurde ich wach. Als ich meine Augen öffnete, standen meine Eltern neben meinem Bett und sagten: »Wie konntest du uns das antun?« Sie waren ärgerlich und machten mir Vorwürfe. Daraufhin mußten sie die Station verlassen. Inzwischen weiß ich, daß es ein großer Schock für sie gewesen sein muß zu erfahren, daß ich mich fast zehn Jahre lang selbst verletzt hatte. Sie hatten mir tatsächlich die Geschichte mit den Unfällen geglaubt. Ich glaube, sie waren hilflos und verzweifelt, vielleicht auch überfordert, denn sie hatten genügend Probleme mit ihrem eigenen Leben. Damals konnte ich es noch nicht so sehen.

In den zwei Monaten auf der Station in der Chirurgie lernte ich Studenten kennen. Eine Studentin mochte ich sehr gern. Sie nahm sich viel Zeit für mich und erzählte mir kurz vor meiner Entlassung, daß sie ein Gespräch in der Kinder- und Jugendpsychiatrie hatte. Sie hatte von mir erzählt, und sie riet mir zu einem Gespräch in der KJP. Darauf wollte ich mich aber absolut nicht einlassen, denn ich wollte meinen Eltern nicht noch mehr weh tun, und ich dachte, ich käme alleine klar. Aber so war es nicht. Es dauerte nicht lange, bis ich wieder in eine Krise rutschte. Dieses Mal holte ich mir Hilfe und rief die Studentin an. Sie ging mit mir in die Kinder- und Jugendpsychiatrie. Ich hatte ein sehr langes Gespräch mit einer Ärztin, die erkannte, daß ich dringend Hilfe brauchte. Meine Eltern wurden verständigt und waren erschüttert und traurig. Ich stimmte einer Behandlung zu. Die Therapie dauerte fast ein dreiviertel Jahr. Ich bekam ab und zu Medikamente und hatte sehr viel Gelegenheit, über meine Probleme zu sprechen und durch die verschiedenen Therapien mich selber kennenzulernen.

So schaffte ich es, die Gesamtschule mit einer Qualifikation zu beenden. Danach ging ich auf die Elly-Heuß-Knapp-Schule. Dort machte ich meine Erzieher-Ausbildung mit Fachabitur. Das sollte mich eigentlich etwas stolz machen und meinen Lebenswillen stärken, aber…

Nach der Entlassung ging es mir vorübergehend besser, doch ich geriet wieder in eine Krise, zumal ich in mein Elternhaus zurückging. Inzwischen habe ich meine eigene Wohnung. Ich mache immer noch zweimal in der Woche eine Therapie, in der ich meine Vergangenheit aufarbeite. Manchmal gerate ich auch wieder in Krisen, aber ich weiß, daß ich nicht allein bin. Ich weiß, wo ich Hilfe bekomme, und das ist ein gutes Gefühl. Wichtig ist für mich vor allem das Gefühl, daß ich anderen nicht gleichgültig bin. Die Beziehung zu meinen Eltern hat sich wesentlich gebessert. Ich denke, daß ich sehr wichtige Erfahrungen fürs Leben gewonnen habe. Ich hoffe, daß ich irgendwann in der Lage bin, in meinem Beruf zu arbeiten und Kindern und Jugendlichen aus meiner eigenen Erfahrung heraus zu helfen, indem ich zuhöre und ihnen das Gefühl gebe, sie nicht mit ihren Problemen alleinzulassen.

Hilfe in einer Kinder- und Jugendpsychiatrie am Beispiel der KJP in Düsseldorf

Eine Abteilung für Kinder- und Jugendpsychiatrie stellt sich vor

Gudrun Ott

Die Abteilung für Kinderpsychiatrie und Jugendpsychotherapie der Rheinischen Landes- und Hochschulklinik in Düsseldorf ist eine Einrichtung der Akut- und Regelversorgung von Kindern und Jugendlichen im Alter von ca. sechs bis 18 Jahren mit seelischen Krankheiten oder Krisen, für die eine ambulante Behandlung unzureichend ist. Es stehen insgesamt 40 Behandlungsplätze zur Verfügung, die sich auf zwei Jugendstationen mit je 12 Betten, eine Kinderstation mit acht Betten sowie eine tagesklinische Einrichtung mit acht Behandlungsplätzen verteilen.

In Absprache mit den anderen Abteilungen für Kinder- und Jugendpsychiatrie des Landschaftsverbandes Rheinland hat die Abteilung die Aufgabe übernommen, die notfallmäßige Versorgung eines Einzugsgebietes von 1,7 Millionen Einwohnern zu gewährleisten. Es handelt sich dabei um Düsseldorf, den Kreis Mettmann, die Städte Wuppertal, Remscheid und Solingen.

Die Patienten werden von niedergelassenen Ärzten für Kinder- und Jugendpsychiatrie und Psychotherapie, Hausärzten, von chirurgischen sowie Kinderkliniken, Jugendämtern und Heimen überwiesen. Manche Kinder, Jugendliche und Eltern wenden sich auch direkt an unsere Klinik. Zu einem großen Teil werden Kinder und Jugendliche in seelischen Krisen notfallmäßig, häufig nachts aufgenommen.

Aufnahmeanlässe sind unter anderem Angstzustände, Depressionen, emotionale Störungen des Kindes- und Jugendalters, Zwangserkrankungen, Eßstörungen, Selbsttötungsabsichten, Erkrankungen, die mit wahnhaften Zuständen sowie Wahrnehmungsstörungen einhergehen. Das Behandlungskonzept ist als selektiv-adaptives auf die Förderung der Entwicklung der Kinder und Jugendlichen ausgerichtet, d. h. die Behandlungsmethoden werden individuell auf die Erfordernisse und Bedürfnisse der Kinder und Jugendlichen abgestimmt und nicht umgekehrt.

Dabei werden Krankheit oder psychische Störung als Einschnitt in die Entwicklung aufgefaßt, der die Chance eines gemeinsamen Rückblickes, einer aktuellen Situationseinschätzung und gegebenenfalls einer Änderung der Entwicklungsrichtung beinhaltet.
Das Mitarbeiterteam setzt sich aus Ärzten, Psychologen, Sozialpädagogen, Sozialarbeitern, Krankenpflegepersonal, Erziehern und einer psychologisch-technischen Assistentin zusammen.
Jeder Patient erhält folgende Angebote:

- medizinische Diagnostik und Behandlung
- testpsychologische Untersuchungen des Leistungs- und Persönlichkeitsbereichs
- Einzelgesprächs-, Verhaltens- oder Spieltherapie
- Gruppentherapie
- Familiengespräche
- Maßnahmen zur Förderung der sozialen Kompetenz in pädagogisch pflegerischer Einzel- und Gruppenarbeit; dazu gehören die Strukturierung des Tagesablaufes, Unterstützung bei der Körperhygiene, beim Waschen der eigenen Wäsche, die wöchentlich einmal stattfindende Kochgruppe mit vor- und nachbereitenden Maßnahmen, Unterstützung beim Umgang mit Taschengeldern
- pädagogische Freizeitangebote in Einzel- oder Gruppenarbeit mit Spiel- und Sportangeboten, Hausaufgabenbetreuung, Bastel- und Malgruppen, Kino- und Disco-Besuchen in Begleitung von Mitarbeitern, Ausflüge in den an das Klinikgelände angrenzenden Wildpark, in den Schulferien pädagogische Freizeitmaßnahmen
- die Möglichkeit des Schulbesuches innerhalb des Klinikgeländes.

Die Einzel-, Gruppen- und Familientherapieangebote sind je nach Art der psychischen Störung der Patienten tiefenpsychologisch fundiert, verhaltenstherapeutisch, systemisch oder psychoanalytisch interaktionell ausgerichtet und werden in der Regel von den psychologischen und ärztlichen Mitarbeitern durchgeführt.
Die Häufigkeit der Behandlungsangebote hängt von der Schwere der psychischen Störung des Kindes oder Jugendlichen ab, von der Bereitschaft aller Betroffenen zur Mitarbeit sowie von institutionellen Bedingungen (wie Personalausstattung, Bettenbelegung usw.). Im Akutstadium erhält jeder Betroffene zunächst tägliche

Gesprächsangebote, es sei denn, er ist noch nicht dazu in der Lage, dann werden Kurzkontakte angeboten. Im Lauf der Therapie nimmt die Frequenz der Gesprächstherapieangebote ab, bis auf einmal pro Woche vor anstehender Entlassung aus der Klinik.
Familiengespräche werden in der Regel einmal im Monat angeboten, es sei denn, die Familienarbeit steht absolut im Vordergrund.
Die seit 1963 bestehende Abteilung wurde vor allem im Sinne eines Ausbaus und der Intensivierung des psychotherapeutischen Angebotes der Abteilung verändert. Die früher unzulängliche personelle Ausstattung konnte auf einen den Patienten angemessenen Stand angehoben werden.
Die beiden Akutstationen mit je 12 Betten konnten ab 1988/89 in das eigens dafür umgebaute »Haus 12« umziehen. Dies war u. a. mit einer Verbesserung des Platzangebotes für Patienten und Mitarbeiter verbunden: Aus Drei- bis Vierbettzimmern wurden Zweibettzimmer, so daß eine Dreierbelegung die Ausnahme im Falle unausweichlicher Überbelegung ist. Der Garten ist direkt vom Wohnraum aus für die Patienten zugänglich. Eß- und Wohnzimmerbereich wurden räumlich getrennt, der Bedeutung des Tageslichtes für psychisch Kranke und deren Genesung wurde Rechnung getragen, indem die ehemals langen Flure mit Lichtschächten ausgestattet wurden. Die Arztzimmer wurden in die Station einbezogen. Das Behandlungskonzept wurde überwiegend gesprächspsychotherapeutisch ausgerichtet.
Schließlich wurde zusätzlich eine tagesklinische Behandlungseinheit mit acht Plätzen geschaffen, die das Behandlungsangebot der Abteilung wesentlich erweitert, die es erlaubt, Jugendlichen täglich bei Erhalt ihrer familiären Umgebung eine psychiatrische Behandlung bzw. Psychotherapie anzubieten.
Mit dem Umzug der beiden Akutstationen in das »Haus 12« konnten umfangreiche und kostenaufwendige Umbaumaßnahmen am »Haus 1« vorgenommen werden, die im vergangenen Jahr abgeschlossen wurden. Im September 1993 konnte die dritte Akutstation mit acht Behandlungsplätzen eröffnet werden.
Die Abteilung hat es sich zur Aufgabe gemacht, den Behandlungsschwerpunkt um ein stärkeres kinderpsychiatrisches Angebot zu erweitern. Dieses wird zur Zeit insbesondere auf der Station 1 zur Verfügung gestellt, wo überwiegend Kinder bis zum 14. Lebens-

jahr behandelt werden. Angesichts der sehr begrenzten Zahl der zur Verfügung stehenden Betten ist aus unserer Sicht jedoch ein flexibles Belegungskonzept, das sich am Behandlungsbedarf orientiert, weiterhin notwendig.
Das therapeutische Konzept, das bislang überwiegend gesprächstherapeutisch ausgerichtet war, ist inzwischen um ein kreativtherapeutisches Angebot erweitert worden. Es soll um nonverbale bzw. körperbezogene Bewegungs- und Musiktherapie erweitert werden, die spieltherapeutischen Rahmenbedingungen sollen verbessert werden.
Die Errichtung einer weiteren teilstationären Behandlungseinheit mit acht Plätzen, die außerhalb des Klinikgeländes angesiedelt werden soll, befindet sich seit langem in Planung. Damit werden weitere Möglichkeiten gegeben sein, verschiedenen Altersgruppen eine teilstationäre Behandlung anzubieten.
Eine Institutsambulanz, die eine vor- und nachstationäre Untersuchung wie auch Behandlung von Kindern ermöglichen würde, ist in Planung.
Zusammenfassend läßt sich feststellen, daß sich in dreißig Jahren stationärer Kinder- und Jugendpsychiatrie viel Positives getan hat hinsichtlich der personellen, aber auch materiellen Ausstattung. Trotzdem wird es immer wieder eines großen Engagements bedürfen, auch in Zeiten des finanziellen Mangels bisher Erreichtes für die Zukunft der Kinder und Jugendlichen sicherzustellen. Es bleibt zu hoffen, daß sich wie bisher genügend Menschen aus dem Bereich von Medizin, Verwaltung und Politik für die Belange der psychisch kranken Kinder und Jugendlichen einsetzen werden.

Durch PsychKG in die Klapse

Alex, 15

Am 27.3.1996 wurde ich per PsychKG* in die Kinder- und Jugendpsychiatrie Grafenberg eingeliefert. Ich hatte wieder einmal

* Gesetz über Hilfen und Schutzmaßnahmen bei psychischen Krankheiten. Es regelt die Unterbringung in einer Psychiatrie durch Gerichtsbeschluß bei Selbst- und Fremdgefährdung gegen den Willen des Betroffenen.

einen meiner Ausraster, wie schon so oft, nur diesmal noch viel schlimmer. Wenn ich jetzt darüber nachdenke, finde ich die Gründe... komisch? Idiotisch?

Es fing damit an, daß mein Vater mich wieder einmal auf die Schule ansprach, obwohl dieses Thema für mich schon längst geklärt war. Als ich ihm also sagte, daß ich darüber nicht reden wolle, sah er mich traurig an. Ich hasse es, wenn einer meiner Eltern mich so ansieht. Da mache ich mir immer Vorwürfe.

Weil ich diese vorwurfsvollen Blicke nicht aushalten konnte, ging ich nach oben in mein Zimmer. Mein Vater rief irgend etwas verzweifelt hinter mir her. Da wurde ich traurig und wütend auf mich selbst. Ich setzte mich an meinen Computer und warf ein paar Sachen in die Ecke. So langsam kam wieder dieser verdammte Black-Out-Zustand. Was danach genau passierte, weiß ich nicht mehr – ich weiß nur noch, daß ich meinen Vater mindestens eine Stunde lang nur beschimpft und ihm irgendwann Zahnpasta auf seinen Pullover gespritzt habe.

Da schlug er mich ein paarmal. Er schlug mich extra nicht ins Gesicht und nicht sehr fest. Es sollte wohl diesen »Aufweck-Effekt« haben. Hatte es aber nicht.

Jetzt ging der Black-Out erst richtig los! Ich ging in mein Zimmer und spannte alle Muskeln meines Körpers an und hoffte so, meine Aggressionen loszuwerden. Das reichte aber leider nicht, also schmiß ich meinen Schrank um. Scheiße, da war es passiert. Ich ärgerte mich auch noch darüber. Meine Wut steigerte sich ganz allmählich.

Ich riß den CD-Player aus meiner Anlage heraus, schlug ein Bild entzwei, zerstörte meine Gitarre, riß eine Seitenwand aus meinem Schrank heraus und schrie.

Ich hörte mir eine Kassette an. Doch die Musik machte mich noch aggressiver, und ich sprang auf meine Anlage, die auf dem Boden stand. Dann ging ich in den Keller und schaute fern (wir haben im Keller noch ein kleines Gästezimmer).

Irgendwann kam mein Vater in den Keller in Begleitung eines Herrn, den ich nicht kannte. Mein Vater stellte ihn mir als Notarzt vor. Ich sagte ihm, ich wolle seine Hilfe nicht und der könne sich »verpissen«. In dem Moment war mir auch scheißegal, ob mein Vater traurig war oder nicht.

Nach einer Dreiviertelstunde kam mein Vater wieder in den Keller und fragte, ob »es« nun ginge. Und da stand er wieder, dieser Arzt. Ich schrie ihn an, er solle sich auf der Stelle »verpissen« und er könne mich mal... Ich beruhigte mich langsam wieder, als etwas später mein Vater erneut in den Keller kam. Ich machte mich schon bereit, wieder den Arzt anzuschreien, als mein Vater sagte, sie würden mich jetzt in eine Klinik bringen. Wer waren »sie«? Ich sagte meinem Vater, daß ich nicht mitkommen würde, da sah ich die »anderen« in das Zimmer kommen. Zwei Personen in Lederjacken – Polizisten – und zwei Personen in komischen Klamotten – Krankenpfleger oder so etwas. Erst weigerte ich mich mitzugehen, bis man mir mit Handschellen und blauen Flecken drohte. Ich entschied mich dann doch dafür mitzugehen, und zwar ohne blaue Flecken zu bekommen.
So wurde ich also um 20.30 Uhr per PsychKG in die Kinder- und Jugendpsychiatrie eingewiesen. Doch meine Eltern stellten einen Antrag, daß es nur über das Vormundschaftsgericht (eine Stufe unter PsychKG) liefe. Es wurde genehmigt. Ich war froh darüber, weil das PsychKG in meine polizeiliche Führungsakte eingetragen worden wäre.
Inzwischen bin ich fünf Wochen hier in Grafenberg und stehe heute am 1.5.1996 zwei Wochen vor dem Ablauf der durchs Vormundschaftsgericht gestellten Frist. Vielleicht werde ich noch länger hierbleiben – *freiwillig*. Ich sehe ein, daß das hier gut für mich ist. Ich bin auch seit fünf Wochen nicht mehr ausgerastet (früher rastete ich fast jeden zweiten Tag aus). Ich finde, das ist ein guter Fortschritt.

Mein erster Tag in der Klapse

Mohamed, 14

Ich wurde in der Nacht vom 23. zum 24. März eingeliefert. Während mich mein Vater in die Klinik fuhr, malte ich mir aus, wie es in der Klinik sein würde. Ich stellte mir irgendeinen schwerbewachten Hochsicherheitstrakt mit Gittern vorm Fenster vor. Ich stellte mir vor, daß alles gekachelt wäre, kleine Einzelzimmer (oder besser gesagt Zellen) mit einem länglichen Betonklotz zum Schlafen, dazu ein verdrecktes Waschbecken und ein schmutziges Klo. Meine Phantasie ging plötzlich mit mir durch: jeden Abend Medikamente, zwei oder drei Mahlzeiten am Tag (morgens und abends Brot mit Wasser, mittags Kartoffelbrei).

Aber es war ganz anders. An der Tür zur Station X erwartete uns ein Arzt. Er führte uns in einen Raum, in dem wir über die Probleme redeten. Dann schrieb er meine persönlichen Daten auf. Die ganze Zeit war ein leger gekleideter Mann bei uns; die Nachtwache, wic sich herausstellte. Meine Eltern gingen. Ich hatte nur die nötigsten Sachen bei mir. Die Nachtwache verwies mich auf ein Bett, das im Flur stand. Die erste Nacht schlief ich dort.

Ich wachte auf. Komische Geräusche – wie Schritte oder Klirren – hallten durch den Flur. Ich zog mich um. Plötzlich stand dieser Mann vor mir. Er wollte mich zum Frühstück rufen. Ich folgte ihm durch die Küche zum Eßraum. Danach wurde ich in ein Zimmer eingewiesen. Kurz darauf ging ich in den Garten. Dort saßen zwei Mädchen und ein Junge. Sie fingen an mit mir zu reden, der Junge bot mir eine Zigarette an. Ich setzte mich zu ihnen und redete mit ihnen. Schon hatte ich hier ein paar Freunde.

So ging es dann fast den ganzen Tag lang. Nach dem Essen ging der Betreuer, der morgens Dienst hatte, zwei andere kamen. Am Abend lernte ich noch mehrere aus dem »Urlaub« zurückgekehrte Patienten kennen. Ich schlief mit einem netten Jungen auf einem Zimmer. Nachts konnte ich kaum einschlafen, weil mir so viele Gedanken durch den Kopf gingen. Ich wartete eigentlich nur auf den nächsten Tag.

Gedanken über die pädagogische Arbeit auf einer Station

Maritta Francis-vom Kothen

In zwei Monaten ist Jahrestag: Drei Jahre arbeite ich dann schon in der Abteilung KJP; genauer gesagt, auf einer der Akutstationen. Nicht selten werde ich gefragt, was ich »da« genau mache. Dann wird mir regelmäßig bewußt, wie schwer es ist, jemandem von »draußen« ein Bild von »drinnen« zu vermitteln. Ganz besonders Jugendliche, die Hilfe brauchen bzw. suchen, sowie deren Angehörige haben oftmals eine ganz andere Vorstellung, haben auch verständlicherweise Angst.

Auch mir war der Bereich bis vor drei Jahren relativ fremd; auch ich wußte nicht genau, was mich erwartete. Ich war voller Schwung und Ideen, hatte aber auch Angst. Viele neue Eindrücke mußten verarbeitet werden, und die Strukturen waren noch unklar.

Was ist meine Verantwortung als Pädagogin? Trotz psychischer Erkrankungen befinden sich die Jugendlichen in einem ständigen Entwicklungsprozeß. Welche Regeln müssen aufgestellt, welche Grenzen müssen gesetzt werden?

Grenzen setzen bedeutet Konsequenzen und auch Konflikte. Es kann ziemlich anstrengend sein, diese auszuhalten, aber es bietet den Jugendlichen Orientierung, Struktur und Sicherheit, die sie brauchen. Grenzen sind für Jugendliche wichtig, um sich an ihnen zu reiben; sie bergen aber auch das Risiko, überschritten zu werden. Gerade dann brauchen Jugendliche das Gefühl, angenommen zu sein. Mein pädagogischer Auftrag ist es, die Jugendlichen mit dieser Problematik zu konfrontieren bzw. ihnen dabei zu helfen, sich mit ihrem Handeln und den Konsequenzen auseinanderzusetzen.

Im Vordergrund meiner Arbeit steht das Bemühen, eine persönliche Beziehung zu den Jugendlichen herzustellen. Voraussetzung für einen ehrlichen Umgang ist das offene Miteinander. Bei Diskussionen und Gesprächen spüren die Jugendlichen viel von dem, was in uns vorgeht, sie werden nicht getäuscht, sie erleben Entscheidungsprozesse mit, die sie dann eher verstehen und nachvollziehen können. Wichtiger Bestandteil meiner Arbeit ist es, den Realitätsbezug für die Jugendlichen zu wahren. Während des stationären Aufenthalts können die Jugendlichen zwar eine Distanz zu ihren Problemen und ihrer Umwelt aufbauen, was auch erst einmal wichtig ist, aber der Bezug zur Realität ist unverzichtbar, da sie spätestens bei ihrer Entlassung mit ihr konfrontiert werden. Nur so können sie ihre Probleme bewältigen.

In der pädagogischen Arbeit auf der Station nimmt die Soziotherapie einen großen Raum ein. Sie läßt sich am einfachsten mit drei Begriffen beschreiben: Aktivität, Freiheit und Verantwortung. In allen Bereichen erfahren die Jugendlichen Anleitung, Förderung und Unterstützung im Rahmen von Einzel- und Gruppenarbeit (z. B. verschiedene Stationsgruppen, Umgang mit Ausgang etc.).

Für jeden Jugendlichen wird eine Bezugsperson (Bezugserzieher) benannt. Der Bezugserzieher ist besonderer Ansprechpartner für den Jugendlichen und pflegt einen intensiven Kontakt zu den Angehörigen. Er nimmt an Eltern- und Familiengesprächen/-therapien teil, stellt Kontakte zu Schulen, Jugendämtern, Heimen etc. her bzw. erhält diese aufrecht.

Wichtige Dinge werden nach Möglichkeit nicht von einem Mitarbeiter allein, sondern – sofern möglich – im Team entschieden. Es gibt natürlich immer wieder Situationen, in denen es einer direkten Entscheidung bedarf und in denen keine Absprache möglich ist. Dann sollte aber versucht werden, im Sinne des Teams zu entscheiden. Im Zweifelsfall besteht aber zu jeder Tages- und Nachtzeit die Möglichkeit, den Bereitschaftsarzt in den Entscheidungsprozeß mit einzubeziehen; auch in Notfällen ist dieser zu benachrichtigen und schnell vor Ort.

Das pädagogische Team setzt sich aus Krankenpflegepersonal, Erziehern, Sozialpädagogen und – nicht zuletzt – Zivildienstleistenden zusammen. Das Gesamtteam wird aus dem Stationsteam, der Chefärztin, dem Oberarzt und weiteren Therapeuten gebildet. Wir alle stehen im Rahmen von Visiten, Team- und Einzelgesprächen im ständigen Austausch miteinander. Die pädagogische Arbeit ist hierbei wichtiger Bestandteil, da durch den intensiven und direkten Kontakt zu den Jugendlichen Veränderungen, Auffälligkeiten und Verhaltensweisen wahrgenommen und weitergegeben werden.

Im Gegensatz zur Erwachsenenpsychiatrie bedarf es in der Kinder- und Jugendpsychiatrie der Differenzierung zwischen krank und erziehungsbedürftig, auffällig und verhaltensgestört. Genauso vielfältig wie die verschiedenen Auffälligkeiten und Störungen der Jugendlichen ist auch die Arbeit in diesem Bereich.
Jugendliche, die sich im Akutstadium befinden, bedürfen einer ganz besonderen Fürsorge, Behandlung und Aufsicht, wobei es wichtig ist, auch allen anderen gerecht zu werden. Das ist natürlich nicht immer einfach. Gerade in Zeiten mit einer größeren Anzahl von Akutpatienten bei vielleicht noch geringerer personeller Besetzung fühlen sich Jugendliche immer wieder zu wenig beachtet. Manche versuchen dann, Aufmerksamkeit durch aggressive Handlungen, beispielsweise in Form von Selbstverletzung oder Zerstörungswut, zu erhalten. Manchmal richten sich die Aggressionen auch gegen Mitarbeiter. In solchen Situationen ist es wichtig, die Ruhe zu bewahren und eventuelle Unsicherheiten zu verbergen. In den meisten Fällen können körperliche Übergriffe vermieden bzw. verhindert werden. Der Gedanke an eine mögliche körperliche Auseinandersetzung erzeugt bei mir zwar eine gewisse Angst, aber bei der Arbeit ist für solche Gefühle kein Platz, da sie jegliches Handeln lähmen würden. Solche Gefühle machen sich erst in meiner Freizeit bemerkbar. Dann spüre ich auch, wenn ich an meine Grenzen gerate bzw. meine Kräfte aufgezehrt sind. Manchmal, wenn ich mich freue, nach Hause zu fahren, einen freien Tag habe, oder einfach beim Einschlafen, überkommt mich eine Traurigkeit. Ich sehe dann Jugendliche, die durch aggressives Handeln nach Hilfe und Liebe schreien, Jugendliche, die unter ihrer Krankheit leiden, Jugendliche, die gequält und mißhandelt wurden, Jugendliche, deren Perspektive fraglich ist, Jugendliche, die kein Zuhause haben.
Vieles ist inzwischen zum Alltag und zur Routine geworden, aber an die Einzelschicksale werde ich mich nie gewöhnen. Und das ist auch gut so; denn so behalte ich meine Sensibilität für den Einzelnen, eine Bedingung für meine Arbeit in diesem Bereich.
Wenn ich deprimiert oder ratlos bin und vielleicht auch einmal das Problem habe, mich abzugrenzen, dann ist es wichtig, mir dies bewußt zu machen und dabei vom Team unterstützt und aufgefangen zu werden. Teamstabilität, aber auch ein intaktes privates

Umfeld und die Pflege der eigenen Psyche sind für die Arbeit in diesem Bereich entscheidend.
In zwei Monaten ist Jahrestag. Ich habe immer noch Schwung und Ideen, die Arbeit macht mir Spaß, und sie bedeutet mir sehr viel.

Es ist gar nicht so schlimm

Alan, 14

Klapse, Irrenanstalt, wie schrecklich! Daß ich selbst hier einmal landen würde, hätte ich mir nie träumen lassen.
Wenn die Leute nicht wissen, daß ich in der Psychiatrie bin, behandeln sie mich ganz normal. Wissen sie aber von meinem Psychiatrieaufenthalt, gehen sie nicht mehr ungezwungen mit mir um. In den Köpfen der Menschen schwirren viele Vorurteile herum. Von vielen der Jugendlichen, die hier in Behandlung sind, merkt man »draußen« gar nicht, daß sie ein Problem haben.
Als ich hier eingeliefert wurde, war alles fremd, kalt und ungemütlich auf der Station. Mir wurde zunächst alles gezeigt und erklärt. Auf den ersten Blick wird man an eine Jugendherberge oder ein Internat erinnert. Es gibt eine Küche, ein Eßzimmer, einen Tagesraum mit Fernseher, ein Badezimmer, zwei WCs und sechs nebeneinanderliegende Zimmer. Dann gibt es den Waschraum, hier stehen die Utensilien für den Säuberungsservice sowie eine Waschmaschine und ein Trockner, die von den Patienten benutzt werden können. Weiterhin gibt es das Medikamentenzimmer und den Teamraum. Im Medizinzimmer bekommen die Patienten ihre Medikamente. Wenn jetzt jemand denkt, hier werden die Patienten mit Medikamenten ruhiggestellt, kann ich diejenigen beruhigen. Die meisten von uns, wozu auch ich gehöre, bekommen keine Medikamente. Medikamente werden nur im Krankheitsfall vom Arzt verordnet. Auf der Station darf man keinerlei Drogen nehmen. Das wird bei Verdacht durch Urinproben getestet.
Im Teamzimmer finden Besprechungen mit Betreuern und Ärzten statt (Team). Jedem Patienten wird eine Bezugsperson zugeteilt, die mit einem spielt, redet oder irgend etwas unternimmt.

Die ersten Tage mußte ich auf dem Flur schlafen, damit die Betreuer mich beobachten und einschätzen konnten. Ich bekam einen »B-Bogen«. Diesen Beobachtungsbogen mußte ich am ersten Tag alle zehn Minuten unterschreiben lassen. Von Tag zu Tag vergrößerte sich der Zeitraum auf 15 Minuten, dann 30 Minuten und zuletzt auf eine Stunde, bis er schließlich nach vier Tagen abgeschafft wurde.

Danach kann man Ausgang beantragen, der sich auch verlängert. Maximal kann man zwei Stunden an einem Stück bekommen. Dann hat man vollen Ausgang (V. A.). Nach vier Tagen kam ich in ein Zimmer. Das teilt man sich fast immer mit einem zweiten Patienten. In Ausnahmefällen ist man auch zu dritt, aber das kommt selten vor. Die Station ist gemischt, das heißt Jungen und Mädchen sind auf einer Station. Aber die Regel besagt, daß Jungen nicht auf ein Mädchenzimmer dürfen und umgekehrt. Die ersten Tage sind etwas langweilig, weil man noch niemanden kennt, noch nicht zur Schule gehen muß und nichts zu tun hat. Doch später muß man zu den verschiedenen Therapien, Untersuchungen und natürlich zur Schule.

Es werden Tests gemacht, ob man körperlich gesund ist, außerdem wird ein Intelligenztest durchgeführt. Die Therapien sind Gespräche mit Therapeuten. Es gibt verschiedene Therapien, wie z. B. Einzel-, Familien- oder Gruppentherapie.

Der letzte Punkt wäre die Schule. Der Unterrichtsstoff ist der gleiche wie auf normalen Schulen auch. Es gibt jedoch keine Klassen, sondern Gruppen. In welche Gruppe man kommt, hängt davon ab, von welchem Schulzweig man kommt und wie gut man in der Schule ist. Ein großer Unterschied zu den normalen Schulen ist der lockere Umgang mit den Lehrern. Dort, auf der Geländeschule, werden einem die besten Chancen gegeben aufzuholen und den Anschluß zu finden. Außerdem findet man schnell Freunde, weil jeder ähnlich denkt und die Ansichten und die Lebenseinstellungen übereinstimmen.

Es gibt gute und schlechte Zeiten. Es ist gar nicht so schlimm auf der Station. Man kann nach Hause zu Besuch, man bekommt Besuch. Man hat gewisse Ämter zu erledigen, z. B. Küchendienst, Flurwischen etc. Es gibt überhaupt einen geregelten Wochenablauf. Mittwochs ist Kochgruppe, donnerstags die Zimmerkon-

trolle und Stationsversammlung. Dabei werden z. B. die Ämter neu verteilt und Punkte besprochen, z. B. welcher Film geschaut werden soll u. ä. In der übrigen Zeit nimmt man seine Therapietermine wahr.
Ich bin nun seit drei Monaten hier, weil ich Probleme mit meiner Familie und der Schule hatte. Jetzt läuft es schon besser. Aber nicht, weil auf der Station Wunder vollbracht werden, man muß schon selber mitarbeiten. Man bekommt jedoch Hilfe, Unterstützung und Halt. Denn wenn es an einem Wochenende zu Hause wieder Streß gibt, kann man mit seiner Trauer, Verzweiflung, Wut oder wie auch immer einem zumute ist auf die Station zurück.
In der Kinder- und Jugendpsychiatrie ist es zwar nicht horrormäßig, aber ich möchte doch lieber so bald wie möglich nach Hause.

Tagesklinische Behandlung in der KJP

Jutta Behrendt

Im Laufe der jugendlichen Reifung erlebt der / die Jugendliche verschiedene Phasen und entwicklungstypische Konflikte. Durch die bevorstehende Ablösung aus dem Elternhaus, die einsetzende Selbständigkeit und die Suche nach Orientierung gerät sie / er in ein Spannungsfeld, das alleine oft nicht zu bewältigen ist.

Die Tagesklinik bietet den Jugendlichen eine pädagogisch-therapeutische Unterstützung, damit sie ihre Schwierigkeiten individuell-schöpferisch meistern lernen. Dies beinhaltet bei dem Modell der Tagesklinik, daß der jungendliche Patient tagsüber in der Klinik ist, die Abende und Nächte im Elternhaus oder in einer Wohngruppe verbringt.

Unsere Tagesklinik umfaßt acht Behandlungsplätze für Jugendliche mit Psychosen, neurotischen Fehlentwicklungen, Leistungshemmungen, Depressionen, Kontaktstörungen, Angstsymptomatik, psychosomatischen Erkrankungen, Anorexie und psychogenen Anfällen. Jugendliche mit affektiven Psychosen können nach Behandlung des akuten Zustandes aufgenommen werden.

Nicht aufgenommen werden Jugendliche, bei denen eine geschlossene Unterbringung notwendig ist, sowie Jugendliche mit geistiger Behinderung, primärer Sucht oder Delinquenz. Der Weg in die Tagesklinik kann zwar über eine vollstationäre Behandlung auf einer Akutstation unserer Abteilung laufen, häufiger jedoch wird die Behandlungsfrage über Schule / Lehrer, niedergelassene Kinder- und Jugendpsychiater und / oder Eltern selbst gestellt. Wichtig ist dabei, daß jeder Jugendliche freiwillig zu uns kommt, das heißt, er muß sich vom ersten Kontakt mit unserer Institution die tägliche Wiederholung des Weggehens und Wiederannäherns vorstellen können.

Alle tagesklinischen Plätze sind gekoppelt an einen Schul- oder Praktikumsplatz. Zum Tagesablauf der teilstationären Behandlung ist zu sagen, daß die Jugendlichen morgens zur Schule gehen und anschließend zur Tagesklinik kommen. Nach dem gemeinsamen Mittagessen und einer sich anschließenden Pause werden Hausaufgaben gemacht. Anschließend finden Einzeltherapien statt, die je nach Bedarf bis zu viermal wöchentlich angeboten werden. Pädagogischer und therapeutischer Bereich sind getrennt und doch aufeinander bezogen. In täglichen Teams findet ein Erfahrungsaustausch statt, und es wird nach Möglichkeit zusammen mit dem Jugendlichen versucht, gemeinsam seine/ihre Handlungsmöglichkeiten zu erweitern und im Alltag umzusetzen. Zu unserem Team gehören ein Arzt, eine Psychologin, eine Kinderkrankenschwester, eine Erzieherin, eine Sozialpädagogin und ein Zivildienstleistender.

Im Normalfall bieten wir den Jugendlichen vier Gruppenaktivitäten pro Woche an. Dazu gehört eine Gesprächsgruppe, die mit einer Stationsversammlung zu vergleichen ist und durchaus einen sozialtherapeutischen Ansatz hat. Daneben werden beschäftigungstherapeutische Gruppen (Koch-, Sport-, Mal- und Werkgruppen) und kulturelle Veranstaltungen angeboten. Ebenso finden pädagogische Einzelbetreuungen, etwa bei der Suche nach einer Lehrstelle, statt; Bewerbungsverfahren werden durchgesprochen, um Unsicherheiten bei den Jugendlichen abzubauen. Unterstützung erhält der Jugendliche auch in seinem privaten Rahmen, in der Wohngruppe oder im Elternhaus. Hier werden u. a. auch regelmäßig Gespräche mit den jeweiligen Bezugspersonen angeboten, um beispielsweise Konflikte besser bewältigen zu können. Der Pädagoge hat hier vor allem eine beobachtende und unterstützende Funktion.

Das Leben in der Gruppe bietet den einzelnen Jugendlichen durch pädagogische Akzentsetzung in der jeweiligen Situation neue Erfahrungsmöglichkeiten. Hier haben die Mitarbeiter (Pädagogen) die Aufgabe, unterschiedliche Beziehungsformen anzubieten. Dazu gehört die Herstellung eines äußeren Rahmens: Das heißt, daß Gruppennormen im Austausch mit den Jugendlichen verhandelt und gegebenenfalls verändert werden. Nur so hat der soziale Ort der Tagesklinik für die Jugendlichen einen Aufforderungscharakter, ihre bisher defizienten Bewältigungsformen kreativ zu verändern. Das prinzipielle Herstellen von vertrauensvollen und zugewandten Umgangsformen untereinander ermöglicht Unterstützung der zum Teil schwer belasteten Jugendlichen.

Wegen Schulangst in der Tagesklinik

Stephan, 17

Als ich zum ersten Mal das Wort »Tagesklinik« hörte, dachte ich an ein Krankenhaus mit Ärzten und Schwestern in weißen Kitteln. Zum Glück war die Wirklichkeit anders: Es gibt zwar Ärzte und Betreuer, aber keiner arbeitet im weißen Kittel.

Ich bin mittlerweile schon zweieinhalb Jahre in der Tagesklinik; davor war ich vier Wochen auf der Station. Dort wurde meine Angst vor der Schule, die der Grund meiner Aufnahme war, nicht weniger, und wenn ich gerade nicht abgehauen bin, habe ich mich dort die meiste Zeit mit mir selbst beschäftigt.

Besser ging es mir erst, als ich von der Station in die Tagesklinik kam. Die erste Zeit war für mich aber auch da nicht einfach. Ich war den anderen Jugendlichen und den Betreuern gegenüber sehr verschlossen und fand keinen Anschluß. Auch fiel es mir schwer, mir helfen zu lassen und überhaupt zu erkennen, daß ich Hilfe brauchte. Lange Zeit war mir nicht einmal klar, daß ich überhaupt ein Problem hatte. Dies wurde mir erst bewußt, als ich ohne Angst in die Schule gehen konnte.

Inzwischen bin ich viel lockerer geworden, und die Angst vor der Schule, auch vor anderen Jugendlichen oder Betreuern, ist weg. Zwar gibt es immer noch Situationen, die mir unangenehm sind und Angst machen, aber ich habe gelernt, damit fertig zu werden und nicht immer gleich aufzugeben. Mein Vertrauen in die Betreuer ist ebenfalls gewachsen. Sie gehen mir allerdings manchmal schon auf die Nerven, und ich kann nicht alle ihre Entscheidungen nachvollziehen. Trotzdem komme ich gut mit ihnen klar.

So sieht übrigens ein typischer Tag in der Tagesklinik aus: Wenn wir – das sind ca. acht Jugendliche zwischen 12 und 18 Jahren – mittags aus der Schule kommen, decken zwei erst einmal den Tisch. Dann stürzen wir uns alle auf das nicht selten undefinierbare Essen. Undefinierbar deshalb, weil man eigentlich nie so ganz genau weiß, was man gerade ißt. Nach dem Essen wird alles wieder abgeräumt und in die Spülmaschine gestellt. Danach werden die Schulaufgaben gemacht – oder auch nicht. Jedenfalls ist jetzt Zeit dafür.

Die weitere Zeit bis 16.30 Uhr – das offizielle Ende des Tageskliniktages – wird mit diversen Therapien gefüllt: Einzel-, Gruppen-, Kreativ-, Lauf- oder Arbeitstherapie. Manchmal fahren wir auch (wenn wir gerade mal Zeit dafür haben) ins Kino oder in ein Museum. Wenn wir auch das überstanden haben, können wir endlich nach Hause gehen.

Drinnen und draußen – KJP kritisch gesehen

Katharina, 21

Heute bin ich 21 Jahre alt, studiere Jura und lebe mittlerweile recht ordentlich, mal mehr und mal weniger zufrieden vor mich hin. Meine Zeit in Grafenberg liegt jetzt ungefähr vier Jahre zurück, aber die Erinnerung ist noch immer sehr intensiv, und so wird dieser Beitrag auch eine Mischung aus objektiver Rückschau und emotionsgeladenen Eindrücken sein.

Mit 16 Jahren, Magersucht und 35 kg ging ich freiwillig in stationäre Behandlung. Nachdem ich mit meinen Eltern zu mehreren Ärzten und Psychotherapeuten gefahren war, die alle entweder eine ambulante Behandlung ablehnten oder deutlich machten, daß sie eine Therapie der Anorexia nervosa für aussichtslos hielten, konnte ich mich langsam an den Gedanken eines stationären Klinikaufenthaltes gewöhnen. Mir ging es damals sowohl seelisch als auch körperlich sehr schlecht. Ich ging zwar noch zur Schule, da ich aber grundsätzlich fror, mir bei längerem Gehen oder Stehen immer schwindelig wurde und mein Kreislauf eher gegen Null tendierte, war ich absolut nicht mehr aufnahmefähig. Zu Hause saß ich damals nur an der Heizung und tat nichts, außer ein wenig nachzudenken und schwarzen Kaffee zu trinken.

Beim Grübeln wurde mir plötzlich bewußt, daß ich etwas tun mußte. Leben oder sterben. Mir wurde klar, daß ich die ganze Zeit kein anderes Ziel verfolgte, als mich umzubringen – und gleichzeitig, daß ich durch Hungern dieses faszinierende Ende eines unglücklichen Lebens nicht erreichen würde.

Ich suchte irgendwo einen letzten Rest Mut und Hoffnung zusammen und beschloß, es noch einmal mit dem Leben zu probieren und mir eine Klinik zu suchen, die mich stationär behandeln würde. Ich bekam einen Termin in Grafenberg und wurde sogar noch am gleichen Tag aufgenommen. Was mich in meiner Naivität etwas erstaunte, war die Frage, in wie vielen Kliniken ich schon gewesen sei.

Es wäre übertrieben zu sagen, daß ich mich dort wohl gefühlt hätte. Aber erst einmal tat es gut, überhaupt nichts mehr tun zu müssen. Was mußte ich denn vorher zu Hause tun? Eigentlich nichts Besonderes, aber auch das war zuviel. Am meisten hatten mich immer die Ansprüche gequält, die ich selbst an mich gestellt hatte. Ich wollte glücklich sein, Erfolg haben, gut aussehen und ein junges, aufregendes Leben führen, einfach viel erleben und glücklich sein.

Aber ich konnte nicht. Meine Depressionen ließen meine Gedanken immer nur in Sinn- und Hoffnungslosigkeit enden. Auf der Station konnte ich so viele Ansprüche an mich stellen, wie ich wollte, ohne mir vorwerfen zu müssen, daß ich ihnen nicht gerecht wurde. Denn ich hätte nicht die Möglichkeit dazu gehabt, sie zu erfüllen.

In der ersten Zeit darf die Station nur in Begleitung verlassen werden, später kann der Ausgang sich zwar von zwei Minuten bis auf ein paar Stunden steigern, aber immer ist jeder Tag genau durchgeplant. Wirklich gut und abwechslungsreich war die Geländeschule, die wenigstens einen Teil des Vormittags etwas unterhaltsamer gestaltete. Später habe ich auch oft Wochenendurlaub bekommen. Das waren dann meistens die Tage, auf die ich mich sehr gefreut habe und die in Depressionen endeten, da mir erst wieder in der Alltagsgeschäftigkeit von Eltern, Bruder und Schwester auffiel, wie sehr ich vom »normalen« Leben isoliert war, und ich darüber hinaus auch nicht wußte, was ich mit meiner »Wochenendfreiheit« anfangen sollte.

Wie sehe ich rückblickend – mit dem nötigen Abstand – die Station?

Mit den Jugendlichen habe ich mich gut verstanden. Ich war nicht mehr allein mit meinen Problemen und mit meinem Unvermögen, mit dem Leben »draußen« fertig zu werden. Wir waren eigentlich alle aus unterschiedlichen Gründen dort, aber ich denke, jedem einzelnen wurde in gewissem Maße Verständnis und Rücksicht entgegengebracht. Natürlich gab es auch Zoff, aber man lebte ja

Tag und Nacht zusammen, wußte, mit wem man gut klarkam, wer leicht aggressiv wurde und wen man am besten ganz in Ruhe lassen sollte. Man arrangierte sich, und das klappte für diese außergewöhnliche Situation, in der man gezwungenermaßen mit anfangs fremden Menschen zusammenlebte, ganz gut.

Und die Mitarbeiter? Nicht alle, aber etliche dieser netten Menschen, auch Sozialpädagogen genannt, die Jahre ihres Lebens geopfert haben, um zu lernen, wie man mit psychisch kranken Jugendlichen »umzugehen« hat, sollten ihre Erdmitbewohner wohl doch besser hinter dem schützenden Schalter irgendeiner Behörde abfertigen. Welchen pädagogischen Sinn hat die Aufforderung einem schwer depressiven Mädchen gegenüber, »das Leben doch mal positiv zu sehen«? Wie sehr hat es mich getroffen und lange in meinen Schuldgefühlen meinen Eltern gegenüber bestärkt, als mir ein Mitarbeiter sagte, er hätte keine Kinder und würde auch nie welche bekommen, da die ja so »kaputt« werden könnten wie wir. Ebenfalls half mir das Bekenntnis eines Pädagogen sehr weiter, der anscheinend nicht anders konnte, als mir mitzuteilen, daß er Magersüchtige noch nie habe leiden können. Nach ein paar Monaten auf Station wollte ich nur noch weg.

Was mir der Aufenthalt in der Klinik gebracht hat? Also, zu meiner täglichen Therapiestunde bin ich eigentlich immer sehr gerne gegangen. Es war auf jeden Fall netter, mit Professor Reinhard im Wildpark spazierenzugehen, als im Tagesraum der Station rumzuhängen und den Sekundenzeiger der dort hängenden Uhr zu beobachten. Und wenn ich mal keine Lust hatte, die ganze Zeit zu reden, konnte ich auch schweigend spazierengehen.

Nein, das war jetzt vielleicht zu hart. Ich bin wirklich gern zur Therapie gegangen. Und ich habe auch gehofft, daß es mir mit meinen Problemen helfen würde. Vielleicht hat es das im Endeffekt auch. Aber wenn, dann ist es mir weder in Grafenberg noch in der ambulanten Therapie, die ich später, als ich schon wieder einige Zeit »draußen« war, angefangen habe, bewußt geworden.

Wie gesagt, ich hatte nach ein paar Monaten nur noch den Wunsch, aus der Klinik entlassen zu werden. Und es ist, wenn man das System, nach dem vor allem die Mitarbeiter einen Patienten beurteilen, begriffen hat, gar nicht so schwer, dieses Ziel in absehbarer Zeit zu erreichen.

»Die Entlassung eines Patienten ist abhängig von der Fähigkeit, sich anzupassen, nicht von der Heilung. Hier geht es nur darum zu funktionieren, dann hat man wenigstens nach außen hin keine Störung mehr.« Dieses Zitat von Julia aus dem Buch »Wenn die Seele überläuft« kann ich nur bestätigen.

Auf der Station lebt man in einer kleinen, künstlichen Welt. Diese Welt hat Regeln, die sind einfach da. Wofür sie gut sind, und vor allem, warum man sich an diese oft willkürlich erscheinenden Regeln halten soll, das kann einem niemand genau erklären. Es ist genauso wie in der großen Welt »draußen«. Nur mit einem kleinen, aber wesentlichen Unterschied: Wenn man sich auf der Station nicht an das erwartete Verhalten eines stabilisierten Kranken halten will oder kann, bleibt man »drin«, wenn man »draußen« nicht funktioniert, fliegt man irgendwo raus. Man muß also nur lernen, sich anzupassen und dem Bild zu entsprechen, das akzeptiert wird. Wenn man das geschafft hat, kann man sich wieder unauffällig in die Gesellschaft integrieren.

Nach meiner Entlassung war ich erst einmal sehr froh, wieder in Freiheit zu sein. Allerdings bekam ich zweieinhalb Jahre lang immer wieder Rückfälle, Depressionen und machte Suizidversuche.

Aber ich wußte, entweder hole ich mich aus meinem schwarzen Loch selber wieder heraus, oder ich kann mein Leben vergessen. Die Alternative eines zweiten Klinikaufenthaltes stand mir oft genug drohend bevor, und das wäre das letzte gewesen, was ich gewollt und worauf ich mich eingelassen hätte.

Die Schule im therapeutischen Konzept

Barbara Heubach

Ganz allgemein bedeutet die Schule für das Kind etwas Ähnliches wie für den Erwachsenen die Arbeit. Wir beschweren uns zwar häufig über die Arbeit, sind aber unglücklich, wenn wir von Arbeitslosigkeit betroffen werden. Auch das Klagen über anstrengende Arbeitstage und geistige oder körperliche Belastungen am Arbeitsplatz gehört zu unserem Alltag. Doch nicht jeder Arbeitstag ist davon geprägt.

In ähnlicher Weise können wir auch den Schulalltag der Kinder sehen und verstehen. Sie beschweren sich zwar über manche Fächer, über Klassenarbeiten und Hausaufgaben, ziehen aber doch generell aus der Schule Gewinn für ihr Leben. Hellhörig müssen wir werden, wenn die Schule das Kind nicht mehr losläßt oder das Kind die Schule nicht mehr loslassen kann. Wenn die Schule oder die Arbeit so lebensvereinnahmend werden, daß der Satz »Arbeit ist das halbe Leben« nicht mehr stimmt, dann müssen wir uns ernste Sorgen machen.

Aus den Leistungen, die wir am Arbeitsplatz oder in der Schule erbringen, ziehen wir für unser Selbstwertgefühl großen Nutzen. Denn ganz allgemein zeigen wir gerne, was wir gelernt haben und was wir können, und unsere Mitmenschen nutzen die Fähigkeiten, wie wir die ihren. Schon der kleine Mensch lernt lächeln, essen, sprechen, laufen, später Fahrrad fahren, Fußball spielen und vieles, vieles mehr. Aber der Mensch lernt, um zu können. Er lernt, um mit anderen etwas tun zu *können,* um in seinem sozialen Umfeld einen Platz zu erwerben und wertgeschätzt zu werden. Das gilt für Familie, Schule und Arbeitsplatz.

Wenn ein Kind jeden Tag die Erfahrung macht, daß all das, was es schon gelernt hat, viel zu wenig ist und nicht genügt, um die nächste Stufe zu erklimmen, wird sich das Gefühl von Versagen einstellen. Aus dem Meckern und Stöhnen über den Chef oder den Lehrer, über Arbeit und Schule wird seelische Not. Diese Not erleben sowohl Eltern wie Lehrer in den verschiedensten Formen. Kinder und Jugendliche arbeiten in der Schule und zu Hause nicht mehr mit, sie zeigen sich aggressiv, werden krank, bringen schlechte Leistungen, verlieren Kontakte zu Gleichaltrigen usw. Die Schule ist dann nicht mehr der Ort, an dem soziales Leben erfahren wird, sondern ein Ort, an dem ganz subjektiv Ausgrenzung und Ablehnung erlebt werden.

Eltern ertragen aus Liebe oft sehr viel bei ihren Kindern. Die Schule als Instanz ist gefühlsmäßig nicht gebunden und zeigt Auffälligkeiten klarer an. Bei dem Stellenwert, den »Schule« in unserer Gesellschaft hat, ist es verständlich, daß Eltern auf Alarmzeichen der Lehrer besonders sensibel reagieren und Hilfe suchen.

Die Schule für Kranke, speziell die Abteilung in der Psychosomatischen Tagesklinik für Kinder und Jugendliche am EVK (Evangelisches Krankenhaus) Düsseldorf, hat sich u. a. die Aufgabe gestellt, das Arbeitsverhalten und Leistungsvermögen des einzelnen Schülers ganz genau zu beobachten und zu beschreiben, d. h., eine schulische Diagnose zu erstellen. Da die Lerngruppen nur aus sechs bis zehn Schülern bestehen, kann der Lehrer Überforderung, Angst, aggressives Verhalten, Verweigerung u. ä. eher sehen, Konflikte früher erkennen und belastende Situationen leichter entschlüsseln und vermeiden helfen.

Die Beobachtungen werden in Teams von allen beteiligten Berufsgruppen der Klinik zusammengetragen, gewichtet und mit den Eltern und Jugendlichen besprochen. Ziele werden für jeden Schüler individuell (sowohl für Verhalten wie auch für den Leistungsfortschritt) formuliert und Wege dorthin abgesprochen. Die Kinder und Jugendlichen sollen gefordert und gefördert, aber nicht überfordert oder unter Leistungsdruck gesetzt werden. Sie können hier durch Krankheit entstandene Lücken im Lernstoff schließen und können lernen, Schule angstfrei zu erleben. Besonderer Wert wird im schulischen Leben darauf gelegt, soziale Kontakte zu Gleichaltrigen zu knüpfen und sie über längere Zeit durchzuhalten.

Die Dependancen der Schule für Kranke arbeiten eng mit den Eltern und den jeweiligen Lehrern der Stammschulen zusammen. Sie orientieren sich an den Lehrplänen der Stammschulen, beraten bei Schulwechsel die »neuen« Lehrer und bieten bei Fragen

oder Schwierigkeiten ihre Hilfe an. Denn die oft andersartigen und positiven Erfahrungen der Schüler sollen gestützt und weitergeführt werden, damit die monatelange Arbeit im »Schulschonraum« der Klinik auch im Schulalltag Bestand haben kann.
Je länger die Schüler in der Klinik bleiben, desto intensiver müssen sie auf die Normalität, die nach der Entlassung auf sie wartet, vorbereitet werden.

Das soll eine Schule sein?
Markus, 18

Das soll eine Schule sein? Dieser Gedanke kam mir, als ein Betreuer aus der Tagesklinik mit mir zum Vorstellungsgespräch in die Klinikschule ging. Schon von außen sah sie nicht nach Schule aus, und einen Schulhof gab es auch nicht.
Ich hatte ein flaues Gefühl im Bauch, denn immerhin hatte ich über ein halbes Jahr keine Schule mehr von innen gesehen. Eine Sozialpädagogin der Tagesklinik ging mit mir also in die »Geländeschule«. Bei diesem Vorstellungsgespräch war nicht, wie von mir erwartet, der Klassenlehrer anwesend, sondern es saßen vier Lehrer in dem sog. Gesprächsraum. Sie fragten mich, weshalb ich in der Tagesklinik sei, und ich erzählte ihnen von meinem Schwänzen. Aber auch ich fragte die Lehrer über die Schule aus, und sie erzählten mir alles, was ich wissen wollte. Ich fand das Gespräch überhaupt nicht schlimm und nahm mir vor, am nächsten Tag in die Schule zu gehen.
Als ich am nächsten Morgen in die Schule kam, dachte ich schon wieder: »Das soll eine Schule sein?« Noch nicht mal eine Schulklingel gab es, und die Schüler gingen von allein in die Klassenräume. Und dann die »Klasse«. Die war nicht viel größer als mein Zimmer zu Hause. In der Mitte stand ein großer Tisch, um den wir uns – sechs bis acht Schüler und ein Lehrer – herumsetzten. Ich fand es recht gemütlich, denn nach Schule sah der ganze Raum ganz und gar nicht aus. Der Unterricht lief auch anders ab als gewohnt. Es war nicht immer nur positiv, daß der Lehrer mit am Tisch saß. Das Abtauchen in der Stunde war unmöglich. Im Ge-

genteil. Ich kam jetzt viel öfter dran als in meiner alten Klasse mit 25 Schülern. Ich lernte einfach viel intensiver. Irgendwie hatte die Schule etwas Familiäres. Das lag vermutlich mit daran, daß man die Lehrer mit dem Vornamen anredete. Eine Besonderheit war auch das Lehrerzimmer. Es stand auch den Schülern offen, und in den Pausen waren oft mehr Schüler als Lehrer in dem Raum.
Zwei Dinge gab es, auf die sich alle freuten: Erstens, wenn man sich in der Pause im großen Aufenthaltsraum auf den Sofas oder Sesseln so richtig herumlümmeln und selbstgekochten Kaffee trinken konnte, und zweitens, wenn es freitags hieß: Schülerzeitung! Dabei machten alle mit, und jeder hatte seine Aufgaben: selbst schreiben oder Texte abtippen, Interviews vorbereiten, malen und so weiter. Es war natürlich mit sehr viel Arbeit und auch Streß verbunden, die Zeitung immer rechtzeitig fertigzubekommen. Trotzdem machte es riesigen Spaß.
In dieser Schule habe ich gelernt, wieder Spaß an der Schule zu haben. Ich finde, sie ist eine außergewöhnliche Schule, auch wenn sie auf den ersten Blick nicht wie eine »richtige« Schule wirkt.

Schule in der Klapse – eine richtige Schule?

Marie-Luise Knopp

In der »Klapse« gibt es eine Schule – das kann doch nur »Beschäftigung« sein! Wie kann man mit »Verrückten« Schule machen? Das sind nur einige Vorurteile der Menschen von »draußen«. Wenn sie dann noch hören, daß man in der Schule der Kinder- und Jugendpsychiatrie Abschlüsse machen kann, u. a. 10 B mit Qualifikation (vergleichbar mit einem Realschulabschluß, berechtigt zum Besuch der gymnasialen Oberstufe), werden sie neugierig und mißtrauisch.
Etwas ganz Besonderes ist es, daß es in unserer Klinikschule Schüler von fast allen Schultypen (angefangen von der Sonderschule bis hin zum Gymnasium) gibt, was die Arbeit für die Lehrer nicht unbedingt erleichtert. Zum Glück arbeiten hier Lehrer mit den verschiedenen Ausbildungen: z. B. Sonderschul-, Realschul- und Gymnasiallehrer. Wichtig für jeden Lehrer an unserer

Schule ist es, sich nicht davor zu scheuen, ein »Lehrer zum Anfassen« zu sein, d. h., daß man offen ist für Beziehungen, die den Schülern Halt, Schutz und Geborgenheit und auch Reibungsmöglichkeiten geben. Besser als in Markus' Bericht können die Vor- und Nachteile unserer Schule nicht beschrieben werden, auch wenn bei Markus die positiven Eindrücke überwiegen. So romantisch, familiär und gemütlich ist es leider nicht immer bei uns.
Es beginnt schon damit, daß sich die Kinder- und Jugendpsychiatrie, und somit auch unsere Schule, in dem großen Gelände der Erwachsenen-Psychiatrie befindet. Von den Düsseldorfern wird dieser Ort als Klapsmühle, Irrenanstalt, Klapse usw. abgestempelt, und für die Kinder und Jugendlichen ist es nicht leicht, den Freunden, Lehrern, Verwandten usw. zu erklären, wo sie sich gerade aufhalten. Es wird ihnen nicht leichtgemacht, zu ihren Krisen bzw. ihren psychischen Krankheiten zu stehen.
Die meisten Kinder oder Jugendlichen gehen sehr rücksichtsvoll und sensibel miteinander um und können sich gut auf die Probleme ihrer »Mitpatienten« einstellen. Trotzdem sehe ich gerade das als eine große Überforderung.
So ist es z. B. nicht leicht zu verstehen, warum ein Schüler (wegen extremer Unruhe) den Klassenraum während des Unterrichts verlassen darf, ein anderer (wegen der Nebenwirkungen einer vorübergehenden medikamentösen Behandlung) nicht schreiben kann und auch nicht schreiben muß, ein anderer wiederum, der wegen eines Zwanges sich nicht setzen kann, den ganzen Unterricht stehend und folglich nicht-schreibend verbringen darf. Auch mit ungesteuerten Aggressionsausbrüchen werden die Schüler sowie wir Lehrer des öfteren konfrontiert. Diese Ausbrüche haben die unterschiedlichsten Reaktionen der Kinder und Jugendlichen zur Folge, z. B. »rasten« sie ebenfalls aus, oder sie ziehen sich ängstlich in eine Ecke zurück, andere wiederum gehen freiwillig auf die Station, um sich vor sich selbst zu schützen, wieder andere geraten in Panik. Es gibt auch Jugendliche, die diese Aggressionsausbrüche genießen, weil sie für ihre eigene Unfähigkeit, »Dampf abzulassen«, ein Ventil darstellen.
Ebenso schwierig ist der Umgang mit psychotisch erkrankten Jugendlichen. Jugendliche, die völlig realitätsfremd, manisch oder schwer depressiv sein können, verlangen ein hohes Maß an Ver-

ständnis. Auch muß z. B. Rücksicht darauf genommen werden, daß eine Magersüchtige unbedingt um 10 Uhr ihre Milch trinken muß oder eine Bulimiepatientin nicht in die Cafeteria darf, um sich Süßigkeiten zu holen. Kindern und Jugendlichen mit extremen Schulängsten muß durch ständige Ermutigung und »Deutlichmachen« von Erfolgserlebnissen angstfreies Lernen und Freude an der Schule ermöglicht werden.

Schwierig und dramatisch ist es, wenn Jugendliche den relativ offenen Ort der Schule nutzen, um einen Selbstmordversuch zu starten. Akut Selbstmordgefährdete dürfen nicht in unsere Schule, allerdings ist es bei den latent selbstmordgefährdeten Jugendlichen schwierig, sie zu schützen. Es ist schon vorgekommen, daß eine Schülerin während der Schulzeit Tabletten geschluckt hat, eine andere einen Fenstersprung geplant und vorbereitet hat, der zum Glück verhindert werden konnte, oder daß ein Mädchen in der Pause ein flüssiges Reinigungsmittel getrunken hat. Durch die enge Zusammenarbeit mit den Stationen sowie der Tagesklinik und durch die räumliche Nähe konnte dies meist im Vorfeld abgefangen bzw. geklärt werden.

Diese verschiedenen psychischen Probleme bzw. Krankheiten, wie Suizidalität, Psychosen, Zwänge, Ängste, Phobien, Depressionen, Magersucht, Bulimie usw. treffen in den unterschiedlichsten Symptomen in unserer Schule aufeinander und müssen toleriert, akzeptiert und beobachtet werden. Das verlangt Geduld, Einfühlung und Toleranz von Schülern und Lehrern.

Unsere Schule wird fast ausschließlich von Kindern und Jugendlichen besucht, die in der Kinder- und Jugendpsychiatrie stationär oder teilstationär (in der Tagesklinik bzw. mit Tagesklinikstatus auf der Station) behandelt werden. In Ausnahmefällen können sie auch länger bleiben, z. B. wenn eine therapeutische Nachbetreuung erforderlich ist, wenn sie kurz vor dem Schulabschluß stehen, wenn ein Übergang in eine normale Regelschule noch gründlicher vorbereitet werden muß.

Als besonders angenehm und entlastend empfinden die meisten Schüler die entspannte, angstfreie, familiäre Atmosphäre. Dazu tragen nicht zuletzt die kleinen überschaubaren Gruppen (vier bis zehn Schüler) bei. So ist es auch für uns Lehrer einfacher, eine intensive Beziehung zu dem Kind oder Jugendlichen aufzubauen.

Diese Beziehungen können allerdings sehr abrupt bei Verstößen gegen Stationsregeln beendet werden. Auch dann, wenn Eltern ihre Kinder gegen ärztlichen Rat herausholen oder wenn volljährig gewordene Jugendliche sich gegen eine Behandlung entscheiden. Das bedeutet für Schüler und Lehrer, ständig neue Beziehungen herzustellen und Beziehungen zu beenden, schmerzliche Abschiede und sich neu auf Menschen und Probleme einzustellen.
Wichtig für jeden Jugendlichen unserer Schule sind auch die zweimal im Jahr stattfindenden Betriebspraktika, möglichst außerhalb des Geländes der Psychiatrie. Hier werden individuell für jeden Jugendlichen in Betrieben Plätze gesucht, die den Neigungen, Fähigkeiten und ihrer Belastbarkeit entsprechen. Diese Praktika dienen der Realitätserprobung, Stärkung des Selbstwertgefühls, und sie sind ein Schritt nach »draußen«.
Ein Höhepunkt und eine angenehme Unterbrechung einer Schulwoche ist das Projekt KLAPSE am Freitag. Ab 10 Uhr heißt es: Schreiben für die Zeitung und die Bücher. Diese Aktionen dienen vor allem dazu, Vorurteile der Psychiatrie gegenüber abzubauen, die Öffentlichkeit aufzuklären und sie für psychische Probleme zu sensibilisieren. Außerdem hat das Schreiben auch einen therapeutischen Effekt.

Was ich Euch noch sagen wollte

Saskia Berden

Ich weiß noch, wie ich das erste Mal zu Euch gekommen bin. Ich wollte mir meine neue Praktikumsstelle angucken und Euer neues Buch kaufen. Mir war ganz schön mulmig zumute, als ich das Klinikgelände betrat. Je näher ich der Schule kam (nach längerem Suchen), desto unsicherer wurde ich. Was hatte ich zu erwarten? Würde ich eine Horde Verrückter antreffen? Mir gingen alle Klischees, die es bezüglich der Psychiatrie gibt, durch den Kopf, und ich erwartete das Schlimmste.
Was ich dann antraf, als ich Eure Schule betrat, hatte absolut nichts mit dem zu tun, was ich mir vorher ausgemalt hatte. Im

Gegenteil, ich stellte nichts Ungewöhnliches fest, außer, daß es durch die kleinen Klassenräume und den Aufenthaltsraum eine eher gemütliche Atmosphäre gab. Auch konnte ich bei Euch Schülern nichts Ungewöhnliches erkennen. Es war gerade Pause und – wie immer – standen einige von Euch vor der Schule, andere waren im Aufenthaltsraum und lümmelten sich auf den Sofas.
Nachdem ich Euer Buch erstanden hatte und bei der Gelegenheit auch Eure Zeitung kennenlernte (und natürlich auch gleich mitnahm), habe ich mich dann erleichtert wieder auf den Heimweg gemacht.
Nach diesem ersten Besuch und den überraschend positiven Eindrücken bin ich – zwar noch etwas unsicher – nach den Weihnachtsferien zu Euch gekommen. Eigentlich wollte ich nur vier Wochen bei Euch bleiben, aber es wurden dann spannende und von vielen neuen Erfahrungen geprägte zweieinhalb Monate daraus. Es ist gar nicht so einfach, alles das, was ich an neuen Eindrücken gewonnen habe, und das, was ich aus dieser Zeit mitgenommen habe, in Worte zu fassen.
Je länger ich bei Euch war und je besser ich Euch kennenlernte, desto klarer wurde mir, daß Ihr im Grunde ganz »normale« Jugendliche seid, jeder mit seiner eigenen Geschichte und Persönlichkeit. Was Euch jedoch von vielen anderen Jugendlichen unterscheidet, ist, daß Ihr Euch entschieden habt, Euch helfen zu lassen.
Es hat Spaß gemacht bei Euch!

Therapie – Herumwühlen in der Vergangenheit?

Therapie – eine Welle trägt mich

Rebekka, 16

Wenn ich nach rechts und links schaue, umgibt mich das dunkle, schwere Blau eines Wassers. Der Rhythmus des Wassers ist leicht. Ich habe mich an ihn gewöhnt. Ein Kran hatte mich vom Meeresgrund emporgezogen, er ist schon lange aus meinem Blickfeld verschwunden. Endlich paddle ich alleine, bekomme aber immer noch viel Wasser in den Mund. Doch langsam werden meine Schwimmbewegungen gleichmäßiger, ich höre auf zu zappeln. Hinter mir ist nur Meer, Wasser, Meer.
Der Wellengang wird unruhiger: Land in Sicht! Ich spüre schon in meinem Körper die Welle, die mich an Land schmettern wird. Ein Schauer überkommt mich. Alle Kraft, die ich brauche, um mich nicht in die Tiefe reißen zu lassen, den Stoß auszuhalten, den Kopf über Wasser zu halten, nehme ich zusammen. Ich fühle den Muskelkater in den Beinen, wenn ich wieder auf dem festen Land sein werde. Wie wird sich der Boden anfühlen? Wie der alte, von dem ich in die Tiefe gesprungen bin?
Noch spüre ich den Schwimmring um meinen Bauch und die Welle, auf der ich geruht habe. Auf dem Land kann man springen, laufen und liegen. Man kann den Sternenhimmel genießen mit anderen, ohne andere. Man muß boxen, schreien und stehen. Ob ich das alles wieder kann? Doch meine Bedenken weichen der Vorfreude auf etwas Neues oder Altes. Manchmal geht meine Phantasie vor Freude mit mir durch. Dann wird die Realität zu phantastisch, und mein Verstand sagt: Es wird nicht alles vorbei sein. Doch ich möchte zurückschauen können, das weiche plätschernde Wasser hören, die Farbspiele des Sonnenuntergangs und die Dunkelheit sehen und wissen, daß es wieder hell und bunt wird.

Herumwühlen in der Vergangenheit?

Jochen, 21

Bevor eine Therapie überhaupt begonnen werden kann, ist erst einmal der wichtigste und wohl auch schwierigste Schritt, einzu-

sehen, daß man Probleme hat, mit denen man alleine nicht mehr klarkommt. Eine Therapie kann nur dann Erfolg haben, wenn man gewillt ist, seine Probleme wirklich zu lösen.
Dann versuchen die Therapeuten herauszufinden, welche Ursachen die Probleme bzw. die Symptome haben. Dazu wird viel in der Vergangenheit herumgewühlt, wobei die »vergessenen« (verdrängten) Ereignisse besonders wichtig sind. Auch die aktuellen Probleme im Alltag werden besprochen. Dabei bemerkt man, daß man viele Dinge als völlig normal hinnimmt oder auf eine bestimmte Art interpretiert, so daß sie nicht zu sehr belasten. Der Therapeut zeigt einem dann, welche anderen Möglichkeiten es gibt, mit Problemen umzugehen, und daß es noch ganz andere Interpretationsmöglichkeiten gibt. Besonders wichtig ist es, daß man sich über »Automatismen« klar wird, die im Prinzip jeder Mensch hat. Im Laufe der Jahre und durch die Erziehung hat jeder gelernt, Ereignisse auf eine bestimmte Art zu interpretieren und dementsprechend damit umzugehen. Dies läuft automatisch ab, was bedeutet, daß man diese Dinge selber meist nicht bemerkt und somit darüber auch nicht nachdenkt. Im Laufe der Therapie lernt man, auf diese Automatismen zu achten und andere Reaktionsmöglichkeiten zu üben.
Bei manchen Patienten sind Medikamente nötig, um die Voraussetzungen für eine Therapie zu schaffen. Sie sind auch dann erforderlich, wenn eine organische Erkrankung psychische Probleme mit verursacht. Die Therapie selber ist aber der wichtigste Bestandteil des Aufenthaltes in einer Klinik, und Medikamente sind meist nur anfangs notwendig.
In der Psychosomatischen Abteilung (für Erwachsene) gibt es drei therapeutische Grundformen: die reine Gesprächstherapie, die »aktive« Therapie und die Therapie im Alltag. Die wichtigste Therapie ist die Einzel-Gesprächstherapie. Dort sitzt man einem Therapeuten gegenüber und erzählt von seinen Problemen. Auf eine Couch legen muß man sich nicht. Bei der Gesprächstherapie in der Gruppe sitzt man mit fünf bis acht Leuten und einem Therapeuten in einem Raum im Kreis. Dort kann man Erfahrungen austauschen oder auch über Probleme im Zusammenleben mit den anderen Patienten reden. Häufig haben die Leute, die ähnliche Probleme haben wie man selbst, ganz neue Ideen und Lösungs-

vorschläge. Der Therapeut sorgt dafür, daß Streitgespräche nicht eskalieren, die Patienten nicht überfordert werden, und er bringt mit seinem Fachwissen die Probleme auf den Punkt. In der Sozialtherapie reden alle Patienten mit einem Sozialarbeiter über Probleme in der Außenwelt. Auch die Arbeits- und Wohnungssuche wird dort besprochen.

Da Psychotherapie immer noch nicht gesellschaftsfähig ist, stellt sich vielen Patienten die Frage, ob und wieviel man von dem Aufenthalt in der Klinik der Familie, den Freunden an der Arbeitsstelle oder in der Schule erzählen soll.

Ergo-, Gestaltungs-, Musiktherapie sind Therapieformen, in denen man aus dem Unbewußten Dinge formt, die dann interpretiert werden können. Im Gegensatz zu den anderen Therapien, bei denen Gedanken in Sätze geformt werden, kommt es bei diesen Aktivitäten darauf an, »aus dem Bauch heraus zu arbeiten«, Gefühlen freien Lauf zu lassen, Blockaden zu lösen usw. Es wird mit Ton, Stoffen, Pinsel oder Musikinstrumenten gearbeitet, ohne daß es wichtig ist, ob man das vorher schon einmal gemacht hat. Es kommt nicht darauf an, ob das Ergebnis gut ist, wichtig sind nur die Emotionen.

Es gibt auch einige praktische Dinge, wie Tischdecken, Kochen, Kuchenbacken, Geschirrspülen, Außenaktivitäten usw., die dem Training des Sozialverhaltens und des Alltagslebens dienen.

Oft ist es nach der Entlassung noch erforderlich, eine ambulante Therapie in der Klinik oder bei einem niedergelassenen Arzt zu machen.

Einzeltherapie in der Kinder- und Jugendpsychiatrie

Gudrun Ott

»Was ist ›Therapie‹?« Dies ist die Frage, die mir am häufigsten von Kindern und Jugendlichen am Anfang einer Behandlung gestellt wird. Mit Erstaunen nehmen sie dann zur Kenntnis, daß sie regelmäßig Einzelbehandlungstermine haben, die sie ihren Bedürfnissen entsprechend gestalten dürfen. »Alte Hasen« wissen schon von den anderen Jugendlichen oder Kindern auf der Station: Da kannst du Probleme besprechen...

Damit ist aber oft bereits das erste ›Problem‹ vorprogrammiert: Ich habe doch gar keine Probleme...!

Wieder andere sind so belastet, daß sie mit einem Aufatmen die Möglichkeit beim Schopfe ergreifen, endlich einmal etwas mitteilen zu können. Da ihnen Alltagsstreß, fehlende Zeit, mangelndes Verständnis in ihrer Umgebung nur zu geläufig sind, nutzen sie die Gelegenheit, endlich Gehör zu finden.

Einzeltherapie ist nur ein Teil eines umfassenden Behandlungsangebotes, das sich u. a. aus Psychotherapie mit Einzel-, Familien- und Gruppentherapie, medikamentösen, physiotherapeutischen sowie soziotherapeutischen Maßnahmen zusammensetzt. Sie steht dann im Vordergrund der Behandlung, wenn es darum geht, dem seelisch kranken oder reifungsverzögerten Kind oder Jugendlichen Möglichkeiten anzubieten, im geschützten Rahmen einer Zweierbeziehung bisherige Bewältigungsmuster von Problemen zu erkennen, neue zu erarbeiten und alte (negative) Beziehungserfahrungen durch neue (positive) zu ersetzen.

Je nach Schwere der Erkrankung oder Art der Probleme wird die Einzeltherapie vorrangig und häufig (z. B. fünfmal pro Woche) oder zusätzlich und seltener (z. B. einmal pro Woche) angeboten. Liegt das Problem des Kindes überwiegend im familiären Beziehungssystem begründet, werden eher gehäuft Familiengespräche angeboten, die von Gruppentherapieangeboten ergänzt werden. Jugendliche sind oft schon gut in der Lage, gesprächstherapeutische Angebote in Anspruch zu nehmen. Sie können mit Hilfe ihrer Therapeuten aktuell bestehende Konflikte bearbeiten, neue Verhaltensmöglichkeiten trainieren, aber auch im Rahmen längerfristiger Therapien unter Einbeziehung ihrer Lebensgeschichte bisher unbewußte Konflikte erlebbar und damit in deren Auswirkungen für sich beeinflußbar machen.

Am Anfang jeder Therapie steht das Finden einer gemeinsamen Zielsetzung. Diese ist von den persönlichen Nöten und Bedürfnissen, seelischen Möglichkeiten des Kindes oder Jugendlichen, aber auch von denen seiner Familie abhängig, von den Untersuchungsergebnissen, vom verfügbaren zeitlichen Rahmen usw. Kurzzeitbehandlungen (Tage bis wenige Wochen) erlauben es, gezielt einige Probleme in Angriff zu nehmen, während langfristige Behandlungen (bis zu zwei Jahren) ein persönlichkeitszentriertes Arbeiten mit dem Ziel der Nachreifung der Persönlichkeit erlauben.

Den elementaren Bedürfnissen von Kindern und Jugendlichen angepaßt, gibt es in der Therapie »Spielräume«. Diese betreffen sowohl die Behandlungsmethode (Gesprächstherapie, Spieltherapie usw.) als auch das Behandlungssetting, also Ort (Zimmer, Garten, Spaziergang), Dauer (in Abhängigkeit von der Belastbarkeit) und Gestaltung der Atmosphäre des Behandlungsraumes.

Hier ein Beispiel aus der klinischen Praxis:

Ein 12jähriges Kind wird von den Eltern in die Klinik gebracht wegen »Schulschwierigkeiten«. Die Elterngespräche und die Untersuchungen des Kindes ergeben, daß letzteres seit Jahren massiver familiärer Belastung mit drohendem Verlust eines Elternteiles ausgesetzt ist. Das Kind kann trotz hoher Intelligenz seine Probleme zunächst nicht sprachlich ausdrücken, bietet eine kindliche Depression mit Schulunlust und -versagen. Es ist schüchtern-zurückgezogen, außerordentlich wortkarg. Nach längerem gemeinsamen Suchen gelingt es doch noch, das Kind zum Spielen zu motivieren.

Die Aufgabe der Therapeutin besteht zunächst darin, das Kind dabei geduldig zu begleiten, zuverlässig dazusein, das Kind zu ermuntern, spürbar gefühlsmäßig auf Erfolge und Mißerfolge des Kindes beim Spiel zu reagieren, das seinerseits gefühlsmäßig scheinbar wenig beteiligt ist. Im Laufe vieler Monate kann sich das Kind zu den belastenden Umständen äußern, nachdem es einerseits in der Einzeltherapie Zutrauen gefaßt hat, andererseits im Rahmen der pädagogischen Arbeit auf der Station und in der Klinikschule Erfolge erlebt und nach zahlreichen Anstrengungen die Arbeit mit der Familie möglich wurde.

Familientherapie bringt Unruhe und Bewegung

Gabriele Rulcovius

Die Familientherapie versteht sich als ein noch relativ neuer Ansatz in der Psychotherapie bzw. als eine neue und andere Orientierung, mit menschlichen Problemen umzugehen.

Im Unterschied zu anderen Therapieverfahren nimmt die Familientherapie die Behandlung von Störungen, die bei einem einzelnen auftreten, aus einem anderen Blickwinkel auf: Körperliche, psychische und soziale Auffälligkeiten treten innerhalb des Netzes der jeweiligen familiären Beziehungen auf und werden dort häufig zuerst sichtbar und spürbar; die Familientherapie verlegt deshalb die Behandlung in die reale familiäre Situation. Familientherapie ist Therapie in und mit der Familie.

Wenn ein Kind oder ein Jugendlicher zu uns zur Behandlung kommt, sehe ich als Familientherapeutin dies zunächst als Hinweis darauf, daß die jeweilige Familie als Ganzes leidet, Hilfe oder Unterstützung von außen sucht und daß in der Familie eine Krise eingetreten ist, die zunächst nur dadurch zu bewältigen zu sein scheint, daß ein Familienmitglied zeitweise aus der Familie herausgenommen wird.

Familientherapeuten betrachten und bezeichnen vor diesem Hintergrund den (jugendlichen) Patienten, der zur Behandlung kommt, auch als »Symptomträger« oder »Indexpatienten«, d. h. als das Familienmitglied, bei dem sich das Leiden der Familie als Ganzes am deutlichsten zeigt; die Familie insgesamt (manchmal auch das Heim oder die Wohngruppe) stellt aus familientherapeutischer Sicht eine ganzheitliche Einheit, ein »System« dar.

Ähnlich wie ein einzelner Mensch sich in seiner Ganzheit krank, beeinträchtigt oder in seiner Bewegungsfähigkeit eingeschränkt fühlt, wenn er sich z. B. einen Arm oder ein Bein gebrochen hat, machen auch Familien in ihrer Ganzheit die Erfahrung, daß etwas innerhalb ihres Systems nicht in Ordnung ist, wenn eines ihrer Mitglieder krank, schwach oder belastet ist oder sich gestört fühlt.

Und so wie man nicht das gebrochene Bein einfach in einer Klinik abgeben und abwarten kann, bis es wieder geheilt ist, betrachtet die Familientherapie das Leiden (die Krankheit, Auffälligkeit oder Störung) nicht nur als das Leiden eines einzelnen Familienmitglieds, sondern als Leiden des »Systems Familie« in seiner Ganzheit.
Für die Therapie ist deshalb auch jedes Familienmitglied wichtig und seine Mitarbeit unentbehrlich, und auch umgekehrt kann die Therapie für die Familie insgesamt und jeden einzelnen hilfreich und wichtig sein.
Was unter dem Begriff »System Familie« zu verstehen ist und was Familientherapie leistet, läßt sich gut am Bild eines Mobiles veranschaulichen: Gerät ein Teil des Mobiles in Bewegung, bewegen sich auch die anderen Teile, d. h. es verändert sich dann nicht nur etwas an der Position jedes einzelnen Teiles des Mobiles, sondern auch das Mobile als Ganzes gerät in Unruhe und Bewegung.
Familientherapie setzt genau dort an. Sie begleitet die Familie auf einem Weg, ähnlich dem, den ein Mobile und seine Teile zurücklegen, angefangen von den Auslösern, die zu Bewegung und Unruhe im System geführt haben, über die Bewegungen und Ausbalancierungen, die stattfinden, bis schließlich der Zustand eintritt, bei dem wieder eine ausgeglichene und harmonische Ruhestellung erreicht ist, in der alle Familienmitglieder ihre Aufgaben, Rollen und ihre Bedeutung für die anderen Familienmitglieder kennen und sich wieder wohl fühlen können.
In der praktischen therapeutischen Arbeit mit den Familien der bei uns stationär oder tagesklinisch untergebrachten Kinder und Jugendlichen sind von daher die Anliegen, Aufgaben, Wünsche und Ziele jedes einzelnen Familienmitgliedes ebenso wichtig wie die der Familie insgesamt oder der einzelnen »Unter-Systeme« (Geschwister, Eltern, Mutter/Tochter, Vater/Sohn usw.).
Die Methoden, die in der familientherapeutischen Arbeit zur Anwendung gelangen, beschränken sich nicht nur auf sprachliche Mittel. Rollenspiele, Familienskulpturen, Wechsel in der Sitzordnung und andere spielerische und aktionsorientierte Methoden werden ebenfalls eingesetzt.
Im Verlauf der Therapie wird es den Familienmitgliedern zunehmend ermöglicht, sich den anderen klar, offen und genau mitzu-

teilen und zu neuen oder anderen Formen des Miteinanders und des sinnvollen Umgangs untereinander zu gelangen. Meine Aufgabe als Familientherapeutin besteht darin, Familien in diesem Prozeß so zu unterstützen, daß jedes Familienmitglied seine Möglichkeiten und Stärken maximal ausschöpfen kann und die Familie als soziale Gruppe die Bedürfnisse aller ihrer Mitglieder schließlich wieder selbständig befriedigen kann, denn nur befriedigende Beziehungen ermöglichen persönliches Wachstum (oder Gesundung) für jeden einzelnen.

Das nächste Familiengespräch kommt bestimmt

Heiko, 15

Vor meiner ersten Familientherapie war ich sehr nervös, weil ich keine Ahnung hatte, was mich erwartete. Jedenfalls sollte die Familientherapie um vier Uhr nachmittags beginnen. Meine Mutter kam aber schon eine halbe Stunde früher. Anstatt die Zeit zu nutzen, um miteinander zu reden, stritten wir nur, wie so oft. An dem Familiengespräch nahmen meine Mutter, die Familientherapeutin Frau Rulcovius, der Arzt, mein Bezugserzieher und ich teil. Mein Herz klopfte immer stärker, denn ich hatte Angst. Vor allem hatte ich Angst davor, daß ich wieder meine Wutanfälle bekommen könnte. Mir wurde gesagt, daß diese Therapie dazu dienen soll, mir und meiner Mutter zu helfen, die Probleme, die wir miteinander haben, herauszufinden. Wir saßen alle in einem Kreis im Therapiepavillon. Es wurde gar nicht über unsere gemeinsamen Probleme geredet, sondern nur über mich. Das ging mir ziemlich auf den Keks. Ich saß ganz abgespannt da und dachte nur immer, hoffentlich ist diese Therapiestunde endlich zu Ende. Ich konnte und wollte mir diese Diskussion über mich nicht länger mit anhören. Schließlich sagte ich, daß ich aus dem Raum herauswolle. Nach etwa fünf Minuten, die mir wie eine halbe Stunde vorkamen, ließen sie mich dann gehen. Ich war völlig fertig und legte mich auf mein Bett. Ganz ruhig wartete ich auf das Ende. Für mich war diese Familientherapie noch schlimmer als ein Oberarztteam. Eine halbe Stunde später kamen sie endlich wieder auf die Station.

Mein Bezugserzieher sprach dann mit mir und beruhigte mich etwas. Mit meiner Mutter wurde ein neuer Termin ausgemacht. Ich wußte nicht, wie ich mich jetzt verhalten sollte. Ich lief aufgeregt herum. Nur ganz langsam konnte ich mich beruhigen. Aber das war ja nicht das letzte Familiengespräch, das nächste kam bestimmt. Erstaunlicherweise fühlte ich mich in dem nächsten Familiengespräch schon viel sicherer. Ich war nicht mehr so angespannt und verunsichert. Danach verstand ich mich sogar mit meiner Mutter ganz gut – für eine Weile…

Kreative Therapie – eine Möglichkeit der Auseinandersetzung mit sich selbst

Gaby Lucassen

Das in den Niederlanden entwickelte Konzept der Kreativen Therapie umfaßt die einzelnen Zweige der Drama-, Kunst-, Musik- und Tanztherapie. Der hier vorliegende Artikel bezieht sich auf die Kunsttherapie und meine entsprechenden Erfahrungen in der Kinder- und Jugendpsychiatrie der Rheinischen Landesklinik Düsseldorf.

Die Kinder und Jugendlichen, denen ich in meiner kunsttherapeutischen Arbeit begegne, blicken oftmals schon auf einen Lebensweg zurück, der die persönliche Entwicklung auf die vielfältigste und tiefgehendste Weise beeinflußt hat. Der Zeitpunkt der Aufnahme ist der einer krisenhaften Zuspitzung dieser Entwicklung.

Hier liegt der erste Ansatzpunkt für meine Arbeit – in der Krisenintervention; das heißt, in den ersten Wochen gleich nach der Aufnahme wird die Kreative Therapie angeboten, um dem Kind oder Jugendlichen über dieses Medium in seiner aktuellen emotionalen und psychischen Verfassung begegnen zu können. Ziel der Kreativen Therapie ist es hier zunächst, den Jugendlichen über das individuell ausgerichtete Experimentieren mit Gestaltungsmaterial in Kontakt mit sich selbst kommen zu lassen. Der nächste Schritt ist das vorsichtige Heranführen an die eigene Haltung im Kontakt zur Außenwelt.

Die erste Reaktion der Kinder und Jugendlichen auf dieses Angebot der Kunsttherapie ist zumeist positiv. Sie sind erleichtert darüber, daß sie einen deutlichen, überschaubaren Raum wahrnehmen können; einen Ort, der Orientierung bietet, der angstmindernd wirkt und der Raum für das »Eigene« zuläßt. Der Aspekt des persönlichen Freiraumes ruft oftmals beinahe ungläubige Reaktionen hervor oder stellt eine Überforderungssituation dar. Weitere wesentliche Aspekte der kreativtherapeutischen Krisenintervention sind die Ventilfunktion und die Möglichkeit zu ersten Ansätzen der Verarbeitung von traumatischen Lebenserfahrungen. Die non-verbale (das gesprochene Wort ist nicht die Basis) Auseinandersetzung ist hier von besonderer Bedeutung.

Die sich in der Krisenintervention abzeichnenden diagnostischen Erkenntnisse fließen in die Bildung einer Arbeitshypothese des Gesamtteams mit ein und tragen zur Formulierung von möglichen Behandlungsangeboten oder anderweitigen Empfehlungen bei.

In der weiterführenden kreativtherapeutischen Arbeit, d. h. bei längerfristigen psychotherapeutischen Angeboten an den Jugendlichen, besteht die Möglichkeit zur Einzelarbeit. Die Ansatzpunkte bei Kindern und Jugendlichen sind altersentsprechend unterschiedlich.

In der Arbeit mit Kindern werden Prinzipien der non-direktiven (der Therapeut gibt keine Richtung an, sondern er begleitet) Spieltherapie mit bildnerischen Mitteln umgesetzt. Ausgehend von der bei Kindern noch vorhandenen Fähigkeit, aus sich selbst heraus einen Gesundungsprozeß einzuleiten, werden spielerische Aktivitäten als wertvolles Element in der Therapie betrachtet. Zur Unterstützung dieses Prozesses ist eine professionelle Begleitung erforderlich. Es gibt Kinder, die begeistert das Materialangebot wahrnehmen und voller Ideen die Stunde für sich nutzen können. Je nach psychischer Verfassung, z. B. bei kindlichen Depressionen, ist zunächst jedoch Motivationsarbeit notwendig. Durch die Ermunterung zu immer freierem Handeln ist es möglich, eine Stärkung des Selbstwertgefühls und eine Anhebung der Stimmungslage zu bewirken.

Auch Kinder, die durch ihre Lebensgeschichte, d. h. hier insbesondere durch emotionale Verwahrlosung, zu zerstörerischen Handlungen neigen, können in der Kreativen Therapie »spielend« lernen, wie destruktive Impulse in konstruktive Handlungen umgewandelt werden können. Das bedeutet im weiteren Verlauf auch, daß diese Impulse wahrgenommen und somit für das Kind selbst steuerbar werden. Kinder, die in konfliktreichen Beziehungen aufwachsen, entwickeln häufig sehr feine soziale »Antennen«, und manchmal spüre ich ihre Angst, daß sie im Spiel tabuisierte familiäre Geschehen »verraten« könnten. Hier ist es wichtig, das Bedürfnis zur Wahrung von Grenzen zu akzeptieren und dem Kind auf der Ebene der gestaltenden Interaktion zu zeigen, daß es

in erster Linie um es selbst und seine Befindlichkeit in der Situation, nicht aber zwangsläufig um Aufdeckungsarbeit geht.
So wird in der Arbeit mit Kindern das gestaltende Handeln zum spielerischen Medium, und die therapeutische Beziehung bietet die Chance zur Erneuerung von Beziehungs- und Handlungsmustern.
Die Lebenserfahrungen der Jugendlichen unterscheiden sich nicht von denen der Kinder, nur daß der persönliche Entwicklungsprozeß entsprechend länger von konflikthaften familiären und sozialen Bezügen geprägt ist. Die Wechselwirkung zwischen den genannten Bezügen und der Ausformung der Persönlichkeit kann in diesem Alter zu einer Identitätskrise unter mehr oder weniger pathologischen Vorzeichen führen.
Ist die Entwicklung an solch einem Punkt angekommen, sind bei den Jugendlichen wichtige Ich-Funktionen schwach ausgeprägt.
In der Kunsttherapie ist hier die Suche nach der Form, nach dem persönlichen Ausdruck am wichtigsten. Der Weg dorthin ist spannungsreich – im Wechsel werden Unsicherheiten und Erfolge in der Auseinandersetzung mit dem Material erlebt. Neben der handwerklichen Begleitung versuche ich, auf die in »kreativen Prozessen« sehr unterschiedlichen Empfindungen zu reagieren und diese anzusprechen, wenn der Betroffene selbst nicht dazu in der Lage ist.
Innerhalb dieses Prozesses entwickelt der Jugendliche ein zunehmend autonomes Selbstverständnis, welches sowohl auf der Handlungs- als auch auf der Beziehungsebene deutlich wird. Er erkennt die eigenen Anteile, d. h. die Wechselwirkung zwischen der Außenwelt und der eigenen Haltung, und damit die Möglichkeit, Einfluß zu nehmen.
Ein weiteres Angebot ist das der stationsübergreifenden Gruppenarbeit. Durch die vielfältige Dynamik innerhalb einer Gruppe wächst für den Jugendlichen die Notwendigkeit, Stellung zu beziehen und seine Reaktionsweisen zu überprüfen: »Was möchte ich – unbewußt – vermeiden, was möchte ich erreichen; welche Rolle in einer Gruppe wünsche ich mir, welche nehme ich ein; was macht mich unsicher, worauf kann ich mich einlassen?« Der Schutz, den die Einzeltherapie als Rahmen zur persönlichen Entwicklung bietet, entfällt in dieser Form. So ist der Jugendliche mit

einer ganzen Reihe von möglichen Empfindungen konfrontiert. Die Arbeit mit dem künstlerischen Medium wird hier zur Chance, über das gemeinsame gestaltende Handeln genau diesen Empfindungen zu begegnen, jedoch auf einer weniger bedrohlichen Ebene.
In der Kreativen Therapie handelt es sich also um eine Form der non-verbalen Psychotherapie – nur, hier ist eine Dreiecksbeziehung vorhanden: Klient – Medium – Therapeut. Im Gestaltungsprozeß selbst werden sowohl Wahrnehmungs- und Handlungsmuster deutlich als auch das damit verbundene Erleben. Somit wird über das Medium ein Zugang zu innerpsychischen Prozessen geschaffen. Auf dieser Grundlage kann ich meine Interventionen formulieren. Getragen von formalen Kriterien wie Raum, Zeit, Material und Technik werden angestrebte Entwicklungsprozesse eingeleitet. Konflikthafte Themen können im kreativtherapeutischen Prozeß gut dadurch bearbeitet werden, daß sie greifbarer, aber auch weniger bedrohlich sind. Oftmals werden Themen berührt, die verbal nicht ohne weiteres ansprechbar sind. In der Kreativen Therapie steht nicht die Frage nach dem »Warum«, sondern auch dem »Wie« im Vordergrund.

Malen als Ventil

Mohamed, 14

Ich bin seit drei Monaten Patient in der Kinder- und Jugendpsychiatrie. Seit längerer Zeit versuche ich, meine Probleme in der Kreativtherapie zu bearbeiten. Diese Therapieform finde ich für mich sehr gut. Z. B. kann ich meine Gefühle wie Angst, Trauer, Freude usw. richtig ausleben. Das Malen macht mir besonders viel Spaß, und es beruhigt mich sehr. Wenn ich traurig bin, male ich sehr viel mit dunklen Farben. Eigentlich richte ich mich bei den Farben immer nach meinen Gefühlen. Wenn es in mir leer aussieht, fällt mir nicht ein, was ich malen könnte. Aber anders ist es, wenn mir tausend Gedanken durch den Kopf gehen. Dann male ich sehr viel mit grellen Farben. Oder ich male alles durcheinander. Ich glaube, es gibt sehr viele Möglichkeiten, ein Bild von seinen Gefühlen (manchmal von einem Gefühlschaos) zu Papier zu bringen. An manchen Tagen bin ich sehr niedergeschlagen, und dann ist es besonders hilfreich, seine Gefühle durch das Malen herauszulassen. Es kann natürlich auch sehr frustrierend sein, wenn es in einem leer ist und man nichts auf das Papier bringt. Oft male ich auch in meiner Freizeit, weil Malen bzw. Zeichnen zu meinen Hobbies gehört. Es verschafft mir ein Erfolgserlebnis und ist gleichzeitig ein Ventil.

Matschen, zerstören und wieder aufbauen

Alex, 16

In den ersten beiden Wochen, in denen ich in der KJP war, ging ich jeden Morgen zur Kreativtherapie. Anfangs dachte ich, als ich »kreativ« hörte, nur daran, daß wir tagtäglich Bilder malen müssen, um diese dann hinterher gedeutet zu bekommen. Aber es war ganz anders. Die Bilder wurden nur »gedeutet«, wenn wir es ausdrücklich wünschten. Die ersten beiden Stunden malte ich auch fleißig, bis ich dann sah, daß wir auch mit Ton arbeiten konnten. Matschen, zerstören und wieder aufbauen. Matschen!!! Ja, das entsprach so richtig meinem Niveau. Uns wurde gesagt, daß die Kreativtherapie eine »Krisenintervention« ist. Außerdem könne man an den Arbeiten auch die Entwicklung eines Jugendlichen erkennen. Aus meiner Sicht konnte man bei meinen Tonarbeiten keine große Entwicklung erkennen – vom Aschenbecher zur Tasse – toll! Aber die Kreativtherapie hat echt Spaß gemacht, und ich war etwas enttäuscht, als ich trotz meiner Bitte nicht weitermachen konnte.

Laufen(d) in der Psychiatrie – Eine persönliche Wegbeschreibung

Gisela Reuschenbach

Seit etwa 20 Jahren laufe ich regelmäßig, im Durchschnitt drei- bis viermal pro Woche, und dabei komme ich auf drei bis acht Stunden oder 30 bis 80 km. Warum ich das tue? Anfangs waren es Vernunftgründe: etwas für die Gesundheit und die Figur tun, das Herz-Kreislauf-System in Schwung bringen und so weiter. Doch nach kurzer Zeit waren solche »Kopf-Argumente« nicht mehr nötig. Ich wollte das ruhige Traben durch Sonne, Wind und Wetter einfach nicht mehr missen, denn ich spürte die wohltuende Wirkung. Nicht nur Fitneß und Durchhaltevermögen stiegen, nicht nur Figur und Immunsystem profitierten, ich fühlte mich insgesamt besser: Es machte mich stolz und zufrieden, daß ich bereits nach wenigen Monaten eine Stunde ununterbrochen laufen konnte. Ich wurde gelassener und konnte mit Streß besser umgehen, ihn beim Laufen zum Beispiel unmittelbar abbauen. Persönliche Niederlagen oder Rückschläge machten mir weniger zu schaffen, ich war positiver eingestellt, kurz: Meine Lebensqualität war spürbar gestiegen.
Im Selbstversuch war ich eher zufällig auf die therapeutischen Effekte des Laufens aufmerksam geworden, und meine Erfahrungen deckten sich mit denen anderer Menschen.
Mit dem Hintergrund dieser Erfahrungen wurde ich auf das Deutsche Lauftherapiezentrum (DLZ) in Bad Lippspringe aufmerksam. Dort wurde für die praktische Anwendung ein Standardlaufprogramm entwickelt, das seit Jahren erfolgreich von Lauftherapeuten angewandt wird, um Anfänger in kleinen Gruppen an ausdauerndes Laufen heranzuführen. Die wissenschaftliche Begleitung dieser Kurse konnte gesicherte Befunde vorlegen: Es ist bisher kein therapeutisches Verfahren bekannt geworden, das die Gesundheit in ähnlich vielfältiger Weise positiv beeinflußt, wie ausdauernde Bewegungsarten es tun. Einige wichtige Bedingungen müssen eingehalten werden: Die Belastung muß richtig do-

siert werden, das Laufen muß »aerobisch« durchgeführt werden, d. h. Verbrauch und Aufnahme von Sauerstoff müssen sich die Waage halten. Körpersignale wie z. B. Schmerzen oder Symptome von Übertraining müssen unbedingt beachtet werden.

In der Kinder- und Jugendpsychiatrie in Düsseldorf biete ich den jugendlichen Patienten Laufgruppen an. Kollegen und Vorgesetzte unterstützen dies. Mit dem Grafenberger Wald liegt ein ideales Laufrevier vor der Stationstür. Um vom Laufen profitieren zu können, sind allerdings seitens der Patienten einige Voraussetzungen zu erfüllen: Absolute Freiwilligkeit, die Fähigkeit der realistischen Einschätzung einer körperlichen Anstrengung sowie ein gewisses Maß an Durchhaltevermögen und Eigenmotivation. Mit anderen Worten: Eine gewisse Lust aufs Laufen muß geweckt werden können. Eine sorgfältige Vorbereitung sowie eine motivierende Begleitung sind notwendig, um den Patienten ein wirkliches Erfolgserlebnis sowie positive Lauferfahrung zu vermitteln.

Die Kurse sind angelehnt an das DLZ-Standard-Programm. Zweimal pro Woche wird gejoggt, zunächst nur minutenweise. Ganz langsam wird die Belastung gesteigert, und am Ende des 12wöchigen Kurses steht der halbstündige Dauerlauf. Mein besonderes Augenmerk liegt darauf, niemanden zu überfordern, zu frustrieren oder bloßzustellen.

Wohl wissend, daß es für einen Menschen in psychiatrischer Behandlung eine besonders große Leistung ist, sich immer wieder neu für eine Anstrengung zu motivieren, begrüße ich z. B. jeden individuell. Bereits im Vorfeld der Lauftermine erinnere ich an sie, mache auf der Station »Stimmung« fürs Laufen, achte auch darauf, daß die Jugendlichen nicht fünf Minuten vor dem Start noch im Bett liegen oder rauchen.

Viele unserer Patienten haben zeitweise die Schule nicht besucht, haben sich als Versager und Ausgestoßene erlebt, sie haben gesteckte Ziele nicht erreicht und teilweise resigniert. Die erfolgreich absolvierte Laufgruppe ist nun eine Erfahrung anderer Art: Sie schaffen es, sich Woche für Woche die Laufschuhe zu schnüren und den Wald zu durchtraben. Manchmal müssen sie sich wirklich überwinden, z. B. bei schlechtem Wetter oder an Tagen, an denen sie sich schlecht fühlen. Es gibt auch Tage, an denen sie es nicht schaffen, aber die sind die Ausnahme.

Die Jugendlichen erzählen Freunden von ihrer Laufaktivität, sie erfahren Anerkennung und äußern nach Abschluß des Kurses Zufriedenheit. Einige Zitate:
»Die Zeit verging schnell, man hat jemanden zum Quatschen gehabt.« »Die Ausdauer wurde immer größer.« »Ich hab mich nie richtig erschöpft gefühlt.« »Wenn ich Streß hatte und gelaufen bin, dann gings mir besser.« »Eher angenehme Empfindungen.« »Mein Körper ist mir nicht zu plump vorgekommen, eher dynamisch; jung, frisch und dynamisch.« »Es war eine schöne Erfahrung.« »Ich fand es gut, daß kein Leistungsdruck ausgeübt wurde.« »Ich komme jetzt besser aus dem Bett.« »Weil die Laufgruppe einen mitreißt.«
Mein Fazit: Laufen in der Psychiatrie steckt zwar noch in den Kinderschuhen, aber es sind Laufschuhe, die in eine gute Richtung traben: Laufgruppen können im Rahmen psychiatrischer Behandlung einen wichtigen Beitrag zur Gesundung der Patienten leisten. Sowohl für Gruppen als auch für einzelne werde ich Laufprogramme auch weiterhin in der Kinder- und Jugendpsychiatrie anbieten. Und noch häufiger werde ich hoffentlich zufrieden feststellen können: Patient läuft – Gesundheit profitiert!

Anspannung und Entspannung

Ulrike Bowi

Anspannung und Entspannung gehören zum alltäglichen Leben, bedingen sich gegenseitig und befinden sich im Idealfall im harmonischen Wechsel. Wenn dieses Wechselspiel aus dem Gleichgewicht gerät, wie z. B. durch Hektik, viele Termine oder hohe Leistungsanforderungen, nimmt die Spannung überhand, und der Organismus reagiert darauf mit Unwohlsein, Konzentrationsproblemen, Druck- und Unruhegefühlen. Streß und Hektik versetzen den Körper in einen Alarmzustand: Der Herzschlag ist erhöht, die Atmung und die Hormonausschüttung sind besonders aktiviert. Bleibt dieses Ungleichgewicht längere Zeit bestehen, verliert der Körper die Fähigkeit zur Entspannung. Dies betrifft nicht nur Erwachsene, sondern auch Kinder und Jugendliche. So haben Kinder häufig Angst, bei Klassenarbeiten zu versagen. Manchmal ist es nicht möglich, belastende äußere Umstände, wie zum Beispiel die Schulsituation, zu verändern. Man kann jedoch versuchen, anders mit dieser Situation umzugehen oder zu lernen, ein Problem anders zu bewältigen.

Entspannungsverfahren können hierbei sinnvoll eingesetzt werden. Systematische Entspannungsübungen führen z. B. zum Abbau der Erregung, zur Lockerung der Muskulatur, die Herzfrequenz verringert sich. Der Körper wird in einen Ruhezustand mit vermindertem Energieverbrauch versetzt. Hierdurch sollen die Konzentrationsfähigkeit verbessert und verschiedene Beschwerden, wie z. B. Schlafstörungen, positiv beeinflußt werden. Häufig werden diese Verfahren ergänzend zu einer Psychotherapie wie etwa bei der Therapie von Ängsten eingesetzt.

Entspannungstechniken können einzeln oder in Gruppen erlernt werden. Bei der Durchführung von Entspannungsübungen sind folgende Dinge zu beachten:

- Es sollte eine störungsfreie Umgebung vorhanden sein: möglichst ruhig und weder zu hell noch zu dunkel.

- Man sollte bequeme, nicht einengende Kleidung tragen.
- Die Entspannung sollte in lockerer Sitzhaltung (sog. Droschkenkutscherhaltung) oder im Liegen durchgeführt werden.
- Jeder sollte genügend Platz zur Verfügung haben.
- Jede Entspannung sollte einen bestimmten Einstiegsritus haben.
- Eine Rücknahme aus der Entspannung mit anschließender Nachbesprechung sollte immer erfolgen.

Die verschiedenen Entspannungstechniken, die hierbei verwendet werden, unterscheiden sich weniger in ihrem Ziel voneinander als durch die Art und Weise, wie sie versuchen, dieses Ziel zu erreichen. Zwei Verfahren kommen hierbei häufig zum Einsatz: das Autogene Training (Schultz 1932) und die Progressive Muskelentspannung (Jacobson 1938, 1974).

Das Autogene Training ist Anfang dieses Jahrhunderts als ein Verfahren der Selbstbeeinflussung aus der Hypnose entwickelt worden. Man unterscheidet eine Grund-, Mittel- und Oberstufe. Die Grundentspannung des Autogenen Trainings setzt sich aus der Ruhe-, Schwere- und Wärmeübung zusammen. Zunächst soll die als »Ruhetönung« bezeichnete Instruktion dem Kind oder Jugendlichen die Gelegenheit geben, ein Gefühl der Ruhe zu erleben (»Mein Körper ist ganz ruhig«). Ist dies eingetreten, wird mit der »Schwereübung« begonnen (»Mein rechter Arm ist ganz schwer«). Wird diese Übung vollständig beherrscht, folgt die »Wärmeübung«. Um das Erlernen dieser Übungen zu erleichtern, können diese Übungen in kleine Phantasiegeschichten wie z.B. die Reise mit einem Zauberteppich eingebaut werden:

»...Du stellst Dir vor, daß Du mit Deinem Zauberteppich eine Reise durch den Dschungel machst. Du liegst oder sitzt auf Deinem Zauberteppich und schwebst durch die Wolken. Du fühlst Dich ganz ruhig und sicher. Und während Du durch die Luft gleitest, merkst du, daß Dein Körper auf dem Zauberteppich auf eine besondere Art angenehm schwer und entspannt ist. Du merkst es zuerst bei deinen Armen. Du merkst: Mein rechter Arm ist ganz schwer...« (Krowatschek 1994)

Die Progressive Muskelentspannung basiert auf der Annahme, daß beim Erlernen bestimmter Zusammenhänge die Demonstration übertriebener Unterschiede eine wirksame Hilfe sein kann. Über eine zeitweise aktiv verstärkte Anspannung der Muskulatur erfolgt daraufhin eine tiefe Entspannung der Muskulatur. Man soll so lernen, Anspannung und Entspannung voneinander unterscheiden zu können. Mit fortschreitender Übung lernt man so, die wichtigsten Muskelgruppen seines Körpers zu entspannen.

Entspannung durch Therapie

Nadia, 12

Zwar bin ich noch nicht lange in der Entspannungstherapie, aber ich merke schon nach der kurzen Zeit, daß das für mich eine tolle Sache ist.
Die Gruppe trifft sich mit der Therapeutin Frau Dr. Bowi jeden Montag um 15 Uhr. Es sind fünf bis sechs Leute in der Gruppe. Man hat mir diese Therapie vorgeschlagen, damit ich mit meinen Problemen besser klarkomme. Vor meiner ersten Gruppentherapie hatte ich gerade ein Arztgespräch mit meinen Eltern, das mich sehr unruhig gemacht hat. Ich war sehr angespannt. Unsere Therapeutin besprach mit uns zunächst, was wir in dieser Stunde machen wollten. Sie empfahl uns, es uns bequem zu machen. Wir legten uns auf den Boden, schlossen die Augen und hörten nur auf ihre Stimme. Ich merkte, wie ich immer lockerer wurde. Ich konnte sogar für eine Weile die Probleme mit meinen Eltern vergessen. Meine Hände wurden warm und immer schwerer. Beinahe wäre ich eingeschlafen. Am Ende der Stunde besprachen wir, was wir gefühlt haben, wie sich unser Körper angefühlt hat usw. Ich bedaure immer, daß diese Stunde so schnell zu Ende geht.

Hilfe erst beim neunten Therapeuten

Pamela, 20

Mit dreizehn begannen die Symptome meiner Krankheit. Zuerst wurde mir ab und zu einfach nur übel. Meine Eltern ignorierten es. Weil sie keine Erklärung dafür hatten, war es für sie nur »eine Phase«. Als es dann immer häufiger auftrat, begann mein Arztmarathon. Sie rannten mit mir von einem zum anderen, und jeder wußte etwas anderes Kluges zu sagen. Für den einen war ich einfach nur unglücklich verliebt, der nächste meinte, ich hätte etwas mit dem Magen, und verschrieb mir Verdauungstropfen. Natürlich half nichts, und es wurde immer schlimmer, bis ich so gut wie nichts mehr essen konnte (pro Tag eine Scheibe trockenes Brot und eine Tasse Tee).

Als nächstes konnte ich wegen Panikattacken die Schule nicht mehr besuchen, und schließlich deswegen das Haus nicht mehr verlassen.

Zu diesem Zeitpunkt war ich bereits sechzehn. Meine Eltern wußten sich nicht mehr zu helfen und schleppten mich zu einer Beratungsstelle, da ein ambulanter Therapieplatz nicht zu finden war. Am Telefon bekamen wir immer nur zu hören: »Warten Sie noch ein halbes Jahr, wir haben nichts frei.«

Zu dieser Beratungsstelle ging ich ein paarmal, bis für die Therapeutin feststand, daß sie mir nicht helfen konnte. Sie wies mich in die Rheinische Landesklinik ein. Dort verbrachte ich ein Jahr mit verschiedenen Therapeuten, die mir auch alle nicht halfen. Nach einem Jahr wurde ich in einem noch schlimmeren Zustand entlassen. Man riet mir, mich in einer anderen Klinik zu bewerben, was ich auch tat. Um die Zeit bis zu der Aufnahme in der neuen Klinik zu überbrücken, bekam ich einen ambulanten Therapieplatz bei einem Psychologen in meiner Nähe.

Er ging meine Probleme ganz anders an, anders als alle anderen zuvor. Für ihn war in erster Linie wichtig, daß ich wieder meinem Alter gemäß leben konnte und nicht meine Kindheit analysierte, um einen Schuldigen zu finden. Er zeigte mir, wo meine Zwänge lagen, und zusammen fanden wir dann auch Wege, sie zu bekämpfen.

Das wichtigste für ihn war, mich wieder zum Essen zu bewegen. Das Problem dabei war nur, daß ich einfach nicht essen konnte, da mir beim bloßen Anblick eines vollen Tellers speiübel wurde. Während einer Sitzung fragte er mich, unter welchen Umständen ich mir vorstellen könne zu essen. Ich solle alles aus meinem Kopf ausklammern, das mich beeinflussen könne, nicht zu essen. Also phantasierte ich ein wenig herum. Ich sagte ihm, ich müsse völlig allein sein, und es dürften keine Wände um mich herum sein, da sie mir das Gefühl von Beklemmung vermittelten. Daraufhin meinte er, ich solle einfach meinen Teller mit in den Garten nehmen und dort essen. Ich fand das eine gute Idee und war bereit, es auszuprobieren. Ich befürchtete allerdings, daß meine Eltern davon nicht begeistert sein könnten. Ihre Hauptsorge würde sein: »Was sollen die Nachbarn nur von uns denken?« Er meinte, ich solle nicht darauf hören und es einfach tun, denn das wichtigste sei, daß ich lerne zu essen.

Gesagt – getan! Und siehe da, es funktionierte. Meine Eltern freuten sich, wenn ich den leeren Teller wieder reinbrachte, und bald war es ihnen auch egal, was die Nachbarn dachten.

Ein paar Wochen später wanderte ich mit meinem Teller näher zum Hauseingang, dann in mein Zimmer im Erdgeschoß, danach in die Küche im ersten Stock, und wieder einige Wochen später klappte es auch im Eßzimmer mit meiner Familie. Alles in allem dauerte es ein paar Monate, und es war nicht gerade einfach, doch das erste Ziel war erreicht. Ich hatte etwas geschafft, an das ich vor einiger Zeit nicht mehr geglaubt hatte. Auf ähnliche Weise lernte ich alle anderen Dinge neu.

Ein weiteres Beispiel war mein Problem, ins Kino zu gehen. Mein Therapeut fragte mich, wovor ich im Kino Angst hätte. Mir war bewußt, daß es die vielen Menschen waren, die mich in Panik versetzten. Ihretwegen konnte ich bei großen Angstattacken das Kino nicht verlassen. Er sagte mir, ich solle trotz meiner Angst ins Kino gehen.

Also ging ich und setzte mich an der Tür auf den Boden. Weil ich kaum etwas sehen konnte, rutschte ich auf die Treppe und sah mir den Film von dort an. Beim nächsten Mal setzte ich mich in die letzte Reihe ganz außen. Diesmal konnte ich den ganzen Film sehen und dazu noch bequem sitzen. Nebenbei, wenn ich heute ins Kino gehe, sitze ich in einer der mittleren Reihen, aber immer noch ganz außen.

Durch diese Therapie lernte ich wieder, alles zu tun, wozu ich Lust hatte. Die andere Klinik hatte ich nicht mehr nötig. Ich blieb insgesamt eineinhalb Jahre bei diesem Therapeuten und wechselte dann zwangsweise zu einer Therapeutin, bei der ich noch immer in Behandlung bin.

Ich denke, damals auf diesen Therapeuten zu treffen, war das Beste, was mir passieren konnte. Er schenkte mir ein neues Leben.

Mein Kind ist / war in der Kinder- und Jugendpsychiatrie

Gedanken einer Mutter

Ursula Siewert

Die akute psychische Erkrankung unserer Tochter war für uns alle ein großer Schock, sie machte uns hilflos und ratlos. Der Arzt, den wir damals aufsuchten, empfahl uns eine sofortige Einweisung in die Klinik. Der Zustand unserer Tochter ließ uns keine Möglichkeit, sie in Ruhe darauf vorzubereiten. Später, als es ihr etwas besser ging, hat sie uns immer wieder vorgeworfen, wir hätten sie gegen ihren Willen in die Klinik gebracht. Dieser Vorwurf ist auch heute noch sehr schmerzlich. Inzwischen, nach fast eineinhalbjähriger Behandlung, hat auch sie eingesehen, daß wir damals nicht anders handeln konnten.

Die erste Zeit in der Klinik war für uns alle sehr belastend. Unserer Tochter ging es sehr schlecht, sie bekam starke Medikamente und war sehr unglücklich. Für uns gab es nur kurze Besuchszeiten, und der Abschied fiel uns allen immer schwer. Ich bin damals kaum aus dem Haus oder ans Telefon gegangen, weil ich mit niemandem außerhalb der Familie sprechen wollte, nicht aus Scham, sondern weil ich selbst diese Krise nicht verarbeiten konnte. Immer wieder haben mein Mann und ich uns gefragt, wie es zu dieser Erkrankung kommen konnte. Was hatten wir falsch gemacht? Auch wenn ich inzwischen weiß, daß die Ursachen dieser Erkrankung nicht eindeutig zu definieren sind und daß Selbstvorwürfe uns für die Zukunft nicht weiterhelfen, so kann ich mich trotzdem nicht davon freimachen. Diese Empfindungen wurden bei unseren Besuchen in der Klinik noch verstärkt. Das Klinikpersonal gab uns oft das Gefühl, als Eltern versagt zu haben, und es empfand offensichtlich unsere häufigen Besuche als störend. Wie wir später von unserer Tochter erfahren haben, sollte sie sogar in eine mehrwöchige Kontaktsperre einwilligen. Gespräche mit anderen betroffenen Eltern bestätigten unsere Eindrücke.

Die Aufnahme unserer Tochter in die Tagesklinik brachte für uns alle eine große Erleichterung. Unsere Tochter konnte wieder in der Familie leben und bekam doch die Hilfe, die sie dringend brauchte. In den Gesprächen mit Ärzten und Therapeuten haben wir viel gelernt über den Umgang mit psychisch Kranken, und wir wissen aus eigener Erfahrung, wie schnell es zu einem Rückfall kommen kann. Eine große Hilfe waren Freunde und Nachbarn, die nicht nur viel Verständnis für unsere Situation zeigten, sondern uns durch Rat und Gespräche immer wieder unterstützt und aufgebaut haben. Diese Unterstützung hat auch unserer Tochter sehr geholfen. Wir versuchen, ihr zu helfen, die Belastungen des Alltags besser zu bewältigen, und ihr die Möglichkeit zu geben, ihren eigenen Weg zu finden.

Öfter als man denkt

Jean R. May

Im Moment, da sich der Zustand meiner Schwester erheblich verbessert und stabilisiert hat – auf Außenstehende würde sie vermutlich »normal« wirken –, fällt es schwer, sich an die schwierigsten und kritischsten Momente ihrer Erkrankung zu erinnern. Dies mag zum einen daran liegen, daß der Wandel »zum Besseren« so deutlich und abrupt war, daß ihr Verhalten auf dem Höhepunkt der Krise fast mit einer »anderen« Person in Verbindung zu bringen war. Zum anderen erscheint mir das manchmal »bösartige« und häufig »nervende« Verhalten meiner Schwester – man verfällt immer wieder darauf, krankheitsbedingte Reaktionen unberechtigterweise dem Patienten vorzuwerfen – so fernliegend, als ob sie gar nicht stattgefunden hätten. Wenn ein Tiefpunkt erst einmal überwunden ist, bemüht man sich, die »dunklen Zeiten« durch Verdrängung auszulöschen, um nicht mehr damit belastet zu sein. Insgesamt hat sich das Verhältnis zwischen mir und meiner Schwester durch die Krankheit intensiviert und verbessert. Leider kann sich der Wandel auch in entgegengesetzter Richtung mit der gleichen Intensität vollziehen. Diese Unberechenbarkeit ist für mich das eigentlich Heimtückische an der Krankheit. In derartigen Momenten empfinde ich oft eine große Verbitterung, daß es die eigene Familie und nicht irgend jemand anderen getroffen hat.

Außerdem überkommt mich eine ungeheure Wut, wenn sich manche Betreuer in der Klinik als fachkundige Ärzte aufspielen und behaupten, es läge an der »ach so schlimmen« familiären Situa-

tion. Diese Vorwürfe gegenüber unseren Eltern habe ich nie nachvollziehen können und als äußerst verletzend und unverschämt empfunden. Es erscheint mir auch sehr bedenklich, daß unsere häufigen Besuche, die ausschließlich auf das Drängen meiner Schwester hin stattfanden, gerade in der Anfangsphase, mit Argwohn oder gar Ablehnung registriert wurden. Offenbar scheint die stereotype Ansicht, daß der Einfluß der Familie generell schädlich ist, sehr verbreitet zu sein.
Weiterhin ist mir unverständlich, warum zu gewissen Zeiten jeder lächerlichen Äußerung oder Handlung ein tiefer psychologischer Sinn aufgepfropft wurde. Allerdings muß ich sagen, daß der gelegentliche Eindruck der Prinzipienreiterei und der Pflege gewisser pauschaler Vorurteile mehr und mehr einer produktiven Kooperation gewichen ist. Insgesamt gibt man sich in der Klinik viel Mühe bei der Behandlung meiner Schwester, die es durch ihr oft widersprüchliches und hartnäckiges Verhalten sich und anderen auch nicht immer leicht macht.
Nach wie vor fällt es mir schwer, anderen gegenüber, auch guten Freunden, über die Krankheit zu sprechen. Dies liegt hauptsächlich daran, daß bei vielen noch äußerst abenteuerliche und falsche Vorstellungen à la »Psycho« über derartige Krankheiten verbreitet sind. Diese Vorurteile auszuräumen scheint fast unmöglich und ist äußerst unerfreulich und zeitraubend. Meistens sehe ich davon ab, weil auch der Patient seine Erkrankung aus Scham und nicht unberechtigter Angst vor Ablehnung am liebsten geheimhalten würde.
Im Laufe der Zeit ist mir zu meiner Überraschung gewissermaßen als kleiner Trost eines bewußt geworden: Solche Erkrankungen gibt es öfter als man denkt.

Fragezeichen

H. B.

Leicht hatten wir es eigentlich von Anfang an nicht mit Dir. Mutti und ich, wir haben immer darüber gescherzt – Du erinnerst Dich sicher: Wenn wir den erwischen, der das dumme Gerede von den

Trotzphasen erfunden hat! Entweder ist bei Johannes die erste noch nicht zu Ende, oder er befindet sich gerade in der 564sten Trotzphase – so hieß es doch häufig.

Ob Dich solche Sprüche gekränkt haben – ich weiß es nicht. Sicher bin ich aber, daß wir Dich damit nicht kränken wollten. Eher steckte wohl ein Stück Angeberei dahinter: Seht mal, was wir für Profis sind. Wir lösen auch die kompliziertesten Aufgaben! Dabei hatten wir – Du hast es oft genug mitbekommen – unsere eigenen »Hausaufgaben« noch nicht einmal richtig angefangen. Es gab Gelegenheiten, da konnten wir uns noch nicht einmal über die Uhrzeit einigen. Was an Deinem Verhalten oder am Verhalten des »Partners« kritikwürdig war, das allerdings wußte jeder von uns ganz genau! Stimmt's?

Und dann war da plötzlich Dein kleiner Bruder. Rührend liebevolle Bilder, wenn Du ihn auf dem Arm hattest, als er noch ein Baby war. Ich glaube, es hat wenig Streit zwischen Euch gegeben und Ihr mögt Euch. Familie vom Feinsten...

Schule...? Hab ich immer versucht herunterzuspielen. Du weißt, ich war ein miserabler Schüler und hab Dir auch oft erzählt, wie sehr und wie lange ich auf dem Gymnasium gelitten habe. Und Mutti hat auch nicht verschwiegen, daß ihre Schulleistungen an Brillanz schwer zu unterbieten waren. Hat Dir das geholfen? Helfen? Ja! Helfen wollten wir Dir immer! Mathe, Latein, hör doch mal zu, wenn dann, Du mußt Dir noch die Fingernägel sauber machen, ich hab auch damals..., was kriegt Oma eigentlich von Dir zum Geburtstag?

Und plötzlich waren wir völlig hilflos. Es schien, als hätte Johannes sich verloren. Angst, Schmerz, Wut, warum? Und vor allem Hilflosigkeit, bei Dir, bei uns.

Krankenhaus, Universitätsklinik. Kinder- und Jugendpsychiatrie, Klapse, Irrenhaus. Sind Namen von Bedeutung? Wir trafen auf Leute, die uns ganz fest versprochen haben, nicht weiterzuerzählen, was Dir, also uns widerfahren ist. Wir trafen mit Freunden zusammen, die uns nächtelang einfach nur zugehört haben, uns vor unserer eigenen Verzweiflung in Schutz genommen haben. Wir trafen unseren Sohn Johannes in einer uns fremden und unheimlichen Umgebung: unter Kranken. Hinter verschlossenen Türen und Fenstern. Du hattest Angst, wir hatten Angst. Was wird man mit ihm tun? Hält er das aus? Halten wir das aus? Gibt es Chancen? Was haben wir falsch gemacht? Was können wir tun? Wir – was ist das? Wir hatten Angst um Dich, wir hatten Angst vor Dir, wir hatten Angst um uns. Wir – was ist das? Tränen.

Wir trafen auf Menschen – bunte, blasse, skurrile, sachliche –, viele, deren Beruf es ist, jungen Menschen wie Dir einen Weg aus einer psychischen Erkrankung zu ermöglichen. Medizinmänner? Gurus? Fachleute? Wie kann man mit einem Sachverhalt umgehen, der keiner ist? Vertrauen? Hoffnung? Argwohn? Medikamente! Unkenntnis, also Mißtrauen. Du warst ein anderer unter der Einwirkung der Medikamente. Aber Du warst auch nicht mehr der, den ich zu kennen glaubte, als man Dir diese Medizin verordnete. Es tat weh, Dich weinen zu sehen, Dich selbst Deinem eigenen Körper gegenüber hilflos zu erleben. Du suchtest unsere Nähe und hattest Angst vor ihr – und uns ging es genauso.

Befragungen, Gespräche, Analysen, erste Hypothesen. Du und wir als Gegenstand von Untersuchungen und therapeutischen Maßnahmen. Will ich das eigentlich? Was kann das bringen? Midlife-Crisis – das soll es geben –, aber sollte man nicht von sich erwarten, diese Probleme selbständig zu bewältigen? Was weiß ich denn über Psychiater, Psychologen, Sozialpädagogen? Ist da Vertrauen oder gar ein Sich-Ausliefern angezeigt? Ist vielleicht die Fragestellung falsch? Unsicherheit, Streß. Alltag mit dem Versuch, sich in die Arbeit zu flüchten. Die Gespräche zwischen Mutti und mir werden intensiver. Und Dein Bruder? Zwei bis drei Besuche pro Woche in der Klinik kosten viel Zeit und noch mehr Kraft. Jetzt nur keine weiteren Fehler! Kollegen bekunden Verständnis, versuchen zu helfen. Mein Denken und Fühlen ist weitgehend blockiert von der Sorge um Dich und von der Wut über meine Hilflosigkeit.

Erster Hoffnungsschimmer: Du hast gelacht. Du hast gesagt: »Ich möchte...« Enttäuschung: Du fühltest Dich von Alltäglichem bedroht und versuchtest, Dich nicht zu »verhalten«. Wenn wir mit Dir zusammen waren, kamen wir uns vor wie bei einem gemeinsamen Drahtseilakt ohne Training: Ein »falsches« Wort konnte zum Absturz führen. Mutti und ich, wir haben uns verhalten wie der Mann, der sich wünschte, drei Gänse zu sein, damit er beobachten kann, wie er hinter sich herfliegt. Falsch? Erstaunen. Originalton Station 12 A: »Johannes, es ist schönes Wetter, geh mit Deinen Eltern spazieren. Bis gleich.« Oder: »Johannes, wir haben auf Dich warten müssen; das gefällt mir nicht. Bitte, achte darauf, daß sich Deine Termine nicht überschneiden; ich warte nicht gern.« Angemessene Reaktion meines Sohnes. Warum gelingt mir das nicht?

Endlich die Diagnose. Es fällt das Wort »Episode«. Unter klinischen Bedingungen sind Gefühlsausbrüche – auch positive – nicht leicht zuzulassen. Ich war glücklich und gerührt und hätte vor Freude heulen können. Warum hab ich nicht?

Genug Fragezeichen. Du gehst wieder zur Schule. Du scheinst sie angstfrei zu erleben. Du tust Dinge, obwohl sie notwendig sind. Du nimmst Rat an, obwohl er von Deinen Eltern kommt. Du freust Dich mit uns auf einen gemeinsamen Urlaub. Bitte, mach was Du willst.

Ich wünsche Dir und uns, daß wir lernen, das Mögliche zu tun und das Unmögliche zu lassen – und das eine vom anderen unterscheiden zu können.

Dein Vater

Gedanken eines Vaters

H. F.

Das Telefon klingelt. Am Apparat ist der Kinderarzt, bei dem wir gerade mit den Ohrenschmerzen unserer Katharina waren. Ein harmloses Ohrentröpflein war unser Rezept. Jetzt aber ward uns der Bescheid, Mastoiditis, schwere Erkrankung, stationäre Behandlung am antibiotischen Tropf mehrtägig erforderlich. So geschah es. Das Familienleben war revolutioniert, das Bedauern der Familienfreunde allgemein. Aber das Penicillin tat seine Wirkung, wie vorhergesehen, und nach zehn Tagen war das Kind wieder unser. Dem Arzte Dank und Geld!

Jahre später klingelt das Telefon abermals. Freunde, von Katharina besucht, melden ihren Sturz von einem Spielgerät und ihren

eigenartig schräg stehenden Unterarm. Der Chirurg hat's in zwei Sitzungen wieder gerichtet. Beide medizinische Zwischenfälle haben Ärzte und Eltern technisch-praktisch gemeistert.
Dann aber war das Mägdlein 13 Jahr, und siehe, sie aß nicht mehr das Brot der Eltern zum Frühstück, Mittag und Abend, auch nicht das von Bruder und Schwester. Da klingelt kein Telefon mit einem technisch-praktischen Meister am anderen Ende für Infektion und Knochenbrüche.
Da beschlich den Vater eine unheimliche Sorge. Er besprach sich mit seiner Frau, aber beide waren keine Psychospezialisten, nur gut informiert und besorgt. Man glaubte zunächst an die Verfolgung eines modischen Schönheitsideals – schlank! überschlank! –, mußte aber erkennen: Das konnte es nicht sein, denn Argumentation und Verhalten befaßten sich mit dem Vorwurf gar nicht. Väterliche Andeutungen einer möglicherweise notwendigen halbjährigen Sanatoriumsbehandlung wurden mit dem Gesichtsausdruck eines Lamas ignoriert. (Ich liebe Lamas. Aber ich bin besorgt, wenn ein Mensch so aussieht. Und nun meine Tochter, mein Liebchen!) Meine Opposition gegen das derzeitige Schönheitsideal lief sozusagen offene Türen ein. Dann blieb noch die Hoffnung, daß das Kind, von Gesundheitsfetischisten verführt, einem sektiererischen Ernährungsideal folgt, die Lektüre von Ernährungsbüchern sprach dafür.
Als dann aber Kalorientabellen, Öko-Futter und die Briefwaage die wichtigsten Lebensmittel wurden, das Aussehen sich ins Hungerkünstlerische wandelte und das lange verheimlichte Gewicht 35 Prozent unter normal lag, da war uns die Diagnose Anorexia nervosa mit all ihren schrecklichen Folgen klar.
Die ersten Ärzte brauchten wir zur Bestätigung unseres Wissens. (Viele erwiesen sich schon da als sehr unzulänglich.) Vor der Therapie schreckten alle zurück; zum Glück aber wußte einer die Klapse Grafenberg im Grünen mit den vielen guten Ärzten, den verständnisvollen und hilfreichen Sozialpädagogen, dem Zusammenhalt der Patienten auf der Station. Genug Schmand!
Wir wissen ja ohnehin schon, daß die Magersucht eine Folge von Beziehungsstörungen in der Familie ist. Die schlauen Bücher, die wir natürlich lesen, obwohl der Oberarzt davon abrät, bestätigen das auf eine für uns peinliche Weise. Man erkennt sich wieder in

den Fallbeispielen und will es doch nicht wahrhaben. Und die Familientherapie, schonend Familiengespräch genannt, zielt peinlich genau auf diesen Punkt.

Wir müssen erkennen: Wir sind beteiligt an dieser Krankheit, wenn nicht gar schuld, hier oft mit dem Besten unserer Absicht. Hier gibt es keinen Meister der Bakterientötung und der Knochenrichtung. Hier gibt es nur Helfer, die uns anstoßen, die uns zu bedenken geben. Wer Ohren hat zu hören, der höre. Du mußt dein Leben ändern, um deines Kindes willen. Versuch es! Vorerst nur experimentell; bei Erfolg befestigen! Und immer: lieben und hoffen!

Nachwort 1996

Der Text aus dem Jahre 1990 – Katharina war damals 15 – ist ein Reflex nach monatelangem Irren von uneingestandener zu offen bekannter Inkompetenz psychiatrischer Fachärzte, bis schließlich einer die stationäre Behandlung in der Rheinischen Landesklinik Grafenberg überzeugend als unumgänglich dartat. Kompetenz, Freundlichkeit und Ambiente Grafenbergs versetzten mich in eine Stimmung, der sich der kleine Aufsatz verdankt.

Die wohltuende Aufnahme unserer Katharina in der Jugendstation und in der Martin-Luther-King-Schule stimmten mich hoffnungsfroh, und aus Dankbarkeit fühlte ich mich animiert, der Schulzeitung KLAPSE einen kurzen Text zu schreiben. Ich will mich von ihm gar nicht distanzieren; er gibt meine damalige Stimmung, weniger meine Erkenntnis, gut wieder. Trotzdem habe ich natürlich beim Schreiben in erster Linie an meine Tochter als Leserin gedacht und dann an die anderen Schüler, Patienten und Eltern. Insofern bin ich nicht so naiv, wie der Text, wenn man ihn absolut sieht, vermuten läßt.

Meine Tochter ist heute 19 Jahre, beginnt nach einem erfreulichen Abitur gerade ein Jura-Studium an ihrem Lieblingsort, ist aber nach wie vor anorektisch, aber wohl im ganzen auch selbständig lebens- und arbeitsfähig, selbst unter Berücksichtigung allfälliger Stimmungsschwankungen.

Heute könnte ich mich nicht mehr so frohgemut äußern wie 1990. Die Krankheit Anorexia nervosa erscheint mir heute in den wesentlichen wissenschaftlichen Darstellungen unzureichend erfaßt und jeder Therapie gegenüber resistent. Unumgänglich und anerkennenswert sind natürlich nach wie vor die unmittelbar lebensrettenden Maßnahmen bei extremer Gewichtsreduzierung der Patienten und die Verhinderung des Suizids in depressiven Phasen. Als Gymnasiallehrer mit jahrzehntelanger Erfahrung habe ich ein erschreckendes Anschauungspotential. Natürlich sind Hoffnung und Liebe nach wie vor erforderlich, mehr allerdings zur Stabilisation der Familienmitglieder als der Patientinnen. Unsere Psychiatrie hat hier noch eine große Aufgabe vor sich.

Kinder- und Jugendpsychiatrie – die einzige Lösung?

Bei allem Verständnis, das wir auch mit diesem Buch für die Kinder- und Jugendpsychiatrie wecken möchten: Sie ist nicht die einzige und auch nicht immer die beste Lösung. Für viele Probleme, Störungen oder Fehlentwicklungen gibt es im Vorfeld der Kinder- und Jugendpsychiatrie zahlreiche Angebote, von denen im folgenden einige aus dem Düsseldorfer Raum vorgestellt werden. Ähnliche Angebote gibt es natürlich auch in anderen Städten.

Die Nummer gegen Kummer – Das Kinder- und Jugendtelefon am Beispiel Düsseldorfs

Bettina Erlbruch

Die Redaktion der Zeitung KLAPSE informierte sich in einem schriftlichen Interview über diese Einrichtung des Kinderschutzbundes.

KLAPSE: Seit wann gibt es das Kinder- und Jugendtelefon?

KJT: Von 1973 bis Ende 1992 gab es hier in Düsseldorf das sogenannte »Sorgentelefon« des Kinderschutzbundes. Es wurde von zwei pädagogischen Fachleuten von deren Privatanschlüssen aus bedient.
1992 schlossen wir uns der BAG (BundesArbeitsGemeinschaft) der Kinder- und Jugendtelefone (KJT) an, einem Projekt im Deutschen Kinderschutzbund. Die BAG hat den Vorteil, daß wir außer dem gemeinsamen Werbematerial (gesponsert von C&A) die bundeseinheitliche Rufnummer 11103 (zeittaktfrei) bekommen konnten. Seit 1993 gibt es das Kinder- und Jugendtelefon des Kinderschutzbundes in Düsseldorf. Es ist montags bis freitags von 15 bis 19 Uhr besetzt.

KLAPSE: Wie kamen Sie auf die Idee, dieses Telefon einzurichten?

KJT: Kinder und Jugendliche spüren heute in Schule und Berufsausbildung ständigen Konkurrenz- und Leistungsdruck. Gleichzeitig haben viele Väter und Mütter wenig Zeit für sie. Wenn sie dann auch noch vor einem akuten Beziehungs- oder Familienproblem stehen, fühlen sie sich völlig überfordert und wissen oft nicht, an wen sie sich wenden sollen.
Im Verlauf der Arbeit beim Kinderschutzbund wurde uns deutlich, daß ihnen bei Problemen ein aufmerksamer Ansprechpartner fehlt, der für sie Partei ergreift. Das KJT soll den Kindern und

Jugendlichen eine leicht zu erreichende Gesprächsmöglichkeit bieten.
Auch der stetige Anstieg der Anrufe im ersten Jahr unseres KJTs (mit der neuen Nummer) weist auf die ständig steigende seelische Belastung der Kids in Düsseldorf (wen wundert's in Anbetracht der ständigen Kürzungen im Sozialbereich?) hin.

KLAPSE: Wer ruft vor allem bei Ihnen an?

KJT: 90 Prozent der Anrufe kommen von Kindern und Jugendlichen und jungen Erwachsenen im Alter von sechs bis 25 Jahren. Der Rest sind Erwachsene, die sich entweder um Kinder sorgen oder sich mit ihren Problemen zu uns »verirrt« haben. Die größte Gruppe der AnruferInnen bilden die elf- bis 15jährigen, die altersbedingt auf der Suche nach Orientierung sind.
Zwei Drittel der Anrufer sind Mädchen, aber es nehmen die Anrufe von Jungen zu, die immer öfter ihre Scheu vor dem Eingeständnis aufgeben, daß sie nicht mehr weiter wissen.

KLAPSE: Welche Ausbildung haben Ihre Mitarbeiter?

KJT: In einer halbjährigen Ausbildung (mindestens 60 Stunden und zwei Intensivwochenenden) wurden zu Beginn sechs TelefonberaterInnen ausgebildet. Mittlerweile haben wir 20 BeraterInnen aus den unterschiedlichsten Berufen, z. B. Werbeleute, Ingenieure, LehrerInnen, Selbständige, RentnerInnen, Hausfrauen, um nur einige zu nennen.
Die Ausbildung ist in folgende Bereiche gegliedert: Selbsterfahrung, Kommunikation und Gesprächsführung, Informationsvermittlung und die Hospitation, die schließlich den Übergang zur selbständigen Arbeit am Telefon erleichtert.
Die monatliche Supervision (Austausch über besonders schwierige Anrufe unter Anleitung einer Psychologin) und die regelmäßige Teilnahme an Fortbildungen sind Voraussetzung für die Arbeit beim KJT, damit aus Einfühlungsvermögen nicht irgendwann Routine wird.

KLAPSE: Wem können Sie helfen?

KJT: Das KJT will für Kinder und Jugendliche dasein, die Fragen oder Probleme haben oder sich in einer momentanen Krisensituation befinden.
Die MitarbeiterInnen geben in der Regel keine Ratschläge, sondern versuchen, den Anrufenden durch Strukturierung und Rückmeldung zu helfen, so daß diese selbst wieder Handlungsmöglichkeiten sehen.
Es besteht nicht der Anspruch, die Probleme für die Kinder und Jugendlichen zu lösen, sondern sie sollen dabei unterstützt werden, selbst erste Schritte zur Veränderung zu tun. Eine angemessene Hilfe kann auch die Vermittlung anderer Hilfsangebote (z. B. geeignete Fachleute, Hilfsorganisationen oder Beratungsstellen) sein.

KLAPSE: Was raten Sie Kindern und Jugendlichen, die ihre Probleme nicht alleine in den Griff bekommen?

KJT: In der Regel empfehlen wir bei Problemen, die uns ernster scheinen, sich an Psychologische Beratungsstellen zu wenden.
In zwei Fällen ist es bisher zur Vermittlung in psychiatrische Einrichtungen gekommen; wesentlich häufiger kommt aber die Vermittlung in eine außerfamiliäre Unterbringung (z. B. sozialtherapeutisches Wohnen, betreutes Wohnen, etc.) vor. Hierzu muß noch einmal gesagt werden, daß die Telefonberatung ausschließlich telefonisch ist, d. h. es kommen keine persönlichen Kontakte zustande (um die Anonymität von BeraterInnen und AnruferInnen zu wahren). Lediglich in den Fällen, in denen Kinder und Jugendliche ausdrücklich ein persönliches Gespräch wünschen, erhalten sie den Hinweis, daß sie auch die Möglichkeit haben, sich direkt an die Geschäftsstelle des Kinderschutzbundes zu wenden.

Probleme – wer hilft?
Melanie, 16

Meine Probleme fingen ungefähr 1993 an. Streß in der Schule, Lästereien in der Klasse und auf dem Schulhof. Irgendwann war mir die ganze Sache zuviel, und ich bin nicht mehr zur Schule gegangen. Nach zwei Monaten schaltete meine Mutter den Schulpsychologischen Dienst ein. Ich wollte die Schule wechseln, und Herr Kumberg, der Psychologe, war damit einverstanden. Aber aus lauter Angst schaffte ich es nicht, dorthin zu gehen. Nun sollte ich in die Kindertagesklinik im Evangelischen Krankenhaus. Dagegen wehrte ich mich mit Händen und Füßen. Also, ich bin auch dort nicht hingegangen. Bis Ostern 1994 hatte ich Ruhe und blieb zu Hause. Da es aber nicht so weiter gehen konnte, wurde der Schulpsychologische Dienst wiedereingeschaltet. Ich wehrte mich jetzt gegen jeden, der mir helfen wollte. Wieder kamen Herr Kumberg und eine Sozialarbeiterin zu uns nach Hause. Nach einem intensiven Gespräch mußte ich erkennen, daß ich nur noch eine Chance hatte, nämlich eine intensive therapeutische Behandlung in einer Kinder- und Jugendpsychiatrie. Zwei Wochen später hatte ich ein Gespräch mit dem Oberarzt der Klinik, und ich wurde dort aufgenommen. Zum Glück konnte ich weiterhin zu Hause wohnen, denn ich bekam einen Platz in der Tagesklinik der KJP. Vielleicht war ich doch nicht ein so schwieriger Fall.
Der Schulpsychologische Dienst ist eine gute Einrichtung für Kinder und Jugendliche, die Probleme in oder mit der Schule haben oder auch sonst nicht klarkommen. Hätte meine Mutter ihn nicht eingeschaltet, wer weiß, wo ich jetzt wäre!

Die Schulpsychologische Beratungsstelle

Alger Kumberg

So wie in jeder größeren Stadt gibt es auch in Düsseldorf eine Schulpsychologische Beratungsstelle. Sie ist eine Einrichtung der Stadt, die von Schülerinnen und Schülern, Eltern und Lehrern in Anspruch genommen werden kann.

Die Mitarbeiter beraten bei Schwierigkeiten und Krisen, in die jeder Schüler einmal geraten kann und die ihn am erfolgreichen Lernen hindern. Auch mit anderen Fragen oder Bitten um Informationen, die mit der Schule in Zusammenhang stehen, können Eltern, Schüler und Lehrer sich an uns wenden. Zu den Mitarbeitern der Beratungsstellen gehören auch Lehrer aus Griechenland, Jugoslawien, Spanien und der Türkei. Zusammen mit den Schulpsychologen beraten sie Eltern bei Verständigungsschwierigkeiten.

Häufig wird die Beratungsstelle erst dann aufgesucht, wenn es bereits besondere Probleme gibt. Viele Ratsuchende sind nämlich der Meinung, daß eine Beratungsstelle nur dann zur Verfügung steht, wenn besonders schwerwiegende Probleme vorliegen. Wir sind aber auch Gesprächspartner für Eltern, Schüler und Lehrer, die Fragen oder Schwierigkeiten möglichst frühzeitig mit uns besprechen möchten. In einem ersten Gespräch werden die Fragen bzw. Probleme erörtert und gemeinsam nach Lösungen gesucht. In vielen Fällen erweist sich eine anschließende Schulpsychologische Untersuchung des Schülers als sinnvoll. Dadurch erfahren wir mehr über Stärken und Schwächen des Schülers, über seine Interessen, Absichten und Probleme und können in den Gesprächen mit allen Beteiligten gezielter beraten.

ZUMMM

Astrid Müller

ZUMMM ist eine Einrichtung des Kreisverbands Düsseldorf der Arbeiterwohlfahrt und bedeutet Zuflucht und Unterstützung für Mädchen bei sexuellem Mißbrauch und Mißhandlung. Die ZUMMM richtet sich in erster Linie an Mädchen und junge Frauen im Alter von 13 bis 18 Jahren, die sexuell mißbraucht, mißhandelt oder bedroht werden. Nicht aufgenommen werden z. B. Mädchen mit einer gravierenden Suchtproblematik oder solche, die lediglich eine Schlafstelle suchen. Es stehen Plätze für insgesamt acht Jugendliche zur Verfügung.

Der Standort ZUMMM ist anonym, um die dort lebenden Mädchen vor Übergriffen zu schützen. In der Öffentlichkeit ist nur die Telefonnummer bekannt. Die Mädchen können sich selbst an die ZUMMM wenden, über andere Institutionen (Schule, Jugendamt, Freizeiteinrichtungen o. ä.) oder Privatpersonen. Die Einrichtung ist rund um die Uhr telefonisch erreichbar, so daß auch in Abend- oder Nachtstunden eine erste Beratung und Krisenintervention am Telefon erfolgen kann. Es wird – wenn gewünscht – umgehend ein Termin und ein Ort außerhalb der ZUMMM für ein Erstgespräch vereinbart.

In diesem Gespräch werden die Besonderheiten der Einrichtung, die Arbeitsweise, der Tagesablauf etc. vorgestellt, damit die Jugendliche sich ein umfassendes Bild machen kann. Ihre Gründe werden erfragt, wobei jedoch weder die Angabe von sexuellem Mißbrauch erforderlich ist noch eine sonstige detaillierte Angabe von Gründen.

Die Aufnahme erfolgt auf Wunsch des Mädchens, sofort oder später oder auch gar nicht, wenn sie entscheidet, andere angebotene Wege auszuprobieren. Bei Unsicherheiten kann sie eine Bedenkzeit mit Platzgarantie und/oder weitere Gesprächsangebote erhalten, um sie in dieser schweren Entscheidungssituation zu unterstützen.

Der anonyme Standort ist einerseits unverzichtbar für den Schutz der Mädchen, bringt jedoch im Alltag Einschränkungen mit sich: Die Mädchen können keine Telefonate erhalten, keinen Besuch bekommen und sich nicht in der Nähe der Einrichtung mit Freunden treffen.
Die Mädchen leben in einer großen Wohnung mit vier Einzel- und zwei Doppelzimmern. Sie halten die Wohnung selbst sauber. Sie haben Zeit, erst einmal zur Ruhe zu kommen. Sie erhalten eine Bezugsbetreuerin zur Unterstützung und um in den regelmäßigen Einzelgesprächen eine Kontinuität zu gewährleisten. Dieses ist unabdingbar, um gegebenenfalls Gewalterfahrungen mitteilen zu können. Die Bezugsbetreuerin ist ebenfalls zuständig für alle das Mädchen betreffenden Außenkontakte. Die Mädchen werden unterstützt, ihre Schule, Arbeit oder Ausbildung fortzuführen, um keine zusätzlichen Probleme zu schaffen.
Die ZUMMM ist eine Kriseneinrichtung. Die Verweildauer sollte bei ca. drei Monaten liegen. Zusammen mit dem Mädchen und dem zuständigen Jugendamt wird in dieser Zeit eine geeignete Nachfolgeeinrichtung/Wohnform gesucht.
In der ZUMMM arbeiten insgesamt neun Fachkräfte (Diplom-Pädagoginnen, Diplom-Sozialpädagoginnen, Diplom-Sozialarbeiterin, Heilpädagogin, Hauswirtschaftliche Erzieherin), zum Teil in Zeitarbeit.

Der Freund meiner Mutter hat mich mißbraucht

Carry, 16

Ich lebe jetzt seit einigen Monaten in der ZUMMM, einer Übergangseinrichtung für Mädchen. Die Adresse ist geheim.
Es fing vor drei oder vier Jahren an. Der Freund meiner Mutter faßte mich zuerst nur an, aber es wurde immer schlimmer. Er betatschte mich und steckte später auch seinen Penis in meine Scheide. Ich mußte ihn sexuell befriedigen. Ich fand das alles so ekelhaft, und soviel Angst wie damals hatte ich noch nie. Ich war froh, als ich das nicht mehr über mich ergehen lassen mußte.
Er zwang mich, Ausreden zu erfinden, um nicht in die Schule

gehen zu müssen. Ich mußte auch meine Mutter belügen. Ich wollte es überhaupt nicht, aber ich hatte einfach keine andere Wahl. Er versprach mir auch, Geld dafür zu geben, aber das habe ich nie bekommen. Ich wollte es nicht für Geld und nicht ohne Geld tun. Ich wollte nur, daß er mich in Ruhe läßt. Aber das tat er nicht.

Das Ganze dauerte mehrere Jahre. Er machte auch andere Sachen mit mir, aber es wäre zuviel, alles aufzuzählen. Ich hatte Angst, mit jemandem darüber zu reden. Aber vor mehreren Monaten habe ich es doch meiner Lehrerin gesagt. Ich habe ihr die ganze Geschichte erzählt, und sie sagte zu mir, daß sie das Jugendamt informieren wolle.

Am anderen Tag kam eine Frau vom Jugendamt. Sie wollte ein paar Einzelheiten wissen, warum ich von zu Hause weg wollte. Nach ungefähr einer halben Stunde nahm sie mich mit aufs Jugendamt. Dann fuhren wir zur Kinderschutzambulanz. Dort sprach ich mit einem Mitarbeiter. Als wir fertig waren, kam eine Mitarbeiterin von der ZUMMM. Nachdem sie mir von der ZUMMM und ich ihr etwas von mir erzählt hatte, fuhr ich mit ihr dorthin.

Als wir dort ankamen, wollte ich mich erst etwas ausruhen, weil der Tag so scheiße war. Es kamen so viele Sachen auf einmal auf mich zu. Alles war neu für mich. Ich lernte dann erst einmal die anderen Mädchen kennen. Ich habe mich schnell eingelebt, und nach ein paar Tagen ging es mir ein bißchen besser. Die Betreuerinnen sind nett. Hier in der ZUMMM gibt es ein paar Regeln, zum Beispiel muß jeden Tag ein Mädchen Küchendienst machen – im Augenblick sind wir zu viert. Mittwochs müssen wir unsere Zimmer aufräumen, donnerstags unsere Ämtchen machen, das heißt, Wohnzimmer, Flur usw. saubermachen.

Jedes Mädchen hat eine Bezugsbetreuerin, mit der sie einmal in der Woche ein Einzelgespräch hat. Da werden Themen besprochen, zum Beispiel, wie die Woche war, was mich bedrückt und so weiter.

Ich gehe noch zur Schule. Ich werde eine Pflegefamilie bekommen. Darauf freue ich mich schon.

Die Kinderschutzambulanz

Margit Gegenfurtner und Wolfram Gellendin

Viele Kinder und Jugendliche erleben innerhalb und außerhalb ihrer Familien Leid durch körperliche, seelische oder sexuelle Gewalt. In der ärztlichen Kinderschutzambulanz können Kinder, Jugendliche, Eltern und Familien Hilfe und Unterstützung finden. Darüber hinaus beraten wir aber auch Professionelle, z. B. Erzieher/innen, Lehrer/innen oder Therapeuten/innen, die mit Kindern und Jugendlichen arbeiten.

Wir in der ärztlichen Kinderschutzambulanz am Evangelischen Krankenhaus Düsseldorf bieten an:

- Beratung und Information über Hilfsmöglichkeiten
- Spieldiagnostik für Kinder
- Einzelgespräche mit Jugendlichen über ihre speziellen Probleme
- Erziehungsberatung für Eltern
- Therapeutische Hilfe für Kinder, Jugendliche und Eltern
- Therapeutische Hilfe für mißhandelnde Erwachsene
- Unterstützung und Begleitung von Kindern und Jugendlichen bei Gericht.

Der erste Kontakt erfolgt in der Regel telefonisch. Die Meldungen kommen dabei einmal aus dem Kreis der Familie, von Mutter, Vater oder dem/der Jugendlichen selbst, zum anderen aber auch durch Professionelle. Nach einer solchen telefonischen Meldung wird so rasch wie möglich ein persönliches Gespräch mit dem Anrufer/der Anruferin geführt, um das Problem genauer zu erfassen. Eine Grundregel von uns ist, Kinder und Jugendliche so rasch wie möglich einzuladen und mit ihnen zu sprechen.

Die Interessen der Kinder und Jugendlichen stehen bei unserer Arbeit im Mittelpunkt. Wir versuchen, die Atmosphäre so zu gestalten, daß Kinder und Jugendliche sich möglichst angstfrei mitteilen und sich seelisch entlasten können. Sobald nach einigen Terminen ein möglichst klares Bild über die Situation entstanden ist, werden

mit dem Kind die weiteren Schritte abgesprochen. Dabei wird auch besprochen, wer von den Mitteilungen des Kindes wissen darf und soll.
Die Ergebnisse der Untersuchung bzw. der Gespräche sollen zu Lösungsansätzen führen, bei denen die Bedürfnisse der Kinder und Jugendlichen im Vordergrund stehen. Solche Lösungen können unterschiedlicher Natur sein und reichen von familientherapeutischen Angeboten für alle Familienmitglieder über Einzeltherapie mit Kindern und Jugendlichen bis zur Herauslösung der Kinder oder Jugendlichen aus einer familiären Gewaltsituation. Nach Möglichkeit soll ihnen ihre Familie erhalten bleiben.
Die enge Zusammenarbeit von ÄrztInnen, PsychologInnen, Behörden und auch Gerichten ist besonders wichtig, um schnell und kindorientiert handeln zu können.

Eine Klinik ohne Betten – Die Kindertagesklinik für Psychosomatik in Düsseldorf

Hella Bläsner

Räumlich gesehen wirkt die Kindertagesklinik eher wie ein Hort. Jede Gruppe hat einen Wohnraum mit Couchecke und Eßbereich und eine Küche. Außerdem gibt es einen Körpertherapieraum, einen Werkraum, Schulräume und die Therapeuten- und Pädagogenzimmer. Die Betreuer sind Sozialpädagogen und Heilpädagogen, die Elternfunktion übernehmen und das therapeutisch-pädagogische Gruppenprogramm gestalten. Der Tagesablauf orientiert sich an der Normalität, d. h. morgens ist für alle Kinder Schule, je nach Belastbarkeit länger oder kürzer. Nachmittags finden die Einzeltherapien und Gruppenaktivitäten statt. Die Leiterin der Tagesklinik ist Kinderärztin und Kinder- und Jugendpsychiaterin. Von ihr wird jedes Kind untersucht und medizinisch versorgt. Bei schlechtem Gesundheitszustand können die Kinder auf der Kinderstation stationär aufgenommen und von der Tagesklinik mit betreut werden.

Psychosomatik, was heißt das?

Das Wort Psychosomatik leitet sich ab von Psyche – Seele und Soma – Körper, d. h. es sind körperlich-seelische Erkrankungen, also chronische körperliche Krankheiten, wie z. B. die Zuckerkrankheit, die zu seelischen Belastungen führen, oder seelische Konflikte, die sich in körperlichen Symptomen ausdrücken. Die Wechselwirkungen zwischen Gefühlen bzw. seelischen Leiden und körperlichen Reaktionen bzw. Funktionsstörungen oder Organerkrankungen stehen im Mittelpunkt der Betrachtung. Bei der Entstehung und dem Verlauf der Erkrankung wird das Wechselspiel biologischer, psychologischer und sozialer Faktoren gesehen. Die Kindertagesklinik für Psychosomatik wurde eingerichtet zur Behandlung von Kindern mit psychosomatischen Erkrankungen. Das sind z. B. Asthma bronchiale, Magersucht, Eß-Brechsucht, chronische Darmentzündung, Magen- und Darmgeschwüre. Aber auch psychosomatische Reaktionen, z. B. chronische Schmerz-

zustände, Störungen des Herz-Kreislauf-Systems und des Magen-Darm-Traktes, Einnässen, Einkoten und chronische Hauterkrankungen gehören zur Indikation, ebenso chronische körperliche Erkrankungen, die mit sekundären psychischen Komplikationen einhergehen, Angstzustände, Schulverweigerung, Leistungshemmungen und depressive Syndrome.
Aufgenommen werden Schulkinder im Alter von sechs bis 18 Jahren. Der Aufnahme geht eine Vorstellung in der tagesklinischen Ambulanz voraus. Hier wird die Diagnose gestellt und das Behandlungsziel festgelegt. Für die Aufnahme ist eine ärztliche Einweisung notwendig, d. h. die Kosten werden von der Krankenkasse übernommen. Grundbedingung ist die Kooperation mit den Eltern.
Die Eltern müssen sich verpflichten, an 14tägigen familientherapeutischen Sitzungen teilzunehmen und regelmäßig Kontakt mit den Gruppenpädagogen zu halten.
Die Behandlung besteht zum einen in der therapeutisch-pädagogischen Gruppe, die sich an den Fähigkeiten, Bedürfnissen, Problemen und Beschwerden der Kinder und Jugendlichen orientiert. Es wird versucht, den Sinn eines bestimmten Symptomes oder Verhaltens zu verstehen und den Kindern die Möglichkeit zu geben, im geschützten Rahmen alternatives Verhalten auszuprobieren. Dabei soll der Aufbau tragfähiger Beziehungen ein Gefühl von Sicherheit und Vertrauen schaffen, welches Veränderungen erst möglich macht. Durch Eingehen neuer Beziehungen in der Gruppe, Auseinandersetzungen und Identifikationen soll die Entwicklung individueller und sozialer Fähigkeiten gefördert werden. Zu den Aktivitäten zählen Sport und damit verbundene Körpererfahrung, handwerkliche und kreative Tätigkeiten, Einzel- und Gruppengespräche, Rollenspiel, freies Spiel und gemeinsame Unternehmungen. Die Schule gilt als Schon- und Schutzraum, um dort neue Erfahrungen machen zu können.
Ein wesentlicher Grundpfeiler der Behandlung ist die Familientherapie. Hierbei geht es darum, die Symptomatik im familiären Kontext zu entschlüsseln und die familiären Ressourcen zu nutzen, um das Symptom überflüssig werden zu lassen. Einzeltherapie erfolgt als Gesprächstherapie, Spieltherapie, Körpertherapie oder Verhaltenstherapie.

Das therapeutische Team setzt sich zusammen aus verschiedenen Berufsgruppen: Sozialpädagogen, Heilpädagogen, Psychologen, einer Körpertherapeutin, Lehrern und einer Ärztin. In den Teamsitzungen werden unter medizinischen, therapeutischen, psychologischen und pädagogischen Gesichtspunkten Beobachtungen und Hypothesen zusammengetragen und ein Therapiekonzept entwickelt. Ähnlich wird mit der ganzen Familie zunächst das Problem definiert, um dann gemeinsame Wege aus der Sackgasse zu suchen. Indem jeder einzelne sowohl im Team als auch in der Familie seinen Standpunkt und seine Emotionen ausdrücken darf, ergeben sich unterschiedliche Bilder, die neue Lösungsmöglichkeiten beinhalten.

Wie jeden Tag
Christina 15, Isabel 14

Ich sitze wie jeden Tag hinter meinem Tisch in der Schule. Der Lehrer steht vor uns und verkündet: »Nur einmal sehr gut!« Wer mag die Eins wohl haben? Es ist mir egal.
Später auf dem Schulhof in der Pause. Meine Freundin fragt mich: »Was hast du in der Arbeit?« Völlig gleichgültig erzähle ich ihr, daß ich diejenige bin, die die einzige Eins hat. Doch tue ich dies ohne Stolz, ich frage mich eher, ob sie vielleicht neidisch ist. Bin ich etwa zum Streber geworden?
Nach der Schule stehen meine Freundinnen wie jeden Tag beisammen. Sie lachen. Sie sind glücklich und unbeschwert. Doch ich? Ich stehe im Abseits und denke nach. Ich habe das Gefühl, daß sie mich nicht mehr mögen. Doch schließlich fragen sie mich: »Na, gehst du mit uns?« Ich überlege und komme zu dem Entschluß, daß ich lieber allein sein möchte, mit mir und meinen Gedanken. Ich sage ihnen: »Ich mache lieber Hausaufgaben.« Doch in Wahrheit sitze ich zu Hause über meinen Hausaufgaben und überlege, warum ich mich nicht traue, mit ihnen zu gehen.
Am nächsten Tag sitze ich im Bus und überlege, was ich bloß zu Hause machen könne. Ich möchte mich aber auf keinen Fall mit anderen Leuten verabreden. Zu Hause wartet meine Mutter auf

mich und fragt: »Wie war's in der Schule?« Ich antworte ihr nur kurz und bin wieder mit mir und meinen Gedanken beschäftigt. Doch schließlich erkundigt sie sich bei mir, wie die Arbeit ausgefallen ist. Ich erzähle ihr, daß ich die einzige Eins habe. Sie kann mich und mein Auftreten nicht verstehen. Schließlich sage ich ihr, warum ich so unzufrieden bin: »Ich fühle mich in der Klasse so ausgegrenzt.« Doch sie versteht mich nicht und sagt nur: »Du mußt nicht alles so ernst nehmen.« Ich habe das Gefühl, daß mich niemand auf der Welt versteht.

Am nächsten Tag ist mir nach der Schule am ganzen Körper furchtbar kalt, doch es ist nicht die gewöhnliche Kälte, die ich schon kenne und die jeder Mensch im Winter verspürt. Es ist so ein schreckliches Gefühl, diese Kälte am ganzen Körper zu verspüren. Natürlich ist das erste, was meine Mutter sagt: »Iß erst mal was!« Doch ich esse wie jeden Mittag nichts und sage, daß ich eben keinen Hunger habe.

Am nächsten Tag in der Schule fühle ich mich so einsam und alleingelassen, außerdem bin ich schwach und kraftlos geworden. Mein Lehrer bemerkt es und fragt mich, was denn mit mir los sei. Ich sage, daß ich mich so unwohl in der Klasse fühle. Doch er versteht mich nicht. Wie sollte es auch anders sein?

Ich komme erschöpft zu Hause an und sage meiner Mutter, was ich eigentlich schon lange sagen wollte: »Ich will nicht mehr zur Schule.« Doch sie versteht mich nicht und fragt ratlos: »Was machen wir denn bloß mit dir?« Schließlich lege ich mich völlig kraftlos ins Bett. Ich weiß, daß ich nicht mehr weiter kann, ich bin schon lange am Ende meiner Kräfte, schon lange. Ich weiß, daß die einzige Lösung das Krankenhaus ist, und sage meiner Mutter, daß sie mich ins Krankenhaus bringen soll. Meine Mutter erschrickt, daß ich das von selbst einsehe und den Ernst der Lage erkenne. Ich bin im Krankenhaus. Doch was habe ich mir bloß angetan? Ich bin Tag und Nacht an einen Herzmonitor angeschlossen, darf nicht aufstehen und bin außerdem an eine Infusion angeschlossen. Ich fühle mich einfach schrecklich!

Doch endlich fühle ich mich nicht mehr so alleine. Fast jeden zweiten Tag bekomme ich Post von meinen Freunden. Das gibt mir Kraft, diese harte Zeit so schnell wie möglich hinter mich zu bringen. Dies ist mir ein Zeichen dafür, daß sie an mich denken, daß sie mich mögen. Ich mache langsam, aber sicher Fortschritte. Der Arzt ist mit mir zufrieden, und ich merke auch selbst, daß es mir schon besser geht. Schließlich kommt der Tag meiner Entlassung. Ich habe ein relativ sicheres Gewicht erreicht und kann nach zwei Monaten endlich nach Hause.

Doch nicht ganz nach Hause. Ich gehe jetzt in die Psychosomatische Tagesklinik für Kinder und Jugendliche im Evangelischen Krankenhaus. Hier gefällt es mir. Ich habe Spaß, mit den anderen Jugendlichen zu reden und zu lachen. Ich merke, wie ich langsam wieder Spaß am Leben bekomme und auch wieder die Kraft habe, Dinge zu tun, die ich schon lange nicht mehr getan habe.

Schließlich rufe ich nach langer Zeit wieder meine Freundin an und frage sie, ob sie nicht Lust hätte, mit mir ins Kino zu gehen. Ich bin so froh, daß ich sie angerufen habe! Der Film gefällt uns beiden gut. Ich bin so glücklich, wieder in die »normale« Welt zurückgekehrt zu sein! Meine Freundin fragt mich, ob wir in eine Eisdiele gehen wollen. Ich bin einverstanden, auch wenn es mir nicht gerade leichtfällt. Doch der Tag mit ihr war wunderbar, und ich wünsche mir, daß es noch viele solche Tage in meinem Leben geben wird.

Entlassen aus der Kinder- und Jugendpsychiatrie – was dann?

Was folgt der stationären Behandlung?

Jürgen Schiwatsch

Nach einer stationären Behandlung sind oft weitere Hilfen angezeigt bzw. notwendig. Welche Hilfen angemessen für die individuelle Situation sind, wird vor der Entlassung mit allen Beteiligten, das heißt, dem Jugendlichen, den Eltern, den Fachkräften der Station und dem zuständigen Jugendamt übereinstimmend geklärt. Dazu gehört neben den Gründen, die eine Hilfe notwendig machen (Schwächen, Defizite, Behinderungen o. ä.), auch die Herausstellung der Stärken (Zuverlässigkeit, Problembewußtsein), um die Maßnahme, die dem persönlichen Entwicklungsstand entspricht, einzuleiten.

In vielen Fällen ist eine Rückkehr ins Elternhaus möglich. Wenn aber die familiäre und persönliche Problematik so groß ist, daß jemand nicht wieder in den elterlichen Haushalt zurück kann oder/und eine Ablösung vom Elternhaus ohnehin sinnvoll erscheint, gibt es eine Reihe anderer Möglichkeiten:

- Heime mit Eingliederungshilfe in Beruf und Leben
- Übergangsheime für psychisch Kranke
- therapeutische Einrichtungen
- Wohngemeinschaften und Wohngruppen (WG)
- Betreutes Wohnen
- Intensive Sozialpädagogische Einzelbetreuung (INSPE)

Diese Maßnahmen werden nach dem Bundessozialhilfegesetz (BSHG) oder dem Kinder- und Jugendhilfegesetz (KJHG) gewährt. Ich will sie in einfacher Art darstellen:

Eingliederungshilfe wird Menschen gewährt, die in Gesellschaft, Beruf und Leben eingegliedert werden sollen. Diese Hilfe können Kinder, Jugendliche und Erwachsene erhalten. Sie umfaßt die Hilfe in den entsprechenden Heimen und deckt den finanziellen persönlichen und täglichen Bedarf ab. Sie dient also dazu, daß Menschen einen angemessenen Lebensplatz in unserer Gesellschaft finden. Begleitend hierzu ist die berufliche Eingliederungshilfe z. B. in der Werkstatt für angepaßte Arbeit zu nennen.

Eine *therapeutisch ausgerichtete betreute Wohnform* ist dann sinnvoll, wenn eine akute klinische Behandlung nicht mehr erforderlich ist, aber eine therapeutische Behandlung weiterhin notwendig erscheint.
Eine *Wohngruppe* bzw. *Wohngemeinschaft* ist für Kinder und Jugendliche zu wählen, wenn pädagogische Maßnahmen im Vordergrund stehen. Die WG ist meist familienähnlich strukturiert. Dort lernen Jugendliche, ihre Defizite der Alltagsbewältigung nach und nach abzubauen, um später selbständig leben zu können. Natürlich ist die schulische und berufliche Weiterentwicklung ein wichtiger Bestandteil. Diese Maßnahme wird vom örtlichen Jugendamt getragen.
Betreutes Wohnen bietet Jugendlichen unter Berücksichtigung ihrer wachsenden Fähigkeiten und Bedürfnisse eine zeitlich befristete oder auf Dauer angelegte Lebensform. Wenn nicht die Rückkehr ins Elternhaus geplant ist, kann dies auch eine Vorbereitung auf ein selbständiges Leben sein.
Intensive Sozialpädagogische Einzelbetreuung (INSPE) unterscheidet sich vom Betreuten Wohnen vor allem durch größere Formenvielfalt (1:1-Betreuung, Erlebnispädagogik u. a.) und größere Offenheit der Inhalte. Die INSPE hilft durch ein persönliches Beziehungsangebot des Sozialarbeiters / Sozialpädagogen, das Lebensumfeld zu gestalten mit allem, was für das Leben wichtig ist.
Bei den Hilfen Wohngruppe / Wohngemeinschaft, Betreutes Wohnen und Intensive Sozialpädagogische Einzelbetreuung wird das Jugendamt als Träger den Maßnahmen zustimmen, wenn der Jugendliche die Fähigkeit zur Mitarbeit zeigt und ein Erfolg eher wahrscheinlich als unwahrscheinlich ist.

Gemeinsam auf dem Weg zur Selbständigkeit

Karin, 27

Betreute Wohngemeinschaften für psychisch Kranke werden von verschiedenen Trägern wie Wohlfahrtsverbänden, freien psychosozialen Trägervereinen oder den Sozialpsychiatrischen Diensten der Städte angeboten. Die Konzepte ähneln sich: Psychisch er-

krankte Menschen wohnen für einige Jahre in einer Gemeinschaft zusammen und werden von Betreuern (z. B. Sozialarbeitern/-pädagogen) beraten und begleitet. Ziel ist die Befähigung zu einem möglichst selbständigen Leben; es wird Hilfe zur Selbsthilfe gegeben.
Was bedeutet es, in einer betreuten Wohngemeinschaft zu leben? Wie kommt es, daß ich dort eingezogen bin?
Angefangen hatte es mit der Arbeitslosigkeit, am Ende stand ein Aufenthalt in der Psychiatrie. Dazwischen lag eine lange Zeit der Depressionen und Angst; der Spannungen mit meinen Eltern, bei denen ich damals wohnte, der wachsenden Verzweiflung über mein als ausweglos empfundenes Leben. Ohne Aussicht auf Arbeit, ohne Unterstützung meiner Umgebung verlor ich mein Selbstwertgefühl und damit den Boden unter den Füßen. Während des Klinikaufenthaltes wurde mir dann bewußt, daß es keine Rückkehr in die alten Verhältnisse geben durfte, wenn ich mich stabilisieren wollte. Aber wohin? Allein in einer eigenen Wohnung hätte ich aus finanziellen Gründen und in meiner seelischen Verfassung nicht leben können. Was dann? Über die Klinik kam ich an Adressen von betreuten Wohngemeinschaften für psychisch Kranke.
Nach zwei Monaten Wartezeit fand ich schließlich einen Platz in einer WG mit zwei Männern und einer Frau. Die Betreuer, zwei Sozialarbeiter, entschieden über meine Aufnahme im Einverständnis mit den Bewohnern. Es wurde ein Betreuungs- und Mietvertrag zwischen dem Träger und mir abgeschlossen. In einer Probezeit konnte ich prüfen, ob ich mit dem WG-Leben zurechtkomme. Die Betreuung ist ein fester Bestandteil dieser Wohnform. Wer in eine betreute WG zieht, muß auch die jeweiligen Vereinbarungen des Trägers akzeptieren. Als Bewohner muß ich bereit sein, mit den Betreuern zusammenzuarbeiten. Stimmt schon bei den Vorstellungsgesprächen die »Chemie« nicht, sollte man es besser bei anderen Trägern versuchen.
Die Betreuer unterstützen jeden Bewohner bei der Suche nach Tagesstrukturen, einer Beschäftigung oder Arbeit. Sie bieten ihm Hilfe und Beratung an, wo er sie braucht: bei finanziellen Fragen, beim Umgang mit Behörden oder sonstigen Problemen. Dies kann nach Bedarf in Einzelgesprächen stattfinden, in Gesprächen mit

Familienangehörigen und in den wöchentlichen Gesprächsgruppen, die für alle Bewohner verpflichtend sind. Die Gesprächsgruppe wird von den Betreuern geleitet und gibt uns Bewohnern die Möglichkeit des Austausches und der gegenseitigen Unterstützung. Hier kann jeder zum Thema machen, was ihn bewegt: Alltagsprobleme, berufliche und persönliche Perspektiven, Interessen, Erfolgserlebnisse oder auch Schwierigkeiten im Umgang miteinander. Treten z. B. Probleme im Zusammenleben der Bewohner auf, ist oft eine Klärung in der Gruppe erforderlich. Auch Freizeitaktivitäten wie Ausflüge, Kino, Kegeln usw. werden in den Gesprächsgruppen geplant.

Neben unserer Wohngemeinschaft betreuen die Sozialarbeiter noch zwei weitere WGs mit psychisch Kranken. Das Spektrum der Krankheitsbilder ist breit: Psychosen, manisch-depressive Erkrankungen, Borderline-Strukturen, Depressionen und Angsterkrankungen. Die meisten Bewohner nehmen langfristig Medikamente, um Krankheitssymptome abzuschwächen oder Rückfälle zu vermeiden. Regelmäßiger Kontakt zu einem psychiatrischen Facharzt wird vorausgesetzt; zusätzlich machen manche auch eine Psychotherapie.

Jeder Bewohner verfügt über ein eigenes Zimmer und nutzt zusammen mit den anderen Küche, Wohnzimmer, Bad usw. Jeder versorgt sich selbst, führt seinen eigenen Haushalt. Putzpläne sorgen dafür, daß die Reinigung der Gemeinschaftsräume gerecht verteilt wird. Manchmal kochen wir zu mehreren zusammen, meistens wird die Küche jedoch zu unterschiedlichen Zeiten genutzt, da jeder andere Arbeitszeiten hat. Während ein Bewohner nach einer Umschulung jetzt ganztags arbeitet, machen meine Mitbewohnerin und ich ein Arbeitstraining; der vierte Bewohner nimmt an einer berufsvorbereitenden Maßnahme teil.

An den Wochenenden kann es eng werden: Besuche von Freunden, Familienangehörigen oder Übernachtungsgästen, kleinere und größere Kochveranstaltungen, manchmal auch Putzaktionen, die man in der Woche nicht geschafft hat. Dann merke ich immer wieder, wie wichtig Absprachen sind, damit das Zusammenwohnen funktioniert.

Welche positiven Erfahrungen mache ich in der WG?

Ich finde hier Verständnis bei Mitbewohnern, die aus eigenen

Erfahrungen heraus meine Gedanken und Gefühle nachvollziehen können. Man ist nicht allein. Sich gegenseitig zuhören und ermutigen, das sind erfreuliche Aspekte der WG. Das Zusammenleben bietet auch Gelegenheit, an seinen psychischen Problemem zu arbeiten. So mußte ich z. B. lernen, mich durchzusetzen und Dinge, die mich stören, offen anzusprechen. Und ich habe erfahren, daß man mit solchen Aussprachen etwas erreichen kann.
Was finde ich problematisch an der betreuten WG?
Das tägliche Miteinander kann manchmal recht anstrengend werden, da verschiedene Lebensgewohnheiten, Eigenarten, Vorstellungen von Sauberkeit und Ordnung, Bedürfnisse nach Nähe und Distanz aufeinandertreffen. Das läuft nicht immer ohne Konflikte ab, die Kraft kosten. Wenn Bewohner in schwere seelische Krisen geraten, kann das die Mitbewohner erheblich belasten. Dann ist es nach meiner Erfahrung schwierig, aber sehr wichtig, sich abzugrenzen, um nicht selbst die Orientierung zu verlieren.
Wie geht es mir heute, ein Jahr nach dem Einzug?
Ich fühle mich etwas besser, hab aus der Sackgasse, in der ich steckte, einen Weg gefunden. Ich freue mich über kleine Schritte: den Alltag geregelt bekommen, täglich einige Stunden Arbeit durchhalten können, Kontakte knüpfen, mit Ängsten fertig werden, vor denen ich früher davongelaufen bin. Es wird ein langer Weg. Er wird, so hoffe ich, über eine Umschulung und noch einige Jahre Wohngemeinschaft zum festen Arbeitsplatz und einer eigenen Wohnung führen. Aber ich bin nicht allein. Meine Mitbewohner haben ähnliche Ziele. Jeder träumt von einem selbständigen Leben.

Intensive Sozialpädagogische Einzelbetreuung

Lisa Hüning

Die Intensive Sozialpädagogische Einzelbetreuung (INSPE) möchte ich am Beispiel des entsprechenden Angebotes für Jugendliche / Heranwachsende im Alter von 16 bis 20 Jahren der Arbeiterwohlfahrt, Kreisverband Krefeld e. V., darstellen.

Im Rahmen eines Hilfeplangesprächs beim Jugendamt schildert der betreffende Jugendliche seine Situation, und mit ihm werden die Rahmenbedingungen der Hilfeform mit den entsprechenden Anforderungen besprochen. Danach wird die Hilfeform festgelegt.

Ein Jugendlicher, der in die Maßnahme aufgenommen werden will, muß im Ansatz zu einer eigenständigen Lebensführung in der Lage sein. Er muß die Bereitschaft haben, an seiner Entwicklung und der Verbesserung seiner Situation aktiv mitzuarbeiten. Regelmäßige Kontakte zum Betreuer sind verbindlich, werden aber individuell abgesprochen. Auch der Besuch einer Schule bzw. eine berufliche Ausbildung, eine Arbeitsstelle oder das ernsthafte Bemühen um eine dieser Möglichkeiten ist verpflichtend. Lebensbestimmendes Suchtverhalten schließt eine Aufnahme aus. Kommt es dann zur Aufnahme in die INSPE, bekommt der Jugendliche einen festen Betreuer zur Seite gestellt, der in allen Bereichen für ihn zuständig ist. Die Jugendlichen bekommen als finanzielle Grundversorgung einen Betrag, der sich am Regelsatz der Sozialhilfe orientiert, dazu eine Bekleidungspauschale, eine Pauschale für die alltäglichen Bedürfnisse und Taschengeld. Darüber hinaus übernimmt das Jugendamt die Kosten der Wohnung bis zu 600 DM Warmmiete und die Kaution. Die Eltern der Jugendlichen werden je nach Höhe ihres Einkommens an der Finanzierung der Maßnahme beteiligt. Das gleiche gilt für die Jugendlichen, wenn sie selbst verdienen.

Zu Beginn der Maßnahme ist die Betreuung sehr intensiv. Sie dient dem gegenseitigen Kennenlernen und dem Aufbau einer

tragfähigen Beziehung. Zunächst müssen vorwiegend organisatorische und lebenspraktische Aufgaben wie Wohnungssuche, Renovierung, Umzug und Behördengänge gemeinsam gelöst werden. Wohnt der Jugendliche dann endlich in der eigenen Wohnung, muß er sich an die neuen Lebensumstände gewöhnen. Erst jetzt wird die Tragweite der Veränderungen und Anforderungen, die ein eigenständiges Wohnen mit sich bringt, deutlich. Das Alltagsleben zu organisieren, Geld einzuteilen, Freizeitaktivitäten nachzugehen und Freundschaften aufrechtzuerhalten oder neu aufzubauen, ist für viele Jugendliche schwer, und sie müssen Rückschläge und Enttäuschungen hinnehmen.
Gleichzeitig muß der Jugendliche auch noch eine realistische schulische oder berufliche Perspektive entwickeln.
Aufgrund der Doppelbelastung – selbständiges Wohnen und Schule/Ausbildung – besteht leicht die Gefahr eines Abbruchs der Schul- oder Berufsausbildung. In der Regel ist deshalb eine enge Kooperation von Betreuer und Schule bzw. Ausbildungsstelle sinnvoll, um den Jugendlichen zu stabilisieren.
Ein wesentlicher Bestandteil der Betreuung sind die persönlichen Gespräche, in denen der Jugendliche seine Probleme und Schwierigkeiten, seine Erfolge und Mißerfolge besprechen kann. Ihm soll es ermöglicht werden, seine Probleme zu erkennen, anzusprechen und angemessene Lösungen zu finden. Es wird ein Plan erstellt, in dem die Ziele festgehalten werden, die in kleinen Schritten erreicht werden sollen. Je selbständiger ein Jugendlicher wird, desto mehr kann die Betreuung sich auf Aspekte der Persönlichkeitsentwicklung konzentrieren. Rechtzeitig vor Beendigung der INSPE sollten die beruflichen Perspektiven geklärt sein und gegebenenfalls notwendige Schritte in bezug auf die weitere Lebensplanung des Jugendlichen besprochen und eingeleitet werden.

Mein Weg zur INSPE

Sandra, 20

Eineinhalb Jahre war ich auf einer Station der Rheinischen Landesklinik in Düsseldorf. Eine lange Zeit, und es stellte sich langsam, aber sicher die Frage: Wohin nach der Klinik? Zum Entsetzen aller Mitarbeiter wollte ich unbedingt nach Hause, zu meiner Familie. Die Mitarbeiter sahen ein Scheitern dieses Versuches schon vorprogrammiert.

Kurz vor meiner Entlassung war Lisa, eine ehemalige Mitarbeiterin, zu Besuch auf der Station. Sie erzählte von ihrer neuen Aufgabe als Mitarbeiterin bei INSPE (Intensive Sozialpädagogische Einzelbetreuung – Betreutes Wohnen). Als Lisa von meinen Plänen hörte, sagte auch sie, daß dieses Vorhaben zum Scheitern verurteilt sein müsse. Sie schlug mir das Betreute Wohnen vor, doch davon hielt ich zu diesem Zeitpunkt nicht viel. Es könne nicht schaden, sich zumindest vorsorglich anzumelden, meinte Lisa. Inzwischen weiß ich, daß es ein sehr geschickter Schachzug bzw. ein Rettungsanker war, den sie mir zuwarf.

Kurze Zeit später wurde ich entlassen und lebte wieder mit meinen Eltern und meiner Schwester zusammen. Doch schon nach einigen Tagen wünschte ich mir, ich wäre nicht nach Hause zurückgegangen. Mit der Zeit spitzte sich die Situation zu Hause immer mehr zu, und ich versuchte, soviel wie möglich unterwegs zu sein, um nicht mit meinen Eltern zusammensein zu müssen. Mir ging Lisas Angebot durch den Kopf. Also entschloß ich mich, sie bei der INSPE aufzusuchen. Ich erkundigte mich nach den Aufnahmekriterien. Lisa erklärte mir die erforderlichen Schritte und ermutigte mich, zu Hause auszuziehen.

Ich entschied mich schließlich für das Betreute Wohnen. Durch meinen Therapeuten nahm ich Kontakt mit dem Jugendamt auf. Als ich an diesem Tag nach Hause kam, hatte ich einen heftigen Streit mit meiner Mutter, was mich letztendlich in meinem Entschluß bestätigte.

Von diesem Zeitpunkt an ging alles ganz schnell. Zuerst war das Jugendhilfegespräch, in dem auch entschieden wurde, daß Lisa mich betreute. Dann mußte ich wohl oder übel meinen Eltern von meinem Vorhaben erzählen, was eine Menge Ärger brachte, da meine Eltern meine Entscheidung nicht verstehen konnten (oder auch nicht verstehen wollten?).

Dann begann die Suche nach einer Wohnung. Ich hatte Glück und fand relativ schnell eine kleine Wohnung. Nun mußte nur noch der Teppichboden verlegt werden, und am 1. August 1995 war es

endlich soweit: Ich zog bei meinen Eltern aus und hatte nun mein eigenes Zuhause.
Bei allen Schritten, die bis zu meinem Auszug nötig waren, wie zum Beispiel Anträge beim Wohnungsamt stellen, Telefon anmelden usw., unterstützte mich Lisa, die mich ja nun offiziell betreute. Seit meinem Auszug treffe ich mich fünfmal in der Woche etwa zwei Stunden mit ihr. In dieser Zeit klären wir organisatorische und finanzielle Dinge, reden aber auch über Probleme, die mich beschäftigen. Ab und zu frühstücken wir auch zusammen oder kochen mittags. Auch spazieren gehen wir des öfteren oder machen einen Stadtbummel.
Für mich war es allerdings von großem Vorteil, daß ich Lisa durch meinen Aufenthalt in der Kinder- und Jugendpsychiatrie kannte. So fiel die Phase des Aneinandergewöhnens weg, denn normalerweise brauche ich einige Zeit, bis ich Vertrauen fasse. Außerdem weiß Lisa schon vieles über mich, so daß ich ihr nicht immer alles erklären muß. Lisa hat auch regelmäßig Kontakt zu meiner ambulanten Therapeutin und spricht mit ihr Verschiedenes ab.
Seit acht Monaten lebe ich jetzt schon alleine und bin froh, daß ich durch die INSPE die Möglichkeit habe, ein eigenes Leben mit eigener Wohnung führen zu können und trotzdem dabei von Lisa, einer erfahrenen Sozialpädagogin, betreut zu werden.

Der Absprung in die WG

Thomas, 17

Im Sommer 1993 kam ich in die Klinik. An diese Zeit denke ich mit gemischten Gefühlen zurück. Ich erlebte dort Spaß, Glück, Freude, aber leider auch – wenn nicht noch mehr – Leid, Trauer, Isolation, Kummer und Schmerz. So ist es auch natürlich, daß ich den Entlassungstermin herbeisehnte. Nach einem Jahr, Ostern 1994, war es dann so weit. Ich wurde aus der Klapse entlassen.
Nach langen Überlegungen haben wir alle – meine Eltern, die Betreuer, die Ärzte, die Therapeuten und natürlich ich – beschlossen, daß ich in eine Wohngemeinschaft ziehen sollte. Obwohl wir längere Zeit suchen mußten, fand sich auch eine passende Kinder-

und Jugendwohngruppe. Sie befindet sich in einem Vorort von Düsseldorf in einem großen, alten Haus mit Garten.
Der Tag der Entlassung war für mich natürlich ein ganz besonderer Tag. Ich weiß es noch ganz genau, wie glücklich und ausgelassen ich war. Es ging sehr hektisch zu. Morgens war ich in der Schule, anschließend backte ich auf der Station einen Kuchen und traf Vorbereitungen für den Abend. Außerdem mußte ich noch meine Sachen packen, eine ganze Menge. Ich wußte gar nicht, wieviel sich in so einem Jahr ansammelt. Am Abend stieg die Abschlußparty auf der Station.
Nach der Party fuhr mein Vater mich zur Wohngruppe. Ich kannte zwar meine Mitbewohner vom vorhergegangenen Probewohnen, aber für mich war es trotzdem etwas ganz Neues. Da es inzwischen schon spät war, empfingen mich nur die älteren Bewohner und eine Erzieherin. Alle brachten mich zu meinem Zimmer und halfen mir beim Einräumen. Auf meinem Schreibtisch lag eine Willkommenskarte und daneben stand eine Schüssel mit Plätzchen und Bonbons. Ich schlief gut in meiner ersten Nacht, obwohl es für mich eine Umstellung war von dem harten, nicht quietschenden Klinikbett zu dem neuen weichen, dafür aber quietschenden Bett.
Am nächsten Morgen – es war Wochenende – waren alle beim Frühstück. Obwohl die Kleinen mich vom Probewohnen kannten, war die Überraschung groß, da sie nicht mitbekommen hatten, daß ich am Abend angekommen war. Ich war zwar von der Klinik gewöhnt, in einer größeren Gruppe zu speisen, aber dieses Frühstück war ein ganz neues Erlebnis für mich. Da zappelte einer ständig, ein anderer knatschte, ein Größerer erzählte den neuesten Witz, wieder ein anderer stöhnte über die harte Schule. Aber alles verlief harmonisch, und im Hintergrund zwitscherten die Vögel. Es war eine schöne Stimmung. An den nächsten Tagen bekam ich meine restlichen Möbel und richtete mein Zimmer gemütlich ein.
Wir sind vier Mädchen und vier Jungen im Alter von vier bis 17. Wegen der Kleinen ist immer ein Mitarbeiter (insgesamt zwei Frauen, zwei Männer und ein Zivildienstleistender) im Haus. Unter anderem sorgen sie für unser leibliches Wohl, wobei wir gerne mit anfassen. Auch Waschen und Bügeln wird von ihnen übernommen, doch wir Großen waschen meistens selbst. Bei Schul-

aufgaben stehen sie uns hilfreich zur Seite. Jeden Tag kommt eine Putzfrau, aber die Älteren machen meist selbst sauber, denn in unseren Zimmern herrscht ein mehr oder weniger großes Chaos. Das wäre eine Zumutung für eine Putzfrau. An den Wochenenden fahre ich zu meinen Eltern. Die anderen, die nicht nach Hause können oder wollen, unternehmen etwas auf eigene Faust oder mit den Mitarbeitern. Taschengeld bekommen wir vom Jugendamt – bei mir sind es rund 90 DM im Monat.

Mittlerweile sind fast zwei Jahre vergangen, und es hat sich einiges verändert. Einige gingen zurück zu ihren Eltern, und dafür kamen neue Jugendliche. Natürlich wechselten auch Mitarbeiter, was wir mehr oder weniger gut verkraftet haben. Inzwischen habe ich mir eine neue Schule gesucht, die ich besser erreichen kann. In die Klinik gehe ich nur noch in größeren Abständen zur Therapie. Ich kann sagen: Ich habe meine Klinikkarriere gut verkraftet. Ich bin jetzt mit mir und meinem Leben zufrieden.

Jugendwohngemeinschaft Naabstraße

Stefan Decker

Unsere Wohngemeinschaft ist eine Einrichtung der Jugendhilfe in der Trägerschaft der Arbeiterwohlfahrt. Unser Haus steht in Erkrath-Hochdahl, einer Kleinstadt am Rande Düsseldorfs in einer Siedlung mit Einfamilienhäusern. Bei uns leben bis zu acht Jugendliche und junge Erwachsene im Alter von 14 bis über die Volljährigkeit hinaus.

Betreut werden die Jugendlichen von drei Sozialpädagogen/innen und einer Sozialpädagogin im Anerkennungsjahr. Die Betreuer/innen sind nicht ständig anwesend, weil es unser Ziel ist, die Jugendlichen in ihrem Selbständigwerden zu fördern.

Die Jugendlichen übernehmen Verantwortung für sich selbst, aber auch für andere. Lebenspraktische Fähigkeiten werden gefördert und gefordert. In der WG arbeiten keine Haushalts- oder Reinigungskräfte, und die Bewohner sorgen beispielsweise abwechselnd für die Ernährung. Sie überlegen, was sie essen wollen, gehen einkaufen, kochen, decken den Tisch, räumen auch wieder ab etc. Es wäre langweilig, wenn immer alles klappte. Die Wäsche waschen, trocknen und bügeln sie selbst. Spätestens, wenn das Lieblings-T-Shirt eingelaufen ist und nur noch Erinnerungswert hat, wird das Mysterium der Waschprogramme gemeinsam entschlüsselt.

Ein wichtiger Bereich ist die Unterstützung bei Entwurf und Realisierung der schulischen, beruflichen und persönlichen Lebensgestaltung. Die Eltern werden – es sei denn, es sprechen gewichtige Gründe dagegen – an der Hilfeplanung beteiligt. Illusionen über die Freiheiten in unserer Wohngemeinschaft sollte man sich nicht machen – eine WG ist keine eigene Welt. Die Bewohner gestalten ihr eigenes und das gemeinsame Leben wesentlich, aber es bedarf verbindlicher Absprachen und Regeln, um miteinander auszukommen, Orientierung zu haben und unsererseits auch der Aufsichtspflicht zu genügen.

Die Mitarbeiter/innen haben eine therapeutische Zusatzausbildung oder arbeiten daran. Das hilft uns und den Jugendlichen, sich in schwierigen Situationen zurechtzufinden. Bei therapeutischem Bedarf sollte jedoch Hilfe außerhalb der Wohngemeinschaft angenommen werden.
Wie kommt man in eine WG bzw. wie wird der Kontakt zu einer WG aufgenommen? Bei einer Behandlung in einer Kinder- und Jugendpsychiatrie werden rechtzeitig durch Mitarbeiter der Klinik die nötigen Kontakte hergestellt. Andere Eltern, Kinder oder Jugendliche können sich direkt an das Jugendamt wenden. Dann wird gemeinsam überlegt, ob und welche Hilfen geleistet werden können. Erscheint es sinnvoll und notwendig, Jugendhilfe in Form der Unterbringung in einer Wohngemeinschaft abzuklären, so können sich Mitarbeiter/innen des Jugendamtes mit uns in Verbindung setzen. Gegebenenfalls organisieren wir dann zum ersten Kennenlernen ein Vorstellungsgespräch. Es folgt meist ein Probewochenende, das den Jugendlichen die Entscheidung erleichtert.

Hallo Betreuer – ich komme!

Bianca, 21

Mit 17 Jahren bewarb ich mich um einen Platz im »Betreuten Wohnen« bei der Arbeiterwohlfahrt. Nachdem ich diesen Platz bekam, hieß das für mich nicht, ab jetzt sofort allein wohnen und sich betreuen lassen. Nein, jetzt begann erst die eigentliche Arbeit. Wie finde ich mit 17 Jahren eine Wohnung, selbst mit dem Jugendamt im Rücken, das die Miete zahlt? Das war meine Frage.
Also machte ich mich freitags nachts mit meinem Rad auf den Weg zur nächsten Tankstelle und kaufte mir dort eine Zeitung. Als ich wieder in der Klinik war, strich ich noch in derselben Nacht die Apartments an, um dann am nächsten Morgen die »Drähte« der Vermieter heißlaufen zu lassen. Außerdem hatte ich an vielen Ecken der Stadt Zettel mit meinen Wohnungswünschen und meiner Telefonnummer aufgehängt. Alle Bekannten hielten für mich die Augen offen. Und so geschah es eines Tages, daß ich den Mietvertrag für mein erstes Zimmer unterschreiben konnte. Für den

Vermieter bedeutete es Sicherheit, daß die Stadt die Miete zahlte. Ich bekam also eine kleine Wohnung mit Balkon, einem Bad und einer Kochnische. Jetzt ging es los.
Hallo Betreuer, ich komme! Die Wohnung war glücklicherweise renoviert, und ich bekam eine Erstausstattung, das heißt Regale, Tische, Stühle, einen Ofen, Kühlschrank, Geschirr und diverse Küchenutensilien. Im Anschluß an den Großeinkauf bei Ikea half mein Betreuer mir noch beim Transport meiner Habe in meine kleine Wohnung. Dann ging es richtig los. Regale zusammenbauen, einräumen und endlich tun und lassen können, was man will.
Ich begann mit einem Vorpraktikum im Kindergarten, und einmal in der Woche (bei Bedarf auch öfter) kam mein Betreuer. Er half mir bei der Organisation meines Alltags und war auch bei allen anderen Problemen mein Ansprechpartner. Bei Ämtergängen half er mir auf die Sprünge, und bei praktischen Fragen stand er mir mit Rat und Tat zur Seite. Anfänglich hatte ich Probleme, mich zu organisieren, z. B. den täglichen Einkauf oder die Hausarbeit nach der Arbeit oder regelmäßiges Essen. Auch das Alleinsein fiel mir nach dreieinhalb Jahren Klinikaufenthalt nicht leicht. Dort hatte ich immer Leute um mich und wurde rund um die Uhr versorgt. Aber dafür hatte ich jetzt alle Freiheiten, die ich wollte, und notfalls war in »kriseligen« Zeiten mein Betreuer öfter da und bearbeitete mit mir meine Knackpunkte, was sehr hilfreich für mich war.
Im großen und ganzen war das Betreute Wohnen eine sehr schöne Zeit. Durch die Betreuung und Anleitung hatte ich Muße, mich an die veränderte Situation zu gewöhnen und meinen Alltag zu organisieren. Ich zog noch zweimal um und bekam immer tatkräftige Unterstützung in allen Lebenslagen.

Nachwort

Johannes Rau, Ministerpräsident des Landes Nordrhein-Westfalen

Wir leben in einer Gesellschaft der Interessengruppen. »Reif für die Klapse?« aber gibt Menschen das Wort, die keine Lobby haben. Hier sprechen psychisch Kranke sehr direkt und sehr präzise über ihr Schicksal. Ich gestehe, daß die Lektüre mich an manchen Stellen erschreckt hat. Krankheiten, die wir uns gern mit Hilfe von Fachausdrücken wie Bulimie, Psychose oder Schizophrenie vom Leibe halten, treten uns in diesen Berichten mit ungeschminkten Worten entgegen. Jugendliche, nur wenig älter als meine eigenen Kinder, haben oft riesige seelische Lasten zu tragen. Die Familie, in unserer Idealvorstellung ein Hort der Geborgenheit, ist häufig zum Ort von Depression, Furcht und Verzweiflung geworden. Das Verlangen nach Glück hat manche ins Elend von Drogenkonsum geführt.

Das ist alles andere als eine »Gute-Nacht-Lektüre«. Das sind Begegnungen mit Schicksalen, die zunächst fremd sind, weil sie uns ratlos machen, weil wir nicht gewohnt sind, mit ihnen umzugehen – denn dafür ist ja »Grafenberg« zuständig, wie die Rheinische Landesklinik in Düsseldorf und Umgebung genannt wird. Die in den weißen Kitteln werden das schon machen, denken wir gern.

Reicht es, wenn wir diese Jugendlichen in die Obhut von Ärzten und Therapeuten geben und uns wieder unserem »normalen« Leben zuwenden? Mir scheint, wir können hier nicht zuletzt lernen, daß es mit unserer Trennung von »normal« und »verrückt« nicht so weit her ist. Ist man »normal«, weil man »funktioniert«, nicht auffällt und anderen nicht zur Last wird? Müßte es uns nicht hingegen beunruhigen, wenn manche Mitmenschen zwar größte seelische Belastungen tragen, aber dennoch scheinbar klaglos funktionieren?

Ist unsere berufliche Unrast, sind all unsere materiellen Bedürfnisse immer »normal«? Und: Wer legt eigentlich fest, wann wir »normal« sind und wann nicht?

Wer die erste Fremdheit und die erste Abwehr überwunden hat, der macht bei der Lektüre von »Reif für die Klapse?« erstaunliche Entdeckungen. Da fragt zum Beispiel die sechzehnjährige Malika: »Wer bin ich? Wohin gehöre ich?«

Vielleicht kann Malika diese Fragen erst in »Grafenberg« stellen, weil ihr außerhalb der Klinik niemand zugehört hat? Viele der jugendlichen Patienten haben zunächst scheinbar normal in ihren Familien gelebt und sind dann mit dem Leben nicht mehr fertiggeworden. Wir haben keinen Grund, so zu tun, als seien diese Schicksale exotisch und könnten bei uns, in unserem Freundes- und Bekanntenkreis nicht passieren.

Wir leben in einer Zeit, in der die verschiedenen Interessen noch schärfer aufeinanderstoßen als früher. Mitgefühl und Einstehen füreinander werden zur kleinen Münze. Manchmal habe ich den Eindruck, daß zu viele in dem Gefühl leben, ihnen geschehe Unrecht, und daß diese Unzufriedenheit die Bereitschaft zur Hilfe erlahmen läßt. Wenn wir dem tatenlos zusähen, dann wären wir auf dem Weg in die kalte Welt, die psychisch Kranke oft stärker empfinden als andere. »Reif für die Klapse?« ist ein Appell, die Mauern zwischen uns und Psychiatriepatienten zu überwinden.

Jenny hat ihrem jungen Leben ein Ende setzen wollen. Nun hat sie wieder Hoffnung geschöpft; sie will einen neuen Anfang versuchen und schreibt: »Ich bin mir sicher, daß ich es schaffen werde.«

Ich wünsche es ihr von Herzen, und ich hoffe, daß wir alle dazu beitragen, sie und andere junge Menschen in Not dabei zu unterstützen.

GLOSSAR*

Oliver Theill

adoleszent: sich in der Adoleszenz, d. h. der Endphase des Jugendalters bzw. im jungen Erwachsenenalter befindend (vgl. *puberal*).

Antidepressivum: vgl. *Psychopharmaka*.

dekompensieren: (von lat. compensare = ausgleichen) die Fähigkeit verlieren, in Krisensituationen Belastungen ausgleichen zu können.

Demenzprozesse: Unter Demenz (lat. dementia = Wahnsinn) versteht man eine erworbene (d. h. nicht angeborene) Herabsetzung der geistigen Leistungsfähigkeit (»Verblödung«) auf der Grundlage verschiedener Hirnerkrankungen, welche anfangs vor allem das Gedächtnis und das Orientierungsvermögen betrifft und später oft zu völliger Hilflosigkeit und Pflegebedürftigkeit der Betroffenen führt. Sie ist im Kindesalter sehr selten.

Dysfunktion: Fehlfunktion; nicht ordnungsgemäßer Ablauf.

Epilepsie: Sammelbegriff einer Vielzahl verschiedener mit »Anfällen« (griech. epilepsia = Fallsucht) einhergehender Erkrankungen. Man unterscheidet verschiedene Anfallsformen mit und ohne Bewußtseinsverlust, mit Beteiligung des ganzen Körpers oder auch nur einzelner Gliedmaßen, sowie Formen ohne jegliche »Krämpfe«, während derer die Betroffenen geistesabwesend, aber ansprechbar wirken und mitunter bestimmte Handlungen permanent wiederholen. Als Ursachen von Anfällen kommen neben einer vererbten oder frühkindlich erworbenen Veranlagung sämtliche Schädigungen des Gehirns in Frage, z. B. Vergiftungen, Drogen- und Alkoholmißbrauch, Entzündungen, Tumore. Der Begriff »Epilepsie« sollte aber nur dort gebraucht werden, wo es zu einem chronischen, d. h. über einen längeren Zeitraum wiederholten Auftreten von Anfällen gekommen ist.

* Dieses Glossar wurde für den medizinischen Laien erstellt und erhebt keinen Anspruch auf wissenschaftliche Vollständigkeit und Ausdrucksweisen.

Hyperaktivität: Bewegungsunruhe, oft begleitet von Konzentrationsstörungen und erhöhter Ablenkbarkeit, welche zu Schwächen im Leistungsverhalten, z. B. Schulproblemen, führen. Im Kindesalter auch auftretend im Rahmen des »Hyperaktiven Syndroms« (»Zappelphilippsyndrom«).

Hyperventilation: Übermäßige Steigerung der Atmung im Zusammenhang mit seelischer Erregung. Hyperventilieren kann dabei zu Kribbel- und Taubheitsgefühlen, Muskelkrämpfen (dann oft anfallsartig wirkend, vgl. *Psychogene Anfälle*), Schwindel und Herzrasen führen.

Manie; manisch: Im Kindes- und Jugendalter extrem selten auftretende Erkrankung (griech. mania = Raserei, Wahnsinn), welche oft schwer zu erkennen ist, da die manischen Phasen sehr kurz (Minuten) sein können. Kennzeichen der Manie sind insbesondere gehobene Stimmung, gesteigerter Antrieb bis zur Raserei, erhöhte Aktivität, maßlose Überschätzung der eigenen körperlichen und seelischen Leistungsfähigkeit, gesteigerte Geselligkeit und Rededrang, sexuelle Umtriebigkeit und vermindertes Schlafbedürfnis. Reizbarkeit und Selbstüberschätzung können zu sozialer Ablehnung führen, nicht selten kommt es auch zu Konzentrations- und Aufmerksamkeitsstörungen sowie finanziellen Problemen durch übertriebene Geldausgaben. Da die Erkrankung überwiegend vom Betroffenen als angenehm erlebt wird und kein Leidensdruck besteht, ist oft nur geringe Behandlungseinsicht gegeben.

manisch-depressiv: vgl. *Manie*, phasisch-affektive Erkrankung.

Neuroleptika: vgl. *Psychopharmaka*.

Neurose: Erlebnisbedingte, nicht organisch verursachte seelische Erkrankung, welche oft in der (frühen) Kindheit angelegt ist. Eine gewisse Veranlagung im Sinne einer Bereitschaft, so zu erkranken, ist in der Regel gegeben, ausschlaggebend ist aber ein krankheitsauslösendes und -aufrechterhaltendes Kindheitsmilieu. Es kommt in der Folge zu einer gestörten Konfliktverarbeitung, die zu kurzzeitigen Störungen (z. B. neurotische Reaktion) oder langandauernden neurotischen Fehlentwicklungen führen kann. Typische Folgen sind Zwänge, Depressionen, Ängste, anhaltende Furcht bis hin zu körperlichen Beschwerden.

Nonverbale Psychotherapie: Psychotherapeutische Behandlungsverfahren, mit denen seelische Probleme und Erkrankungen nicht in erster Linie mittels Gesprächsbehandlung, also sprachlich bearbeitet werden, sondern über andere Zugangswege, z. B. Kunsttherapie (Musik-, Tanz-, Kreativtherapie), Entspannungsübungen, Reittherapie u. a.

Peer-group: Gruppe von Gleichaltrigen und Freunden, welche insbesondere während der Pubertät (vgl. *puberal*) eine wichtige Rolle beim Erfahrungsaustausch und sozialen Lernen spielt.

Phasisch-affektive Erkrankung: Phasisch, d. h. in gewissen Zeitabständen wiederkehrende tiefgreifende seelische Erkrankung (im Volksmund als »Gemütskrankheit« bekannt), welche vor allem die Stimmungen, Gefühle und den Antrieb betrifft und sich in erster Linie in Depressionen (scheinbar grundlose Niedergeschlagenheit, Gefühlsarmut, Antriebsschwäche) und Angst, aber auch in einer Manie mit grundlos gehobener Stimmung, Getriebenheit, Ratlosigkeit und Erregung äußern kann (vgl. *Manie*). Es gibt Krankheitsverläufe mit ausschließlich depressiven oder manischen Phasen, aber auch welche, bei denen beide Zustandsbilder auftreten (manisch-depressive Erkrankung).

Prävention: Vorbeugung; sie umfaßt z. B. Maßnahmen wie Ausschaltung von Risikofaktoren und Vorsorgeuntersuchungen.

Psychogene Anfälle: Unter seelischer Anspannung auftretende Beschwerden in Form z. B. von Zuckungen in Armen und Beinen, die epileptischen Anfällen (vgl. *Epilepsie*) sehr ähnlich sein können, manchmal auch begleitet von sehr schnellem und tiefem Atmen (vgl. *Hyperventilation*).

Psychopharmaka: Oberbegriff für Arzneimittel, die Wirkungen auf die Psyche und auf das Seelenleben (Erleben, Befinden, Verhalten) haben. Zu den Psychopharmaka gehören die Neuroleptika (Neurolepsie bedeutet Herabsetzung des psychischen Spannungsgrades durch Medikamente), welche z. B. gegen Beschwerden wie Fehlwahrnehmungen (z. B. Stimmenhören) und Verfolgungsängste, aber auch beruhigend und schlaffördernd wirken, ohne abhängig zu machen. Häufige und für Jugendliche besonders problematische Nebenwirkungen vor allem zu Beginn der Behandlung sind z. B. Muskelsteife und Zittern, Gewichtszunahme, Potenzstörungen und Minderung des sexuellen Verlangens. Eine weitere Medikamentengruppe sind die Antidepressiva (sie beeinflussen vor allem die Stimmung und den Antrieb günstig) und die Tranquilizer (sie wirken vor allem angstlösend und beruhigend, können aber auf Dauer abhängig machen und sollten deshalb nur kurzfristig gegeben werden). Oft ermöglicht erst eine anfängliche Behandlung mit Psychopharmaka eine weiterführende Psychotherapie.

Psychosomatische Erkrankungen: Erkrankungen der Seele, die bei entsprechender Dauer und Intensität auch im Körperlichen ihren Niederschlag finden (z. B. Magengeschwüre, Bronchialasthma, Bluthochdruck). Ursache sind in der Regel unzureichende innerseelische Verarbeitungsmöglichkeiten von Erlebnissen oder Konflikten bei entsprechender Erkrankungsbereitschaft.

puberal, präpuberal: Vorgänge, die während (puberal) oder vor (präpuberal) der Pubertät auftreten. Als Pubertät bezeichnet man eine Entwicklungsphase bei jungen Menschen, welche in der Regel zwischen dem 10. und 12. Lebensjahr beginnt, zwischen dem 15. und 17. Lebensjahr abgeschlossen ist und durch tiefgreifende körperliche, seelische und soziale Veränderungen mit der Folge erhöhter Unsicherheit und Verletzlichkeit gekennzeichnet ist.

sedierende Maßnahmen: (lat. sedare = beruhigen) Sedativa sind Medikamente, deren Einsatz manchmal notwendig ist, wenn ein ängstlicher oder erregter Patient mit Gesprächen nicht mehr erreichbar ist (vgl. *Psychopharmaka, Manie*).

Anlaufstellen bei Problemen – an wen kann ich mich wenden?

Klaus Napp

Es ist hier nicht möglich, Anlaufstellen in ganz Deutschland zu nennen. Was wir aus dem Raum Düsseldorf anführen, kann aber ohne weiteres auf andere Orte übertragen werden. Allerdings sind unter Umständen etwas Phantasie und Ausdauer nötig, bis man die richtige Stelle gefunden hat.

Generell gilt: Leute fragen, die es wissen müßten: Lehrer, Ärzte, Ämter. Nach unseren Erfahrungen sind Lehrer oft die ersten Ansprechpartner. Zu ihnen haben viele Jugendliche Vertrauen, und sie sind oft gut informiert.

Oder: das Telefonbuch wälzen. Auch in Bussen und Bahnen gibt es oft hilfreiche Telefonnummern oder Hinweise auf Beratungsstellen.

Oder, besonders wenn man anonym bleiben möchte, einfach das Kinder- und Jugendtelefon anrufen.

Das Kinder- und Jugendtelefon (KJT) – Die Nummer gegen Kummer:

1 11 03

Das KJT des deutschen Kinderschutzbundes gibt nicht nur guten Rat, sondern ist auch die ideale Stelle, um an Adressen anderer Stellen zu kommen.

Das KJT gibt es allerdings nicht überall, sondern meist nur in größeren Städten. In der ganzen Bundesrepublik hat es die gleiche Nummer. Ein Anruf kostet, egal wie lange er dauert, nur 12 Pfennig.

Aber, wie gesagt, nicht überall ist unter dieser Nummer jemand zu erreichen. Dann – und natürlich generell – bringt die folgende Nummer Erfolg:

0130/81 11 03

Unter dieser Nummer erreicht man ein regionales KJT, das für eine größere Region zuständig ist. Diese Anrufe kosten nichts, doch oft klappt die Verbindung nicht auf Anhieb, weil diese regionalen KJTs sehr gefragt sind.
Alle KJTs sind im allgemeinen wenigstens montags bis freitags von 15 bis 18 Uhr besetzt.
Bei der BAG, Buchenstraße 6 in 42283 Wuppertal, Telefon 0202/2801286, können Kinder- und Jugendtelefone in ganz Deutschland erfragt werden.
Neben dem Kinder- und Jugendtelefon gibt es – von Ort zu Ort verschieden – noch andere Sorgen- und Nottelefone. So in Düsseldorf u. a. das Nottelefon des Jugendamtes und der Drogenberatung.

Beratungsstellen in öffentlicher Trägerschaft

- Schulpsychologische Beratungsstelle
- Jugendberatung
- Jugend- und Elternberatungsdienst
- Psychiatrischer und neurologischer Gesundheitsdienst für Kinder und Jugendliche
- Drogenberatung
- Jugendamt

Dies sind beispielsweise Angebote der Stadt Düsseldorf. Ähnliche gibt es auch in anderen Gemeinden, wobei Umfang und Bezeichnung variieren können. Bei Gemeinde- oder Kreisverwaltungen ist zu erfahren, was wo verfügbar ist.

Freie Wohlfahrtsverbände

Arbeiterwohlfahrt (AWO), Caritasverband und das Diakonische Werk (Diakonie) bieten im allgemeinen ein umfassendes Hilfsangebot: Beratung für Kinder, Jugendliche und Familien, Therapien, Heime, Wohngruppen und noch mehr.
Außer diesen Organisationen gibt es regional auch noch andere Verbände mit ähnlichen Angeboten.

Beratungs- und Hilfsangebote bei Mißhandlung und sexuellem Mißbrauch

In größeren Orten gibt es häufig Kinderschutzzentren oder Kinderschutzambulanzen. Beratungsstellen bei sexuellem Mißbrauch und Mädchenhäuser, die ebenfalls häufig anzutreffen sind, haben oft phantasievolle Namen wie Wildwasser, Zartbitter oder ZUMMM. Es ist deshalb nicht immer leicht, sie zu finden, wenn man sie nicht kennt. Kinder- und Jugendtelefon, Sorgentelefon des Jugendamtes, das Jugendamt selbst, Lehrer, helfen weiter.

Ärzte
Das kann der Hausarzt sein – bei Jüngeren evtl. auch noch der Kinderarzt –, der die Familie kennt und zu dem man Vertrauen hat. Das ist eine gute Basis auch bei psychischen Problemen.
Der eigentliche Facharzt für Psychisches ist aber der Kinder- und Jugendpsychiater. Man benötigt keine Überweisung, sondern kann ihn direkt aufsuchen. Zu erfragen beim Haus- und Kinderarzt oder im Telefonbuch zu finden unter »Ärzte / Kinder- und Jugendpsychiatrie und -psychotherapie«.

Psychologen / Psychotherapeuten
In den meisten der oben genannten Einrichtungen arbeiten Psychologen und Therapeuten. Daneben gibt es auch selbständig praktizierende. Meist überweist ein Arzt an sie. Es ist allerdings auch möglich, sie direkt aufzusuchen.

Psychosomatische Einrichtungen
An einigen Krankenhäusern gibt es psychosomatische Abteilungen auch für Kinder und Jugendliche. Darüber hinaus sind einige Kurkliniken besonders auf solche Patienten ausgerichtet.

Kinder- und Jugendpsychiatrische Kliniken
Sie sind in der Regel Unterabteilungen von größeren psychiatrischen Kliniken, die regional unterschiedliche Bezeichnungen haben können, wie z. B. »Rheinische Landesklinik« oder »Klinik für Neuropsychiatrie«. Es gibt aber auch an großen »normalen« Krankenhäusern Abteilungen für Kinder- und Jugendpsychiatrie. Im allgemeinen überweist ein niedergelassener Arzt. In Düsseldorf – und wahrscheinlich auch anderswo – kann man sich direkt an die Kinder- und Jugendpsychiatrie wenden.

Verwendete Literatur

Um das Lesen nicht unnötig zu erschweren, haben wir darauf verzichtet, in den Fachbeiträgen Quellen anzugeben. Die wichtigsten benutzten Werke werden hier aufgeführt.

Cimmermanns, G.: Kreativität und deren Bedeutung für die Kreative Therapie, Vortrag vom 8. 11. 1989 in Bedburg-Hau

Ciompi, Luc (Hg.): Sozialpsychiatrische Lernfälle, Psychiatrie-Verlag 1985

Eggers, C. / Lemp, R. / Niessen, G. / Strunk, P.: Kinder- und Jugendpsychiatrie, Springer 1989

Enders, Ursula (Hg.): Zart war ich, bitter war's, Kiepenheuer & Witsch 1995

Franzke, E.: Der Mensch und sein Gestaltungserleben, Huber 1989

ICD-9 Diagnoseschlüssel und Glossar Psychiatrische Krankheiten, Springer 1980

Harbauer, H.: Kinder- und Jugendpsychiatrie, Deutscher Ärzteverlag 1984

Harbauer / Lempp / Nissen / Strunk: Lehrbuch der speziellen Kinder- und Jugendpsychiatrie, Springer 1980

Kraft, H.: Psychoanalyse, Kunst und Kreativität heute, DuMont 1984

Remschmidt, Helmut (Hg.): Kinder- und Jugendpsychiatrie. Eine praktische Einführung, Thieme 1987

Remschmidt, Helmut: Kinder- und Jugendpsychiatrie in Klinik und Praxis, Thieme 1985

Remschmidt, Helmut / Schmidt, Martin: Psychische Störungen bei Kindern und Jugendlichen. Lehrbuch der Kinder- und Jugendpsychiatrie, Urban 1988

Remschmidt, Helmut / Schmidt, Martin: Multiaxiales Klassifikationsschema für psychiatrische Erkrankungen im Kindes- und Jugendalter nach Rutter, Shaffer und Sturge, Huber 1986

Schalkwijk, F. / Luttikhuis, C.: Opstellen over kreatieve therapie, Aufsätze über Kreative Therapie, Hochschule Nijmegen (NL) 1990
Sengling, D.: Prävention im Kinder- und Jugendhilfegesetz. In: Blätter der Wohlfahrtspflege 11 / 12, 1995
Sievers, Mechthild: Frühkindlicher Autismus, Böhlau 1982
Weber, Alexander: Laufen als Therapie, Gesundheits-Dialog-Verlag 1990
Whitman, Mitchell: Brecht das Schweigen, Aussaat 1993
Wirtz, Ursula: Seelenmord, Kreuz 1996

Autorenverzeichnis

Behrendt, Jutta, Erzieherin, Tagesklinik der Abteilung für Kinder- und Jugendpsychiatrie der Rheinischen Landes- und Hochschulklinik Düsseldorf.

Berden, Saskia, Studentin (Sonderpädagogik).

Biesterfeld, Brigitte, Fremdsprachenkorrespondentin. Mutter von Jens (»Ein Autist in der Kinder- und Jugendpsychiatrie«). Seit 25 Jahren engagiert sie sich für behinderte Kinder. Zur Zeit ehrenamtlich tätig im Hildener Therapiezentrum – Hilfe für das autistische Kind.

Bläsner, Hella, Fachärztin für Kinderheilkunde und Kinder- und Jugendpsychiatrie, Psychotherapie. Leiterin der Psychosomatischen Tagesklinik für Kinder und Jugendliche (KTK) am Ev. Krankenhaus Düsseldorf.

Bowi, Ulrike, Dr. phil.Dipl.-Psychologin, Abteilung für Kinder- und Jugendpsychiatrie der Rheinischen Landes- und Hochschulklinik Düsseldorf.

Bullert, Heinz, Sonderschulrektor, Vater eines ehemaligen Patienten der Kinder- und Jugendpsychiatrie der Rheinischen Landes- und Hochschulklinik Düsseldorf.

Campino, Sänger der »Toten Hosen«.

Decker, Stefan, Dipl.-Sozialpädagoge, Teammitglied in einer Jugendwohngemeinschaft der Arbeiterwohlfahrt, Kreisverband Mettmann.

Erlbruch, Bettina, Dipl.-Sozialpädagogin, tätig als Geschäftsführerin des Deutschen Kinderschutzbundes, Kreisverband Düsseldorf e. V.

Francis-vom Kothen, Maritta, Erzieherin, Abteilung für Kinder- und Jugendpsychiatrie der Rheinischen Landes- und Hochschulklinik Düsseldorf.

Gegenfurtner, Margit, Dipl.-Pädogogin, Ärztliche Kinderschutzambulanz in Düsseldorf.

Gellendin, Wolfram, Dipl.-Psychologe, Ärztliche Kinderschutzambulanz in Düsseldorf und Psychotherapeut in freier Praxis.

Geraets, Willem X. M., Arzt für Kinder- und Jugendpsychiatrie, Psychotherapie, Stationsarzt in der Tagesklinik der Psychiatrischen Klinik der Klinischen Anstalten Florence-Nightingale-Diakoniewerk Düsseldorf-Kaiserswerth. Von 1990 bis 1994 Stationsarzt in der Abteilung für Kinder- und Jugendpsychiatrie der Rheinischen Landes- und Hochschulklinik Düsseldorf.

Groebner, Hans-Jürgen, Dr. med., Arzt für Kinder- und Jugendpsychiatrie, Psychoanalyse. In einer Gemeinschaftspraxis in München tätig. Mitglied im Ausschuß »Kinder und Jugendliche« der Deutschen Gesellschaft für Soziale Psychiatrie.

Heubach, Barbara, Lehrerin, seit 1987 an der Städt. Schule für Kranke in der Psychosomatischen Tagesklinik für Kinder und Jugendliche (KTK) am Ev. Krankenhaus Düsseldorf. Individualpsychologische Weiterbildung am Alfred-Adler-Institut Düsseldorf.

Heubach, Hans-Jürgen, Dr. med., Facharzt für Kinderheilkunde, Kinder- und Jugendpsychiatrie und psychotherapeutische Medizin, Psychotherapie. In einer Gemeinschaftspraxis in Düsseldorf tätig.

Hüning, Lisa, Dipl.-Sozialpädagogin, Arbeiterwohlfahrt Kreisverband Krefeld. Von 1989 bis 1994 in der Abteilung für Kinder- und Jugendpsychiatrie der Rheinischen Landes- und Hochschulklinik in Düsseldorf.

Knopp, Marie-Luise, Realschullehrerin, Individualpsychologische Beraterin (DGIP), Beraterin für Drogenprophylaxe. Seit 1982 Lehrerin an der Schule in der Kinder- und Jugendpsychiatrie der Rheinischen Landes- und Hochschulklinik in Düsseldorf.

Kumberg, Alger, Dipl.-Psychologe, Schulpsychologische Beratungsstelle Düsseldorf.

Lucassen, Gabriele, Kreativtherapeutin, Fachbereich Kunst, in der Abteilung für Kinder- und Jugendpsychiatrie der Rheinischen Landes- und Hochschulklinik Düsseldorf.

May, Jean R., 22, Student (Jura), Bruder einer ehemaligen Patientin der Kinder- und Jugendpsychiatrie der Rheinischen Landesklinik Düsseldorf.

Müller, Astrid, Dipl.-Sozialarbeiterin, Gruppenpädagogin in der ZUMMM der Arbeiterwohlfahrt Kreisverband Düsseldorf.

Napp, Klaus, Sonderschullehrer i. R., Individualpsychologische Weiterbildung am Alfred-Adler-Institut Düsseldorf, von 1983 bis 1996 Lehrer an der Schule in der Kinder- und Jugendpsychiatrie der Rheinischen Landes- und Hochschulklinik Düsseldorf.

Orlowski, Frank, Oberstudienrat, Vater einer ehemaligen Patientin der Kinder- und Jugendpsychiatrie der Rheinischen Landes- und Hochschulklinik Düsseldorf.

Ott, Gudrun, Dr. med., Ärztin für Kinder- und Jugendpsychiatrie und Psychotherapie, Ärztin für Neurologie und Psychiatrie, Kommissarische Abteilungsärztin der Abteilung für Kinder- und Jugendpsychiatrie der Rheinischen Landes- und Hochschulklinik Düsseldorf.

Rau, Johannes, Dr., Ministerpräsident des Landes Nordrhein-Westfalen.

Reuschenbach, Gisela, Dipl.-Sozialarbeiterin, Lauftherapeutin (DLZ), Abteilung für Kinder- und Jugendpsychiatrie der Rheinischen Landes- und Hochschulklinik Düsseldorf.

Rulcovius, Gabriele, Klinische Psychologin / Psychotherapeutin (BDP), Paar- und Familientherapeutin, Abteilung für Kinder- und Jugendpsychiatrie der Rheinischen Landes- und Hochschulklinik Düsseldorf.

Schiwatsch, Jürgen, Dipl.-Sozialarbeiter, Abteilung für Kinder- und Jugendpsychiatrie der Rheinischen Landes- und Hochschulklinik Düsseldorf.

Schulz, Bianca, Staatl. gepr. Erzieherin.

Siewert, Katrin, 18, Schülerin, ehemalige Patientin der Kinder- und Jugendpsychiatrie der Rheinischen Landesklinik Düsseldorf.

Siewert, Ursula, Realschullehrerin, Mutter einer ehemaligen Patientin der Kinder- und Jugendpsychiatrie der Rheinischen Landes- und Hochschulklinik Düsseldorf.

Theill, Oliver, Dr. med., Assistenzarzt in der Abteilung für Kinder- und Jugendpsychiatrie der Rheinischen Landes- und Hochschulklinik Düsseldorf.

Die jugendlichen Autoren legen aus verständlichen Gründen zum Teil größten Wert auf den Schutz ihrer Anonymität, daher waren nicht alle bereit, biographische Angaben zu ihrer Person zu machen.

Bathe, Alexander: Ich bin 16 Jahre alt und war etwa 3 Monate in der Kinder- und Jugendpsychiatrie. Inzwischen lebe ich in der WG. Die Therapie hat mir gegen meine Aggressionen geholfen, aber andere Probleme geschaffen, die ich nicht weiter erläutern möchte. Jetzt mache ich verschiedene Praktika und hoffe, so eine Ausbildungsstelle zu finden.

Biesterfeld, Jens: 31jähriger Autist, der seit 9 Jahren in der Werkstatt für angepaßte Arbeit beschäftigt ist und inzwischen in der Wohnstätte der Lebenshilfe Düsseldorf lebt. Er war wegen einer schizoiden Psychose und später einige Male zur Kriseninterven-tion in der Kinder- und Jugendpsychiatrie Düsseldorf.

Brandenburg, Katharina, 21: Mit 17 war ich wegen Magersucht für ein halbes Jahr in der Kinder- und Jugendpsychiatrie Düsseldorf. Danach lebte ich bis zum Abitur wieder bei meinen Eltern. Während dieser Zeit hatte ich noch ambulante Therapie, unter anderem wegen einiger Suizidversuche. 1994 nach dem Abitur zog ich nach Potsdam. Ich studiere dort – bis jetzt erfolgreich – Jura.

Brunsendorf, Jörg, 23: Mein Werdegang: 1984 bis 1986: Aufenthalt in der Universitäts-Nerven-Klinik Rostock; 1986–1988: Polytechnische Oberschule (Forts.); 1988–1991: erste Ausbildung bei der Deutschen Bundespost; 1992–1994: zweite Ausbildung zum Grafiker; 1993: Praktikum in Derry/Nordirland; 1994–1995: Aufbau eines Projektes im Bereich klassische Animation/Trickfilmtechnik; 1996 freiberuflich als Maler und Grafiker; Ausstellungen in Galerien und Cafés in Rostock und Berlin.

El Morabiti, Malika, 16: 1993 kam ich wegen wiederholter Suizidversuche in die KJP Düsseldorf. Meine Versuche, außerhalb klarzukommen, scheiterten immer wieder. Im Mai 1995 schaffte ich es schließlich, entlassen zu werden. Jetzt lebe ich in einer WG, brauche aber nach wie vor therapeutische Hilfe. Meine berufliche Perspektive ist noch ungewiß.

Guschke, Britta, 28: 1980 kam ich das erste Mal in die Kinder- und Jugendpsychiatrie Düsseldorf wegen Borderline-Störungen. Ich war etwa ein Jahr dort. Danach folgten weitere Psychiatrieaufenthalte (Krisenintervention). Ich bin heute noch in psychotherapeutischer Behandlung. Ich habe die Erzieherausbildung abgeschlossen und ein einjähriges Praktikum in einem Altenheim absolviert. Ein richtiges Arbeitsverhältnis werde ich aufgrund meiner Krankheit aber nicht eingehen können.

Jäger, Rebecca, 19: Bereits von meinem fünften Lebensjahr an (bis zu meinem zehnten) wurde ich sexuell und seelisch mißhandelt und mißbraucht. Erst mit 17 Jahren hatte ich den Mut, in einer Therapie diese Problematik anzusprechen. Ich mache immer noch eine Therapie. Es gelingt mir nur, mit äußerst kleinen Schritten voranzukommen. Vieles ist noch verschüttet.
Zur Zeit wohne ich in einem Mädchenwohnheim, besuche die Höhere Handelsschule und möchte nach meinem Abschluß in die Werbung gehen.

Kolbe, Sandra, 21: Anfang 1993 begann meine »Psychiatriekarriere« in der Erwachsenenpsychiatrie Düsseldorf-Kaiserswerth. Es folgten weitere Psychiatrieaufenthalte, u. a. eineinhalb Jahre in der KJP Düsseldorf wegen mehrerer Suizidversuche und sogenannter dissoziativer Störungen (siehe: »Diagnosen zum Aussuchen«). Jetzt bin ich in der 12. Klasse eines Gymnasiums, möchte unbedingt Abitur, zumindest Fachabitur, machen, und wie es weitergeht, weiß ich noch nicht genau.

Limke, Nadine, 17: Ich war sechs Monate auf der Station der KJP Düsseldorf und danach etwa ein Jahr in der Tagesklinik. In der »Klinik-Schule« machte ich meinen Abschluß: Fachoberschulreife mit Qualifikation zum Besuch der gymnasialen Oberstufe. Anschließend besuchte ich die Kollegschule, brach sie aber nach einem halben Jahr wegen des weiten Weges ab. Seit Anfang dieses Jahres arbeite ich abends in einer Wohngruppe der Lebenshilfe und tagsüber mache ich mein Vorpraktikum in einem Kindergarten. Danach werde ich die Ausbildung zur Erzieherin beginnen.

Rinke, Thomas, 17: In der 8. Klasse des Gymnasiums hatte ich massive Schulprobleme. Ich kam für ein Jahr auf die Station, danach eineinhalb Jahre in die Tagesklinik. Zur Zeit lebe ich in einer WG und habe sehr guten Kontakt zu meinen Eltern. Ich habe gute Erfolge in der 10. Klasse der Realschule. Anschließend werde ich auf die Höhere Handelsschule gehen und möchte dort mein Abitur machen.

Rodekirchen, Claudia, 18: Durch Drogenmißbrauch kam es bei mir zu Halluzinationen usw. Aus diesem Grunde und wegen massiver anderer Probleme war ich von 1995 bis 1996 in der Kinder- und Jugendpsychiatrie Düsseldorf. Inzwischen bin ich entlassen und lebe allein in einer Wohnung (Betreutes Wohnen). Ich brauche immer noch therapeutische Hilfe – auch beruflich ist bei mir alles noch unklar.

Schumacher, Markus, 18: 1992 kam ich wegen Schulangst in die Tagesklinik. Ich war damals in der 7. Klasse der Realschule. Insgesamt war ich eineinhalb Jahre in der Tagesklinik, aber im letzten halben Jahr wechselte ich von der Klinikschule auf eine öffentliche Hauptschule, wo alles glatt lief. Zur Zeit bin ich in der Oberstufe der Fachschule für Wirtschaft und Verwaltung. Auch hier habe ich keine Probleme. Im Anschluß daran möchte ich eine Ausbildung zum Steuersekretär machen. Meinen eigentlichen Berufswunsch, Flugbegleiter, möchte ich danach verwirklichen.

Selent, Jennifer, 18: In der Kinder- und Jugendpsychiatrie war ich von 1995 bis April 1996 (mit Unterbrechungen) wegen einiger Selbstmordversuche. Nach der Entlassung bin ich nicht mehr nach Hause zurückgegangen, sondern ich lebe jetzt in einem Mädchenwohnheim in Wuppertal. Mein Wunsch ist es, einmal Altenpflegerin zu werden.

Talayeh, 15: Ich bin seit einem halben Jahr in der Kinder- und Jugendpsychiatrie aus Gründen, die ich nicht nennen möchte. Ich besuche die 9. Klasse einer Realschule und komme dort sehr gut klar. In Kürze werde ich entlassen und gehe ins Betreute Wohnen. Ich hoffe, daß mich dann eine ambulante Therapie stützen wird.

W., Nadine, 17: Ich war über ein Jahr in der Kinder- und Jugendpsychiatrie Düsseldorf wegen Depressionen und Suizidversuchen. Nach der stationären Behandlung kam ich in die Tagesklinik. Die Behandlung hat mir sehr geholfen, und ich habe den Übergang ins »normale Leben« gut geschafft. Inzwischen mache ich eine Ausbildung als Erzieherin.

Geist und Psyche

Begründet von Nina Kindler 1964

Psychologische Ratgeber

Evelyn Heinemann/
Udo Rauchfleisch/
Tilo Grüttner
Gewalttätige Kinder
Psychoanalyse und Pädagogik in Schule, Heim und Therapie
Band 10760

Karen Horney
Selbstanalyse
Band 12571

Irmgard Hülsemann
Ich will fühlen, daß ich lebe
Band 13152

Piet C. Kuiper
Seelenfinsternis
Die Depression eines Psychiaters
Band 12764

Sheldon B. Kopp
Das Ende der Unschuld
Ohne Illusion leben
Band 11375

Erich Neumann
Zur Psychologie des Weiblichen
Band 42051

Gertrud Orff
Die Orff-Musik-Therapie
Band 42193

Badi Panahi
Grundlagen der modernen Psychotherapie
Band 12021

N. Peseschkian
Psychosomatik und Positive Psychotherapie
Band 11713

Erving und Miriam Polster
Gestalttherapie
Band 42150

Carl R. Rogers
Therapeut und Klient
Band 42250

Ernst Simmel
Psychoanalyse und ihre Anwendungen
Band 11348

Daniel Widlöcher
Was eine Kinderzeichnung verrät
Band 42254

Fischer Taschenbuch Verlag

fi 356 / 21 b

Ratgeber für Frauen

Cor Anneese/
Tino Pol
Wege aus der Phobie
Selbsthilfe bei Ängsten
Band 11883

George R. Bach/
Peter Wyden
Streiten verbindet
Spielregeln für Liebe und Ehe
Band 3321

Claudia Bepko/
Jo-Ann Krestan
Das Superfrauen-Syndrom
Vom weiblichen Zwang, es allen recht zu machen
Band 12268

Anja Borstelmann/
Brigitte Huber
Frauen gehen vor Gericht
Band 13465

Harriet Braiker
Giftige Beziehungen
Wenn andere uns krank machen
band 12947

Deborah Clarke
Betrifft: Beruf
Überlebens-strategien für Frauen
Band 13201

Katharina Dalton
Mütter nach der Geburt
Wege aus der Depression
Band 10955

Elizabeth Davis
Muster der Sinnlichkeit
Die Zyklen weiblicher Sexualität
Band 13200

Herbert Freudenberger/ Gail North
Burn-out bei Frauen
Über das Gefühl des Ausgebranntseins
Band 12272

Jürgen Hesse/
Hans Chr. Schrader
Erfolgreiche Bewerbungsstrategien für Frauen
Band 12371
Krieg im Büro
Konflikte am Arbeitsplatz und wie man sie löst
Band 12372

Fischer Taschenbuch Verlag

Ratgeber für Frauen

Louis Janda/
Ellen MacCormack
Der zweite Versuch
Chancen und Fallen einer neuen Ehe
Band 12487

Wilhelm Johnen
Die Angst des Mannes vor der starken Frau
Einsichten in Männerseelen
Band 12269

Theresia Maria de Jong und Gabriele Kemmler
Kaiserschnitt – Narben an Seele und Bauch
Ein Ratgeber für Kaiserschnittmütter
Band 13307

Bonnie Kreps
Abschied vom Märchenprinzen
Eine Abrechnung mit der romantischen Liebe
Band 12225

Maja Langsdorff
Die heimliche Sucht, unheimlich zu essen
Band 12792

Stephan Lermer/
Hans Chr. Meiser
Lebensabschnittspartner
Die neue Form der Zweisamkeit
Band 11931

Stephan Lermer/
Hans Chr. Meiser
Der verlassene Mann
Sind Frauen das stärkere Geschlecht?
Band 12756
Gemeinsam bin ich besser
Win-Win-Strategien für Partnerschaft und Beruf
Band 13462

Nicky Marone
Gute Väter – Selbstbewußte Töchter
Die Bedeutung des Vaters für die Erziehung
Band 12224

Fischer Taschenbuch Verlag

fi 1/5b